农村干部教育·农村经济综合管理系列图书

XIN NONGCUN KUAIJI CAOZUO SHIWU

新农村会计操作实务

刘洪学 刘 峰 主编

化学工业出版社

·北京·

本书系统介绍了社会主义新农村会计工作中的最新、最实用的基本知识和技能，详细阐述了新形势下农村会计工作的重要性，会计的基础知识与基本技能，村集体经济组织、农民专业合作社以及村办企业等不同会计主体的经济业务操作实务等多方面的内容。

本书可作为职业院校农村经济综合管理专业及相关专业的教材，也可作为农村中高级财务管理人员、农业主管部门相关人员以及各类岗位培训和自学的学习资料。

图书在版编目（CIP）数据

新农村会计操作实务/刘洪学，刘峰主编．—北京：化学工业出版社，2017.8(2024.9重印)
（农村干部教育·农村经济综合管理系列图书）
ISBN 978-7-122-29875-1

Ⅰ.①新… Ⅱ.①刘…②刘… Ⅲ.①农业会计-干部教育-教材 Ⅳ.①F302.6

中国版本图书馆 CIP 数据核字（2017）第 128311 号

责任编辑：迟　蕾　李植峰　张绪瑞　　　　　　装帧设计：刘丽华
责任校对：王素芹

出版发行：化学工业出版社（北京市东城区青年湖南街 13 号　邮政编码 100011）
印　　装：涿州市般润文化传播有限公司
710mm×1000mm　1/16　印张 18¼　字数 341 千字
2024 年 9 月北京第 1 版第 3 次印刷

购书咨询：010-64518888　　　　　　　　　售后服务：010-64518899
网　　址：http://www.cip.com.cn
凡购买本书，如有缺损质量问题，本社销售中心负责调换。

定　　价：**48.00 元**　　　　　　　　　　　　　　版权所有　违者必究

农村干部教育·农村经济综合管理系列图书

编审委员会

主　　任　伊立峰　王兴建

副主任　彭德举　耿鸿玲

总主编　彭德举

总主审　石　晶

成　　员　（按姓名汉语拼音排序）

　　　　　边静玮　段会勇　耿鸿玲　彭德举　石　晶

　　　　　唐巍巍　王兴建　伊立峰

《新农村会计操作实务》编写人员

主　　编　刘洪学　刘　峰
副 主 编　刘晓丹　吴春蕾　陈　啸　张　晓
编　　者　（按姓名汉语拼音排序）
　　　　　　　陈　啸　侯　蕾　黄盼盼　梁　岩　刘　峰
　　　　　　　刘洪学　刘晓丹　吴春蕾　曾小敏　张东骁
　　　　　　　张　晓　张新峰　周福强

序

我国现在已经进入全面建成小康社会的发展阶段,农村正在全面实现农业现代化,农村的发展在一个很长的阶段是全国工作的重点。党和国家十分关心和重视农村、农业和农民问题,制订了一系列扶持农村发展的优惠政策。农村基层干部是党和国家政策的贯彻者、执行者,他们是党和国家联系农民群众的桥梁和纽带,他们素质的高低直接影响着农村发展的速度和农村的稳定。加强对农村基层干部系统的教育与培训是提升农村干部素质的重要手段和途径,为此山东省济宁市委组织部、山东省济宁市教育局、山东省济宁市高级职业学校、山东省济宁市农村干部学校、山东省济宁农村干部学院会同化学工业出版社组织编写了农村干部教育·农村经济综合管理系列图书。这对于丰富完善农村干部学历教育、提高农村干部的素质和业务能力具有重要意义。

这套图书是在总结十几年农村干部教育的改革创新实践经验的基础上编写的,同时吸收了山东省济宁市高级职业学校承担国家第三批改革发展示范校建设任务的有关成果。这套图书在编写时紧紧围绕当前农村党员干部队伍建设中存在的领导能力、致富带富能力、服务群众能力的提升需求,能够帮助农村基层干部改善工作方式方法,有助于培养优秀的农村党员干部和致富带头人。

这套图书内容十分丰富,涵盖了农村管理沟通实务、农村经纪人、农民专业合作社和家庭农场管理实务、农村应用文写作实务与农村社区文体等,都是当前农村工作中急需的知识和能力,针对性、实用性、操作性都很强。图书编写体例适应农村干部的特点,按实际工作任务划分模块,精心挑选了丰富的案例并进行分析,内容充实、通俗易懂、文字简洁,注重实用性、规范性,是一套在理念和体系上大胆创新的好图书。希望广大农村干部和农村经济综合管理工作者在使用这套图书时,提出宝贵意见和建议,我们将在再版修订时积极采纳。

前言

随着农村改革的不断深入和新的惠农政策陆续出台,农村经济组织形式呈现出多元化发展的趋势。除原有的村集体经济组织以外,农民专业合作组织、混合所有制经济组织、村办企业、家庭农场等各种农业经营主体不断涌现。多元化的经济组织将会对完善农业经营体系、增加农民收入、促进农村经济进一步发展等发挥愈来愈重要的作用。

"经济越发展,会计越重要。"为使会计工作更好地服务于农村经济发展的新形势,同时也为满足职业院校农村会计专业、农村经济综合管理专业的教学需要,基于对职业教育以就业为导向、以应用型人才为培养目标的理解,我们组织有关专家、学者按照现行的会计准则和相关会计制度编写了这本《新农村会计操作实务》。本书是职业院校农村会计专业及农村经济综合管理专业的会计教学、农民培训的学习指导用书,也可供广大农村经济管理人员、财务工作者自学或参考。

本书采用了现代职业教育中模块加项目的体例进行编写,同时吸收了目前农村经济管理工作的相关政策与教学研究的最新成果,系统介绍了社会主义新农村会计工作中的最新、最实用的基本知识和技能,详细阐述了新形势下农村会计工作的重要性,会计的基本理论、基本方法和基本操作技能,村集体经济组织、农民专业合作社以及村办企业等不同会计主体的经济业务操作实务等诸多内容。本书的编写具有以下特点。

第一,体系新颖。针对目前农村会计人员的文化状况,本书从会计基础知识入手,分门别类地介绍了我国当前农村经济发展中三类不同经济主体的会计操作实务,同时采用模块加项目的体例,从而使本书的内容更加切合农村经济发展的实际,顺应现代职业教育的发展趋势。

第二,易于掌握。本书采用了知识点引领内容、以内容关联实例、以实例印证知识点的模式,在编写中力求做到理论与实际相结合,在阐述时力求深入浅出、重点突出、通俗易懂,再加以实例新颖丰富,更便于理解、掌握与运用。

第三，实用性强。本书内容贴近农村经济发展的实际，兼顾了理论与实践两个环节，体系完整，不仅易于会计人员学习与操作，而且还便于现代职业技能教学。

本书由刘洪学、刘峰任主编，刘晓丹、吴春蕾、陈啸、张晓任副主编。具体分工如下：模块一由陈啸负责编写，模块二由刘晓丹负责编写，模块三由刘洪学负责编写，模块四由刘峰负责编写，模块五由吴春蕾负责编写；张晓、梁岩、黄盼盼、周福强、张东骁、侯蕾、曾小敏、张新峰参加了相关项目的编写工作。其中刘洪学、刘峰负责全书结构的设计、统稿，张晓负责相关技术，最后由刘洪学总撰定稿。

本书在编写过程中，得到了国家级示范学校济宁市高级职业学校的大力支持，在此表示感谢！同时我们参考了大量国内外出版的图书杂志和网站资料，在此向有关资料的提供者表示由衷的感谢！

本书是由多年从事会计业务的实际操作人员和一线教师精心合作而成，但鉴于时间仓促，编者能力所限，书中尚有不足之处，敬请各位学者、专家批评指正！

编者

2017 年 6 月

目录

模块一 新形势下的农村会计工作

项目一 社会主义新农村建设 ………………………………………… 1
一、我国新农村建设概述 …………………………………………… 1
二、新型农业经营体系 ……………………………………………… 5
三、会计工作在新农村建设中的作用 ……………………………… 8

项目二 新农村的会计工作管理 ……………………………………… 10
一、会计工作管理体制 ……………………………………………… 10
二、农村会计管理模式 ……………………………………………… 14

项目三 会计法律法规 ………………………………………………… 17
一、会计法律 ………………………………………………………… 17
二、会计行政法规 …………………………………………………… 17
三、会计部门规章 …………………………………………………… 18
四、地方性会计法规 ………………………………………………… 19

模块二 新农村会计的基本原理与技能

项目一 会计概述 ……………………………………………………… 20
一、会计的概念 ……………………………………………………… 20
二、会计的职能 ……………………………………………………… 21
三、会计的对象与会计要素 ………………………………………… 23

项目二 会计核算的基本要求 ………………………………………… 27
一、会计核算的基本假设 …………………………………………… 27
二、会计核算的一般原则 …………………………………………… 29
三、会计核算基础 …………………………………………………… 32

项目三 会计核算的方法 ……………………………………………… 33
一、会计核算方法概述 ……………………………………………… 33
二、会计科目和账户 ………………………………………………… 36
三、借贷记账法 ……………………………………………………… 43

四、会计凭证 ……………………………………………………………… 51
　　五、会计账簿 ……………………………………………………………… 66
　　六、账务处理程序 ………………………………………………………… 69
　　七、财产清查 ……………………………………………………………… 73
　　八、编制财务会计报表 …………………………………………………… 83
　　九、会计档案管理 ………………………………………………………… 85
　　十、会计电算化 …………………………………………………………… 88
　项目四　新农村会计的操作技能 …………………………………………… 91
　　一、建账技能 ……………………………………………………………… 92
　　二、记账技能 ……………………………………………………………… 98
　　三、对账技能 ……………………………………………………………… 108
　　四、错账的查找与更正技能 ……………………………………………… 109
　　五、结账技能 ……………………………………………………………… 114

模块三　村集体经济组织的业务核算

　项目一　流动资产的核算 …………………………………………………… 119
　　一、货币资金的核算 ……………………………………………………… 119
　　二、应收款项的核算 ……………………………………………………… 124
　　三、存货的核算 …………………………………………………………… 126
　项目二　农业资产的核算 …………………………………………………… 130
　　一、农业资产概述 ………………………………………………………… 130
　　二、牲畜（禽）资产的核算 ……………………………………………… 131
　　三、林木资产的核算 ……………………………………………………… 133
　项目三　对外投资的核算 …………………………………………………… 135
　　一、对外投资概述 ………………………………………………………… 135
　　二、短期投资的核算 ……………………………………………………… 136
　　三、长期投资的核算 ……………………………………………………… 137
　项目四　固定资产和无形资产的核算 ……………………………………… 139
　　一、固定资产的核算 ……………………………………………………… 139
　　二、无形资产的核算 ……………………………………………………… 150
　项目五　负债的核算 ………………………………………………………… 152
　　一、负债的管理 …………………………………………………………… 152
　　二、流动负债的核算 ……………………………………………………… 154
　　三、长期负债的核算 ……………………………………………………… 158
　项目六　所有者权益的核算 ………………………………………………… 163
　　一、所有者权益概述 ……………………………………………………… 164
　　二、所有者权益的核算 …………………………………………………… 165

项目七　收入、费用和收益的核算 …………………………………… 169
　一、收入的核算 …………………………………………………… 169
　二、费用的核算 …………………………………………………… 172
　三、成本的核算 …………………………………………………… 175
　四、收益的计算与核算 …………………………………………… 179
　五、收益分配的核算 ……………………………………………… 180
项目八　会计报表的编制 ……………………………………………… 183
　一、会计报表的种类 ……………………………………………… 183
　二、会计报表的编制要求 ………………………………………… 187
　三、资产负债表的编制 …………………………………………… 187
　四、收益及收益分配表的编制 …………………………………… 191
　五、会计报表分析 ………………………………………………… 194

模块四　农村专业合作社的业务核算

项目一　设立与登记的核算 …………………………………………… 198
　一、农民专业合作社的设立 ……………………………………… 198
　二、农民专业合作社账簿体系 …………………………………… 200
　三、筹资的核算 …………………………………………………… 200
项目二　资产的核算 …………………………………………………… 204
　一、货币资金的核算 ……………………………………………… 204
　二、应收款项的核算 ……………………………………………… 206
　三、存货的核算 …………………………………………………… 207
　四、农业资产的核算 ……………………………………………… 209
　五、固定资产的核算 ……………………………………………… 214
　六、无形资产的核算 ……………………………………………… 220
项目三　负债的核算 …………………………………………………… 222
　一、短期借款的核算 ……………………………………………… 222
　二、应付款的核算 ………………………………………………… 223
　三、应付工资的核算 ……………………………………………… 223
　四、应付盈余的核算 ……………………………………………… 224
　五、长期负债的核算 ……………………………………………… 226
项目四　所有者权益的核算 …………………………………………… 227
　一、股金的核算 …………………………………………………… 227
　二、专项基金的核算 ……………………………………………… 229
　三、公积金的核算 ………………………………………………… 229
项目五　经营业务和盈余的核算 ……………………………………… 231
　一、经营业务的核算 ……………………………………………… 231

二、盈余的核算 …………………………………………………… 235

　项目六　会计报表的编制 ………………………………………… 237
　　一、资产负债表的编制 …………………………………………… 237
　　二、盈余及盈余分配表的编制 …………………………………… 239
　　三、成员权益变动表的编制 ……………………………………… 240

模块五　村办企业的业务核算

　项目一　流动资产的核算 ………………………………………… 241
　　一、货币资金的核算 ……………………………………………… 241
　　二、应收及预付款项的核算 ……………………………………… 244
　　三、存货的核算 …………………………………………………… 246

　项目二　对外投资的核算 ………………………………………… 252
　　一、短期投资的核算 ……………………………………………… 252
　　二、长期债权投资的核算 ………………………………………… 253
　　三、长期股权投资的核算 ………………………………………… 254

　项目三　固定资产的核算 ………………………………………… 255
　　一、固定资产增加的核算 ………………………………………… 255
　　二、固定资产折旧的核算 ………………………………………… 258
　　三、固定资产处置的核算 ………………………………………… 260

　项目四　负债的核算 ……………………………………………… 262
　　一、流动负债的核算 ……………………………………………… 262
　　二、长期负债的核算 ……………………………………………… 264

　项目五　所有者权益的核算 ……………………………………… 264
　　一、实收资本的核算 ……………………………………………… 264
　　二、资本公积的核算 ……………………………………………… 265
　　三、留存收益的核算 ……………………………………………… 265

　项目六　收入、费用和利润的核算 ……………………………… 266
　　一、收入的核算 …………………………………………………… 266
　　二、费用的核算 …………………………………………………… 268
　　三、利润的计算与核算 …………………………………………… 270
　　四、利润分配的核算 ……………………………………………… 271

　项目七　财务报告的编制 ………………………………………… 272
　　一、资产负债表的编制 …………………………………………… 272
　　二、利润表的编制 ………………………………………………… 277

参考文献 …………………………………………………………… 279

模块一

新形势下的农村会计工作

项目一　社会主义新农村建设

我国是一个农业大国，农业、农村、农民始终是国家安定和改革发展的基础，在一定意义上决定着我国全面建设小康社会的进程，因此它是关系党和国家工作全局的根本性问题。党和政府历来重视三农问题，截至 2016 年，改革开放以来共有 18 份以"三农"为主题的一号文件，特别是自 2004 年以来，中央一号文件连续 13 次聚焦"三农"。党的十八大以来，习近平总书记对"三农"问题发表了一系列重要讲话。如"小康不小康，关键看老乡""没有农村的小康，特别是没有贫困地区的小康，就没有全面建成小康社会""在迈向现代化的进程中，农村不能掉队；在同心共筑中国梦的进程中，不能没有数亿农民的梦想构筑""中国要强，农业必须强；中国要美，农村必须美；中国要富，农民必须富"。这些为我国"十三五"时期乃至更长远时期的"三农"工作指明了工作方向，同时对于可持续推进新农村建设具有重要的理论和实践意义。

一、我国新农村建设概述

1. 新农村建设的发展历程

建设社会主义新农村并不是一个新概念，早在 20 世纪 50 年代，我国就提出过建设社会主义新农村的设想。80 年代初，我国又提出"小康社会"概念，其中建设社会主义新农村就是小康社会的重要内容之一。2005 年 10 月，中国共产党十六届五中全会又进一步丰富了社会主义新农村建设内涵，作出了建设社会主义新农村的重大战略决策，勾画出我国新农村"生产发展、生活富裕、乡风文明、村容整洁、管理民主"的新蓝图。2014 年 12 月，中央农村工作会议提出，积极稳妥推进新农村建设，加快改善人居环境，提高农民素质，推动"物的新农村"和"人的新农村"建设齐头并进。其中"人的新农村建设"是中央对社会主义新农村建设的新思考、新认识、更高的要求。

2. 新农村建设的重大意义

农村人口众多、经济社会发展滞后是我国的一个基本国情。建设新农村，是提高农业综合生产能力、建设现代农业的重要保障；是增加农民收入、繁荣农村经济的根本途径；是发展农村社会事业、构建和谐社会的主要内容；是缩小城乡差距、全面建设小康的重大举措。推进社会主义新农村建设是党中央统揽全局、着眼长远、与时俱进作出的重大决策，是一项惠及亿万农民、关系国家长治久安的重大战略举措，是我们在当前社会主义现代化建设的关键时期必须担负和完成的一项重要使命，现实意义和历史意义深远。

3. 新农村建设的内涵要求

中国共产党十六届五中全会提出了建设社会主义新农村的重大历史任务："生产发展、生活宽裕、乡风文明、村容整洁、管理民主"，这20个字赋予"社会主义新农村"以崭新的内涵。

（1）生产发展　生产发展是新农村建设的中心环节，是实现其他目标的物质基础。建设社会主义新农村好比修建一幢大厦，经济就是这幢大厦的基础。如果基础不牢固，大厦就无从建起。如果经济不发展，再美好的蓝图也无法变成现实。

（2）生活宽裕　生活宽裕是新农村建设的目的，也是衡量我们工作的基本尺度。只有农民收入上去了，衣食住行改善了，生活水平提高了，新农村建设才能取得实实在在的成果。

（3）乡风文明　乡风文明是农民素质的反映，体现农村精神文明建设的要求。只有农民群众的思想、文化、道德水平不断提高，崇尚文明、崇尚科学，形成家庭和睦、民风淳朴、互助合作、稳定和谐的良好社会氛围，教育、文化、卫生、体育事业蓬勃发展，新农村建设才是全面的、完整的。

（4）村容整洁　村容整洁是展现农村新貌的窗口，是实现人与环境和谐发展的必然要求。社会主义新农村呈现在人们眼前的，应该是脏乱差状况从根本上得到治理、人居环境明显改善、农民安居乐业的景象。这是新农村建设最直观的体现。

（5）管理民主　管理民主是新农村建设的政治保证，彰显了我国政府对农民群众政治权利的尊重和维护。只有进一步扩大农村基层民主，完善村民自治制度，真正让农民群众当家做主，才能调动农民群众的积极性，真正建设好社会主义新农村。

2014年12月的中央农村工作会议提出推动"物的新农村"和"人的新农村"建设齐头并进新举措。新农村的本质是"人的新农村"。"人的新农村"是指进一步建立健全农村基本公共服务、关爱农村"三留守"群体、留住乡土文化和建设农村的生态文明。它赋予了新农村建设新的内涵和意义，凸显党和国家对新农村建设的更高要求。即让农村的生活、生产方式和条件更加符合小康社会的标准，农村幸福指数进一步提高。

4. 新农村建设的当前现状

从 2005 年提出推进社会主义新农村建设的重大历史任务以来的十多年，我国新农村建设取得显著成效，农业生产得到较快发展，农村环境得到明显改善，农民生活品质有了很大提高。但不可否认的是，仍然存在很多问题亟待解决。特别是当前，我国工业化已进入中后期阶段，信息化日新月异，城镇化快速发展，而作为"四化同步"之一的农业仍远远落后于其他三化发展，突出表现以下几方面：①二元结构突出，一体化发展缓慢；②农业发展形势严峻，农业整体发展水平有待于进一步提高；③公共基础设施和公共服务设施长期落后；④劳动力结构失衡，农业发展动力不足；⑤乡镇企业发展水平不高，规模小竞争力低的乡镇企业带动作用弱。

5. 国外农村建设实践经验引介

建设社会主义新农村的战略提出的时间不长，目前还没有形成完整的模式。在国际上，农村建设问题也一直是经济社会发展的关键问题，国外一些发达地区为推动农村建设、农业发展也做过大量实践。日本的"造村运动"、韩国的"新村运动"以及欧盟农村建设发展的经验教训，对我国新农村建设具有很有益的启示和借鉴。

① 新农村建设必须根据我国地域差异、经济发展水平、社会制度等条件，进行综合考量，统筹规划，找出适合我国各个地区发展特点的新农村建设模式。

② 新农村建设需要理顺好政府、农村、农民关系，要合理划定政府公共组织与村民自治组织的职能界限，双方在其职责范围内开展密切协作，共同实现农村繁荣的目标。关注人的新农村建设，应进一步明确农民是新农村建设的主体，发挥农民积极性，使得农民的主体作用得到切实发挥。

③ 新农村建设需要建立科学有效的激励机制。基层地方政府应该在充分调研的基础上，根据各村对新农村建设的实际情况，划分村庄类别，制定差别化的奖励和补助政策，充分做到"奖勤罚懒"、充分调动农民建设新农村的积极性和主动性。

④ 新农村建设需要建立农村公共设施投入和维护使用的长效机制。除了道路、饮水、医疗保障、教育等公益性公共设施外，社区文体娱乐健身等准公共设施尽量由农民自己出资或市场化，政府应予以适当补助。

⑤ 新农村建设需要配套的法律法规。为进一步推动新农村建设，应制定和完善保证我国新农村建设长远发展的法律法规，这样通过法制化途径，为新农村建设提供制度性保障。

6. 新农村建设的重点任务

① 统筹城乡一体化。逐步实现城市与乡村间的空间布局一体化、基础设

施一体化、产业发展一体化、市场一体化、社会事业一体化、生态环境建设一体化和就业一体化，进而推动城市与乡村的区域经济一体化发展。

② 积极探索因地而宜的新农村发展模式。由于农村各地所处资源禀赋、经济社会发展水平和文化传统千差万别以及农村各项事业发展的差异，在推进新农村建设时不能按照统一标准在全国范围内普遍开展，必须因地制宜，有步骤、分差别、有重点地逐步推进。各级政府应根据当地农村发展现状，依据其发展程度，分类指导新农村建设，且应突出特色、注重实效。

③ 推进现代农业发展。随着科学技术的不断进步，过去传统农业生产方式已不适合当前农村发展的需要，应把以产业化为特点的现代化农业生产模式作为发展农业、增加农民收入的根本途径。因此，必须积极推进农业和农村经济结构的战略性调整，大力发展特色农业、绿色农业和生态农业，加快农业向科技化、产业化转变。

④ 加快基础设施建设，提高农民建设积极性。在我国，农村基础设施长期没有得到重视，使之成为我国"三农"问题的薄弱环节，也是制约发展的较大瓶颈。但这也是开展新农村建设，推进惠农政策作用空间最大的领域。

⑤ 重视技能培训，拓宽渠道，转移剩余劳动力。各级政府应重视加强对农业劳动力的技能培训，提高城市务工人员的劳动技能，拓宽其就业渠道，提高就业技能和就业率。同时根据当地劳动力的实际状况，因地制宜地开展对留守劳动力的技能培训，有针对性地举办农业科技培训班，培育有技术、会经营、懂管理的新型农民，实现农村留守劳动力由体力型向技能型、知识型转变。

⑥ 完善农村社会保障体系和增加公共资源投入。建设"人的新农村"，需要加大卫生、教育、文化等领域公共资源投入力度，提高农村医疗、养老、低保等社会保障水平，大力推进基本公共服务和社会保障体系的城乡一体化，让城乡居民都能平等享受国家改革和发展的红利。

⑦ 提升农村社会管理水平。我国选聘高校毕业生到村任职对农村社会管理水平提高起到了一些积极作用，但"输血"毕竟只是一时之举。农村要提升社会管理水平，就需要留住人才，就需要解决农村干部收入低、工作环境差的问题。这就需要政策的倾斜，变"输血"为"造血"，让有文化、有能力的年轻人成为农村的接班人。

⑧ 加强农村文化建设。农民的精神面貌是"人的新农村"的重中之重。随着农民收入的提升，富裕起来的农村人，随着视野的不断开阔，对精神文化的需求也随之增长。长期以来，农村精神文化生活相对缺乏，一些农村聚赌成风，孝悌尽失的问题就是最为直接的体现。在今后的新农村建设中，需要进一步加大农村文化建设的人力和资金投入，通过普及农村文化科学技术教育，弘扬传统孝廉文化，丰富农村精神文化生活。

二、新型农业经营体系

建设社会主义新农村，就其经济组织形式而言，就是构建新型农业经营体系。

1. 新型农业经营体系内容

构建现代农业经营体系的核心就是以发展多种形式、规模适度的经营为引领，形成有利于现代农业生产要素创新与运用的体制机制。农业科技成果应用、各种服务提供、产品质量提高、效益增加都应以一定的经营规模为前提。现代农业经营体系，就是要积极培育新型农业经营主体，引导和支持种养大户、家庭农场、农民合作社、龙头企业的发展壮大，形成多种形式的规模适度经营，发展与完善农业产前产中产后服务业，建立与健全农业社会化服务体系，保障农业健康发展。

2. 新型农业经营体系是发展现代农业所必需

产业兴则农业兴，大力发展农业既是建设社会主义新农村的关键，还是全面建成小康社会和实现现代化的基础。经过多年努力，我国农业综合生产能力、科技装备水平、农业基础设施建设都取得长足的进步，现代化建设取得了巨大成就。但产业大而不强、生产基础薄弱、经营规模偏小等问题依然存在，农业发展质量效益和竞争力亟待提高。十三五规划提出，加快转变农业发展方式，以构建现代农业产业体系、生产体系、经营体系为抓手，提高农业质量效益和竞争力，走产出高效、产品安全、资源节约、环境友好的农业现代化道路，推进现代农业发展。

自农村家庭承包经营制度实施以来，农户一直是农业经营的基本主体。伴随城镇化进程和农村经济发展，一些新型农业经营主体应运而生，中国农业现已进入生产经营主体重塑和多元化的历史阶段。党的十八大提出，要培育新型经营主体，构建新型经营体系；党的十八届三中全会强调要坚持家庭经营基础性地位，推进多种经营形式共同发展的农业经营方式创新。十三五规划要求，发展现代农业，必须构建现代农业经营体系，以发展多种形式适度规模经营为引领，创新农业经营组织方式，构建以农户家庭经营为基础、合作与联合为纽带、社会化服务为支撑的现代农业经营体系，提高农业综合效益。

3. 新型农业经营主体

（1）农户　农户是因婚姻关系和血缘关系为基础而形成的一种社会经济组织。农户既是我国农村经济的基本组成单位，同时也是农业生产的基本组织形式。国内外的实践已经充分证明，农户是最适合农业生产特点的经营单位和形式。

一般农户土地规模小，生产经营"小而全"。农户一般以农为主，兼营其他，相对于其他经营主体，农户劳动生产率和农产品商品率较低。农户虽然劳动时间充裕，但体现现代化水平的资本、技术、信息、管理等生产资源缺乏，经济实力差，市场竞争力弱。为弥补其缺陷，种粮大户应运而生。

（2）家庭农场　家庭农场是指以家庭成员为主要劳动力，从事农业规模化、集约化、商品化生产经营，并以农业收入为家庭主要收入来源的新型农业经营主体。2008年党的十七届三中全会报告第一次将家庭农场作为农业规模经营主体之一提出。随后，2013年中央"一号文件"再次提到家庭农场，并指出要采取适当措施鼓励和支持承包土地向专业大户、家庭农场、农民合作社流转。

2013年中央"一号文件"提出，坚持依法自愿有偿的原则，引导农村土地承包经营权有序流转，鼓励和支持承包土地向专业大户、家庭农场、农民合作社流转，发展多种形式的适度规模经营。

可以说，家庭农场的出现促进了我国农业经济的发展，推动了农业商品化的进程，加快了农民增收，有效地缩小城乡贫富差距。家庭农场以追求效益最大化为目标，使农业由保障功能向盈利功能转变，克服了自给自足的小农经济弊端，商品化程度高，能为社会提供更多、更丰富的农产品。家庭农场比一般的农户更注重农产品质量安全，既有利于提高农业质量效益，同时也更易于政府监管。

（3）农民专业合作社　《中华人民共和国农民专业合作社法》指出：农民专业合作社是在农村家庭承包经营基础上，同类农产品的生产经营者或者同类农业生产经营服务的提供者、利用者，自愿联合、民主管理的互助性经济组织。

农民专业合作社以其成员为主要服务对象，提供农业生产资料的购买，农产品的销售、加工、运输、贮藏以及与农业生产经营有关的技术、信息等服务。

（4）农业企业　农业企业是指从事农、林、牧、副、渔业等生产经营活动，具有较高的商品率，实行自主经营、独立经济核算，具有法人资格的盈利性的经济组织。

4. 国外构建现代农业经营体系经验

（1）英国　灵活经营，有机特色。

在英国，农业人口少（占全部劳动力的2%），却供应了全国60%的食品需求。除了政府的扶持，英国农场特色鲜明、多种经营的运营方式也为英国农业现代发展起到了重要作用。

英国农场经营方式主要有两类：一类是"家庭农场"，完全或基本依靠农场主及其家庭成员劳动力的自营农场，这类农场数量多，一般属于中、小农场；另一类是由农场主雇工经营的大农场，其中土地面积超过200公顷的特大农场，虽然只占农场总数的4%左右，却经营着45.2%的农场土地面积，在整个农场中居主导地位。大农场主极力缩减中间渠道，降低物流成本，一方面与商超或加工厂达成协议，另一方面积极打造由田间地头直达最终消费者的自营销售渠道。在英国各地都能见到的 Farm Shop、Millets 都属于农场产品直销经营店。

（2）瑞士 农业现代化水平高。

瑞士农业产业化已达到较高的程度，其农业产业化主要分为两种类型。一是龙头企业带动型。这类农场规模较大且都有自己的加工企业，如乳制品加工厂、果汁厂、冷藏库、蔬菜加工保鲜部门等，农产品自行加工自行销售。有的加工企业除了加工自己的产品外，还带动周围比较小的农户发展生产。同时，企业为农户提供种子、技术等各种服务，规定农产品质量标准，并且按订单收购。二是市场带动型。瑞士的农产品市场有连锁店、批发市场和小型农贸市场，其中超市是主要的零售渠道。瑞士还成立了全国农产品销售协会，各地区设有分会，会员由生产者、销售者参加，定期召开会议，协商近期农产品价格并公开发布，生产者可以根据其发布的价格来确定生产计划。

作为发展现代农业的基础，瑞士的农业教育也很发达。农业教育分3个层次，即高等教育、专业职业技术教育和对农民的实用技术培训。瑞士政府有一个非常严格的规定：凡是经营农场者，都必须接受相当于中等水平的教育并取得相关证书。

（3）丹麦 当农民门槛高。

丹麦农业占据着欧洲的农业产业链顶端，这与其拥有高素质的农民群体密不可分，而在丹麦想当农民需首先持有绿色证书，并具备终生学习的能力，农业强国对应的则是高素质农民。丹麦耕地占国土面积的62%，从业人员仅有8万人，即全国人口的1.5%从事农业生产，对国民经济贡献率为3.5%左右。丹麦农产品的三分之二用于出口，农产品出口额占全部出口的16%，统计资料显示，在出口到欧盟国家的农产品中丹麦出口农产品占到60%。在丹麦，一个人须经过10年初等教育后，并在农业学院经过三个阶段约5年的学习，且通过系统理论学习和农场实践才能拿到绿色证书。除了需要取得资格证书外，在丹麦当农民需要在工作中继续学习。

借鉴国外现代化农业的发展经验，要增强农业发展活力，提升农业竞争力，就必须构建新型农业经营体系。构建新型农业经营体系：一要注重培育新型经营主体，如专业种养大户、家庭农场、农产品生产和加工龙头企业；二要强化尖端农业创新技术的重大突破和普及应用，推进农业技术创新；三要注重培养有文化、懂技术、会经营、综合素质强的农民群体；四要积极构建完善高效的农业社会化服务体系。

5. 构建现代农业经营体系措施

（1）坚持农村基本经营制度 推进农村改革发展，离不开和谐稳定的社会环境。深化农村改革，维护农村和谐稳定，最基本的措施就是坚持和完善农村基本经营制度。要坚持农村土地农民集体所有，坚持家庭经营的基础性地位，坚持稳定土地承包关系。农村土地制度改革必须审慎稳妥推进，不能操之过急。土地是农民的生存根本和情感依赖，是农民的"命根子"，只有农村土地承包关系稳定了，人心才能稳定。

（2）发展规模应该适度　要发展适度规模经营，构建现代农业经营体系，各级政府应稳定农村土地承包关系，完善土地所有权、承包权、经营权分置办法，依法推进土地经营权有序流转；通过代耕代种、联耕联种、土地托管、股份合作等方式，推动并实现多种形式的农业适度规模经营。家庭经营、集体经营、合作经营和企业经营应共同发展，不断提高农业经营的集约化、规模化、组织化水平。重点是培育新型农业经营主体和新型职业农民，发展农业生产性服务业，解决"谁来种地"和经营效益不高问题。

（3）培育新型经营主体　十三五规划指出，培育新型经营主体，要健全有利于新型农业经营主体成长的政策体系，扶持发展种养大户和家庭农场，引导和促进农民合作社规范发展，培育壮大农业产业化龙头企业，大力培养新型职业农民，打造高素质现代农业生产经营者队伍。鼓励和支持工商资本投资现代农业，促进农商联盟等新型经营模式发展。

（4）提高农民素质，壮大新型职业农民队伍　新型农业经营体系的主体是新型职业农民，要在壮大队伍上下功夫。构建新型农业经营体系绝不是把农民从农业中剥离出来，在解决"谁来种地"的多种路径中，最有效的就是培养新型职业农民。加快培育新型职业农民，关键要加大政策扶持力度：一是建立新型职业农民制度，培养新的种地人；二是制定以土地流转等集聚资源要素为主的农业生产经营扶持政策，促进土地资源向新型职业农民集中，使愿意种地的人获得更多的土地经营权。

（5）健全社会化服务体系　十三五规划明确提出要实施农业社会化服务支撑工程，培育壮大经营性服务组织。支持科研机构、行业协会、龙头企业和具有资质的经营性服务组织从事农业公益性服务，支持多种类型的新型农业服务主体开展专业化、规模化服务。推进农业生产全程社会化服务创新试点，积极推广合作式、托管式、订单式等服务形式。加强农产品流通设施和市场建设，完善农村配送和综合服务网络，鼓励发展农村电商，实施特色农产品产区预冷工程和"快递下乡"工程，不断创新农业社会化服务机制。

三、会计工作在新农村建设中的作用

1. 村级会计管理工作的特点

村民委员会作为村级会计管理工作的主体，应在民主决策、管理和监督的基础上，按照现行政策，选派会计人员对村级资金的筹集与运用进行核算和

监督。

① 会计工作的目标是保证农村资产安全完整、保值增值。村级会计管理工作应在民主、合法、公开的基础上，确保农村资产的安全完整且保值增值，通过监督杜绝各种违规和腐败现象发生，借以维护农村和谐稳定。

② 会计工作应坚持民主、公开、客观的原则。村级资产的所有者和财务监督的主体是村民，农村会计在工作中应该坚持民主、公开和客观真实的原则。村级会计记录要客观真实地反映村集体经济发展的客观情况，为村民主决策和政府相关政策的制定提供可靠的依据。

③ 会计工作的内容是应以集体资产的管理与运营为重点。近年来，各项惠农政策不断出台，扶植资金和专项拨款的规模越来越大，辐射面越来越广。农村会计工作的核心内容就应反映各项政策资金的运用情况，搞好集体资产使用和分配的核算，提高其利用效率。

④ 会计工作应该突出民主监督、民主决策。通过重要经济事项的村民代表大会表决，让广大村民参与会计管理，并及时做好财务公开工作，提升财务公开质量，维护好村民权益。

⑤ 影响会计工作的因素主要为相关政策和农村经济社会发展情况。由于会计工作对市场环境反应不灵敏、村级会计工作的法律法规有限，因此，农村会计工作的主要影响因素是村级经济发展状况、政府出台的相关政策、会计人员素质以及村民的民主意识等。

2. 农村会计在新农村建设中的作用

农村会计管理工作对新农村的建设起着至关重要的作用，尤其是随着农村的经济发展，村镇共有资产增长和国家对农村专项资金的大量投放，会计工作尤为重要。

① 促进农村资源合理配置，推动农村经济不断发展。党的"十六大"以来，随着党和国家对农业的投入不断增加，国家基本建设投资、财政预算内资金和信贷资金中农业投资的比重不断提高，促进了农村经济得到长足发展，市场不断建立和完善，物资不断丰富充裕。这就需要对农村、农业资源进行系统核算，科学管理，对其进行合理配置和促进高效使用适时提出合理化建议供村民大会决策，进而推动农村经济不断发展。

② 促进村务公开，加快农村事务管理民主化进程。民主管理是农村民主政治建设的基本要求，会计工作是农村各项管理活动的核心。通过规范村级会计工作，实行财务公开，健全民主监督制度和民主理财制度，保障基层群众的知情权、监督权和参与权得到维护，从而加快农村事务管理民主化进程。

③ 规范农村会计工作，维护农村社会稳定大局。民主规范的农村会计工作，可以从根源上消除村级财务半公开甚至不公开的现象，从而实现民主管理、民主监督，杜绝违法违纪现象再度发生，在一定程度上增强干群互信、理

顺群众情绪，营造农村经济社会和谐发展的良好氛围。

④ 保证农村资产安全完整，促进集体资产保值增值。维护资产的安全完整是会计的主要任务之一。农村税费改革后，农村集体资产来源渠道减少，村级财力明显降低。针对这种情况，农村会计的核算和监督工作，应保证在资产安全完整的基础上，积极而有效地拓宽融资渠道，调整村级资产结构，优化资产组合，壮大农村经济，增加农民收入，实现农村集体资产的保值增值。

农村会计工作肩负着做好农村社会经济建设和维护基层群众利益的重大使命，做好农村会计管理工作对促进社会主义新农村建设，加快农村经济发展和民主政治建设都具有重大意义。

项目二　新农村的会计工作管理

一、会计工作管理体制

会计工作管理体制是指国家管理会计工作的组织形式与基本制度，是贯彻落实会计法律法规，规章、制度和方针、政策的组织保障和制度保障。会计工作管理体制主要包括会计工作的行政管理、会计工作的行业自律管理和单位内部的会计工作管理。

(一) 会计工作的行政管理

1. 会计工作的行政管理体制

我国会计工作管理体制实行统一领导、分级管理原则。《会计法》第七条规定，国务院财政部门主管全国的会计工作，县级以上地方各级人民政财政部门管理本行政区域内的会计工作。我国会计工作实行"统一领导，分级管理"体制。即在财政部门统一规划、统一领导的前提下，分级负责、分级管理，调动地方、部门、单位管理会计工作的积极性和创造性。

财政、审计、税务、人民银行、证券监管、保险监管等部门应当依据有关法律、行政法规规定的职责，对有关单位的会计资料实施监督检查。这一规定体现了财政部门与其他政府管理部门在管理会计事务中相互协作的关系。

2. 会计工作行政管理的内容

会计工作行政管理主要包括制定国家统一的会计准则制度、会计市场管理、会计专业人才评价和会计监督检查四个方面。

(1) 制定国家统一的会计准则制度，国家统一的会计准则制度由国务院财政部门制定并颁布。国务院有关部门可以依照《会计法》和国家统一会计准则制度对会计核算和会计监督有特殊要求的行业实施国家统一的会计准则制度的具体办法或者补充规定，报国务院财政部门审核批准。国家实行统一的会计制度。国家统一的会计准则制度是指在全国范围内实施的会计工作管理方面的规范性文件，主要包括四个方面，即国家统一的会计核算制度、国家统一的会计监督制度、国家统一的会计机构和会计人员管理制度及国家统一的会计工作管理制度。各地区、各部门可以在国务院财政部门制定的国家统一会计制度当地基础上，制定符合《会计法》要求且与其具体情况相适应的会计制度或者补充规定，报国务院财政部门审核批准或者备案后实施。

（2）会计市场管理。财政部门是会计工作和注册会计师行业的主管部门，履行相应的会计市场管理职责。财政部门对违反会计法律、行政法规规定、扰乱会计秩序的行为，有权管理和规范。会计市场管理主要包括会计市场的准入管理、过程监管和退出管理。其中会计市场准入包括会计从业资格、会计师事务所的设立、代理记账机构的设立等；获准进入会计市场后，这些机构和人员还应当持续符合相关的资格条件，并主动接受财政部门的监督检查；当资格不再符合时，原审批机关应当撤回行政许可。对会计出版市场、培训市场、境外"洋资格"的管理等也属于会计市场管理的范畴。会计市场的运行管理是指财政部门对获准进入会计市场的机构和人员是否遵守各项法律法规执行业务所进行的监督和检查。会计市场的推出管理是指财政部门对在职业过程中有违反《会计法》行为的机构和人员进行处罚，情节严重的，吊销其职业资格，强制其退出会计市场。

（3）会计专业人才评价。会计专业人才是我国经济建设中不可或缺的重要力量，也是我国人才队伍中重要组成部分。目前我国已经基本形成阶梯型的会计专业人才评价机制，包括初级、中级、高级科技人才评价机制以及会计行业领军人才培养评价体系等。对先进会计工作者的表彰奖励也属于会计人才评价的范畴。

（4）财政部门实施的会计监督检查主要是会计信息质量检查和会计师事务所执业质量检查。财政部门对会计市场的监督还包括依法加强对会计行业自律组织的监督和指导。其中财政部组织实施全国会计信息质量的检查工作，并依法对违法行为实施行政处罚；县级以上财政部门组织实施本行政区域内的会计信息质量检查工作，并依法对本行政区域单位或人员的违法行为实施行政处罚。比如对不依法设置会计账簿的违法行为，《会计法》第四十二条规定：违反本法规定，有下列行为之一的，由县级以上人民政府财政部门责令限期改正，可以对单位并处三千元以上五万元以下的罚款；对其直接负责的主管人员和其他直接责任人员，可以处二千元以上二万元以下的罚款；属于国家工作人员的，还应当由其所在单位或者有关单位依法给予行政处分。其中"不依法设置会计账簿的违法行为"包括：不依法设置会计账簿的行为；私设会计账簿的行为，即常说的"账外账""小金库"；未按照规定填制、取得原始凭证或者填制、取得的原始凭证不符合规定的行为；以未经审核的会计凭证为依据登记会计账簿或者登记会计账簿不符合规定的行为；随意变更会计处理方法的行为；向不同的会计资料使用者提供的财务会计报告编制依据不一致的行为；未按照规定使用会计记录文字或者记账本位币的行为；未按照规定保管会计资料，致使会计资料毁损、灭失的行为；未按照规定建立并实施单位内部会计监督制度，或者拒绝依法实施的监督，或者不如实提供有关会计资料及有关情况的行为和任用会计人员不符合《会计法》规定的行为等。

（二）会计工作的行业自律管理

行业自律是指行业协会根据会员一致的意愿，自行制定规则并据此对各成员进行管理，以促进成员之间的公平竞争和行业的有序发展。会计工作的行业自律是对会计行政管理制度的有益补充，有助于督促会计人员依法开展工作，树立良好的行业风气，促进行业的发展。我国的会计行业自律组织主要有中国注册会计师协会、中国会计学会、中国总会计师协会。

中国注册会计师协会成立于1988年，是依据《注册会计师法》和《社会团体登记条例》的有关规定设立的社会团体法人，是中国注册会计师行业管理组织。

中国会计学会创建于1980年，是由全国会计领域各类专业组织以及个人自愿结成学术性、专业性、非盈利社会组织。会计学会实行"会员制"，其主要职责是：组织协调全国会计科研力量，开展会计理论研究和学术交流，促进科研成果的推广和运用；发挥学会的智力优势，开展多层次、多形式的智力服务工作，包括组织开展中、高级会计人员培养、会计培训和会计咨询与服务等；开展会计领域国际学术交流与合作；总结我国会计工作和会计教育经验，研究和推动会计专业的教育改革等。

中国总会计师协会成立于1990年，是经财政部审核同意民政部正式批准依法注册登记成立的跨地区、跨部门、跨行业、跨所有制的非盈利性国家一级社团组织。会员单位主体为国有重点大型企业、具有一定规模的民营企业及设置总会计师职位的行政事业单位。个人会员包括总会计师、首席财务官、财务总监、财务主管及直接以CFO命名的企业高管。

（三）单位内部的会计工作管理

财政部门对会计工作的管理是一种社会管理活动，单位作为法人独立进行的会计核算属于单位内部的管理活动。会计人员具体从事会计工作，由所在单位负责组织管理。单位应根据国家相关法律法规和统一的制度要求，结合单位类型和自身需要，制定适合本单位实际情况的会计管理制度，规范本单位会计管理工作和会计行为。

1. 单位负责人的职责

单位负责人是指单位法定代表人或者法律、行政法规规定代表单位行使职权的主要负责人。单位法定代表人（也称法人代表）是指依法代表法人单位行使职权的负责人，如公司制企业的董事长（也称法人代表）、国有企业的厂长（经理）、国家机关的最高行政长官、村委会主任等；法律、行政法规规定代表单位行使职权的主要负责人，是指依法代表非法人单位行使职权的负责人，如代表合伙企业执行合伙企业事务的合伙人、个人独资企业的投资人。

我国《会计法》规定，单位负责人对本单位的会计工作和会计资料的真实性、完整性负责；应当保证财务会计报告真实、完整；应当保证会计机构和会计人员依法履行职责，不得授意、指使、强令会计机构和会计人员违法办理会计事项。

2. 会计机构的设置

各单位应当根据会计业务的需要，设置会计机构，或者在有关机构中设置会计人员并指定会计主管人员；不具备设置条件的，应当委托经批准设立从事会计代理记账业务的中介机构代理记账。

一个单位是否需要设置会计机构一般取决于单位规模的大小、经济业务和财务收支繁简和经济管理的要求等。

3. 会计人员的选拔任用

会计人员从业之前应具有一定的会计理论水平和处理会计基本业务的能力，通过考试或竞聘上岗。

会计人员的选拔任用由其所在单位具体负责：担任单位会计机构负责人（会计主管人员）的，除具有一定的专业胜任能力外，还应当具备会计师以上专业技术职务资格或者从事会计工作三年以上的经历；担任总会计师的应当在取得会计师任职资格后，主管一个单位或者单位内部一个重要方面的财务工作时间不少于三年。

单位对会计人员的管理主要包括对会计人员的聘用与任免管理、任职资格管理、评优表彰与奖惩管理、会计专业技术职务资格管理以及继续教育管理等。

《会计法》第十九条规定：会计人员应当遵守职业道德，提高业务素质；对会计人员的教育和培训工作应当加强。

4. 会计人员回避制度

《会计基础工作规范》规定："国家机关、国有企业、事业单位任用会计人员应当实行回避制度。单位领导人的直系亲属不得担任本单位的会计机构负责人、会计主管人员。会计机构负责人、会计主管人员的直系亲属不得在本单位会计机构中担任出纳工作。"

存在夫妻关系、直系血亲关系、三代以内旁系血亲以及近姻亲关系等亲属关系时需要回避。其中夫妻关系是血亲关系和姻亲关系的基础和源泉，它是亲属关系中最核心、最重要的部分，当然需要回避。直系血亲关系是指具有直接血缘关系的亲属。从法律上讲有两种情况：第一种是出生于同一祖先，有自然联系的亲属，如祖父母、父母、子女等；第二种是指本来没有自然的或直接的血缘关系，但法律上确定其地位与血亲相等，如养父母和养子女之间的关系。直系血亲关系是亲属关系中最为紧密的关系之一，也应当列入回避范围；旁系血亲是指源于同一祖先的非直系的血亲。所谓三代，就是从自身往上或者往下数三代以内，除了直系血亲以外的血亲，就是三代以内旁系血亲，实际上就是自己的兄弟姐妹及其子女与父母的兄弟姐妹及其子女。所谓近姻亲，主要是指配偶的父母、兄弟姐妹、儿女的配偶及儿女配偶的父母。因为三代以内旁系血亲以及近姻亲关系在亲属中也是比较亲密的关系，所以也需要回避。

二、农村会计管理模式

目前，我国经济发展已呈现"新常态"，农村经济的改革与发展进入了"快车道"，新农村建设和农村经济发展对会计管理工作提出了更高的要求。众所周知，农村经济工作管理水平的高低不仅仅关乎每个农民的切身利益，而且还事关农村经济与社会稳定的大局。但是，长期以来，由于村干部法律意识淡薄、财务人员素质偏低，财务监督机制不健全，财务公开不彻底等原因，造成村级财务混乱、干群关系紧张等等。为此，自改革开放以来特别是近几年，党中央和国务院多次发文要求加强村集体财务管理工作。各地为了规范村集体财务管理工作，对农村会计管理模式进行了积极的探索与改革。目前主要有村账村管、村账乡（镇）管、会计委派和委托代理等多种管理模式。

（一）村账村管模式

1. 村账村管模式的含义

村账村管是一种自管式的农村会计模式。会计人员由村委会聘请，受财政所或农经站监督和指导，村组织自行配备会计人员，村内设立会计机构，单独设账，独立核算，自行管理。村级财务人员对所在村的村委会负责，村委会对全体村民负责。

2. 村账村管模式优势及存在问题

根据《会计法》、《农民专业合作社财务会计会计制度》及《村集体经济组织会计制度》等规定，村级集体经济组织建立会计管理机构或在有关机构中设置财务会计人员，建立会计室，指定会计主管人员，配备专门的会计和出纳，但村主任、村党支部书记及村集体经济组织主要负责人及其直系亲属不得兼任会计或出纳，且本着不相容职务相分离的原则，会计和出纳不能同时由一人兼任。显然"村财村管"模式符合有关法律、法规的规定。

改革开放初期，农村刚刚实行联产承包责任制，为满足农民对村级财务进行管理的需要，诞生了这种"村财村管"的会计管理模式。村账村管的会计管理模式在其形成初期产生了积极的影响。村干部比较了解村内部情况，实行这种模式有利于对村级财务的直接管理，有助于村民高度自治，保证了村级集体资金的使用权、审批权、监督权，村委会能够及时准确地掌握本村的财务状况，及时处理业务。

但随着农村经济的不断发展"村财村管"模式弊端也逐渐地显露。由于村会计是村委会直接聘用，因而对村委会及村主要领导有很大的依附关系，因而缺乏有效的监督和激励机制，由于村干部与会计队伍素质不过硬，会计容易受村支书控制和操纵。许多地方"换一届班子、换一茬会计"，更换会计人员时不及时办理或根本不办理会计交接手续，时间长了容易形成"断头账""包包账"。因此"村财村管"模式盛行于改革开放初农村会计制度的探索时期，但该模式比较适合经济发展程度高，财务制度比较健全，农村财务会计人员综合素质较高并拥有良好的职业道德，村民监督意识高并对会计管理监督有较强的参与意识的村。

(二) 农村会计委派制

1. 农村会计委派制含义

随着"村财村管"模式存在的农村财务问题逐渐增多，对农村经济发展和和谐稳定的负面影响日渐显露，"农村会计委派制"应运而生。

"农村会计委派制"，即由乡镇财政所或经管站等部门统一公开招聘会计人员，并委派到村集体经济组织的一种制度。分派下去的会计人员具有代表其派出机构对村级会计工作进行监督和管理的权利。

2. 农村会计委派制优势及存在问题

在会计委派制度下，会计人员是经过公平、公正、公开的程序统一招录的，这部分人员综合素质较高、业务能力强，使其投入到农村会计工作中去，对遏制农村会计"近亲繁殖"、年龄老化、素质不高等问题起到了积极作用；另外，由于会计人员具有较强的独立性，更可有效地履行会计的监督职能，在减少或杜绝村级腐败贪污现象、保护集体资产不受侵害等方面发挥了积极作用。

但存在的问题也比较明显：①"农村会计委派制"下，农村会计人员是由乡镇财政所或经管办等部门向农村派遣的。根据《会计法》规定，我国的会计工作应由财政部门负责管理。《公司法》、《企业法》规定，单位负责人负责对本单位会计人员的领导，并承担相应的领导责任。因此这种模式不仅与相关法律相矛盾，而且缺乏相关的法律依据，存在着先天的不可弥补的缺陷。②增加了制度实施的成本。会计人员身份复杂，由于是自上而下委派的会计人员，强化了监督职能的同时也相对削弱了村干部的权利，人际关系复杂，工作实施起来难度较大。

(三) 村账乡 (镇) 管

1. 村账乡 (镇) 管模式含义

村账乡 (镇) 管模式属于"农村会计代理制"的一种，是指将村集体经济组织财务会计管理工作授权给相关的财务会计代理机构进行管理的一种模式。该模式下，村集体资金的所有权不变、资金管理权和债权债务归属权不变。由乡镇财政所或经管站成立会计管理中心，统一招聘会计人员对村级财务进行管理；各村只保留一名报账人员，定期报账，并对资金收付进行日常管理。

2. 村账乡 (镇) 管模式优势及存在问题

村账乡 (镇) 管模式的主要优势是大大增加了对村级财务活动的监督力度。由于代理中心对村上报的每一笔账务都进行集中审核并记账，等于无形中协助了村民理财小组监督，同时也有助于解决村级财务收支的混乱局面。

但存在的问题是：①村账乡（镇）管与《村民委员会组织法》村民自愿原则相抵触，在不同程度上影响了村民自治。②村账乡（镇）管模式虽增强了监督但弱化了会计管理职能，由于会计代理中心只负责记账，对村集体经济具体情况不了解，因而难以发挥其管理职能。③村账乡（镇）管模式破坏了账簿体系的完整性，由于日记账在村里，总账在乡（镇）里，加上村镇之间往来不便导致记账不及时，严重影响了会计核算的及时性和账簿体系的完整性。

（四）村级会计委托代理制

1. 村级会计委托代理制含义

随着新农村建设的加快，村集体经济的发展壮大，逐步做大做强，为进一步加强农村财务规范化管理，解决村级财务管理混乱问题，"村级会计委托代理制"应运而生。2006年11月13日，中共中央办公厅和国务院办公厅联合发布了《关于加强农村基层党风廉政建设的意见》（中办发〔2006〕32号），文件要求"在尊重农民群众意愿和民主权利的基础上，推行村级会计委托代理服务制度"。其中落实国家政策法规，做到依法理财，为民理财，理财为民，这是推行村级会计委托代理制的前提和基础。

"村级会计委托代理制"是在坚持自愿原则下，在坚持民主管理、民主决策、民主监督等"三个民主"和资产所有权、经营权、处置权、财务审批权"四权"不变的前提下，经村民代表大会同意，村级财务会计工作由会计委托代理机构对村级财务实行统一制度、统一审核、统一记账、统一公开、统一建档的"五统一"服务，所建立统一的村级会计管理的机制。委托代理机构一般由乡（镇）经管站担当，有些地区也会由乡镇财政所担当，并在乡（镇）及县级以上主管农业的行政部门的指导、监督下运行。

与其他会计管理模式相比，"村级会计委托代理制"是指经村民大会或村民代表大会表决通过并与会计委托代理机构签订村级财务委托代理协议，由委托代理机构统一代管村级会计工作的管理模式。在村民自愿的前提下进行村级财务托管，从而实现了四权不变基础上的民主管理、决策和监督。委托代理机制是村账乡（镇）管的进一步探索深化，它的实施使村账乡管更加合法化、制度更健全，"民主管理"主题更鲜明。截至2014年底，全国30个省、区、市中实行村会计委托代理制的乡镇达到3.1万个，占乡镇总数的84.8%；涉及村数52.4万个，占总村数的86.1%。分地区看，东部地区、中部地区、西部地区实行村会计委托代理的乡镇数比重分别为85.4%、92.2%和76.8%。实现会计电算化的村数为35.8万个，占总村数的58.9%。

2. 村级会计委托代理制的优势及存在问题

委托代理机制的优势：①乡（镇）可以通过代理机构的服务参与村级财务监督管理，并对其进行有效指导、监督和审计，便于了解和解决村级财务问题；②委托代理制是在村民自愿原则的下签署的协议，符合《村民委员会组织法》，委托的方式解决了该种会计管理模式合法性问题；③通过"五统一"实现了统一的村级会计管理，避免了财务不公开、会计人员业务能力低等情况；④财务统一管理委托给代理机构，村集体可以更多关心自身的经营运营。实践证明，这种模式比较适合于一些经济较为发达，资金雄厚的地区。

委托代理机制存在的问题：①代理机构不设在村内，与村集体经济组织具有一定距离，双方工作不便，既不利于信息流通，也相应地增加了工作成本，对及时解决农村财务问题有一定影响；②制度虽然建立了明确的惩罚机制，但不易发现村级财务人员违法行为，在一定程度上使惩罚制度缺乏直接依据。这些问题有待于我们进一步解决。

项目三　会计法律法规

会计法律法规是开展会计工作所必须遵守的规定和要求，是国家在经济社会管理中针对会计工作做出的相关规定。目前，我国已经形成了以《中华人民共和国会计法》为主体，由会计法律、会计行政法规、会计部门规章和地方性会计法规有机构成的会计法律体系。

一、会计法律

会计法律指由全国人民代表大会及其常务委员会经过一定的立法程序制定的有关会计工作的法律。会计法律在会计法律体系中属于最高层次的法律规范，其他法规的制定都需要以会计法律为依据。我国的会计法律为《中华人民共和国会计法》（以下简称《会计法》）和《中华人民共和国中国注册会计师法》（以下简称《注册会计师法》）。

《会计法》颁布于1985年，全国人大常委会分别于1993年、1999年两次对《会计法》进行了修订。现行的《会计法》是1999年修订，于2000年7月1日开始实施的。《会计法》是从事会计工作应遵循的基本规范。为规范会计行业行为，保证会计资料真实、完整，加强经济管理和会计管理、提高经济效益，维护社会主义市场经济秩序，《会计法》对会计工作的有关重大问题作出法律规定。

二、会计行政法规

会计行政法规指由国务院制定并发布，或者由国务院有关部门拟定并经国务院批准发布，调整经济生活中某些方面会计关系的法律规范。如《企业财务会计报告条例》、《中华人民共和国总会计师条例》等。

《企业财务会计报告条例》于2000年6月21日由国务院颁布并于2001年1月1日起施行，是对《会计法》中有关财务会计报告的规定的细化。它主要规定了企业财务会计报告的构成、编制、对外提供、法律责任等。从法律意义上规范了企业财务会计报告，确保了财务会计报告的真实、完整。

三、会计部门规章

会计部门规章是指国家主管会计工作的行政部门即财政部以及其他相关部委根据法律和国务院的行政法规、决定、命令，在本部门权限范围内指定的、调整会计工作某方面内容的国家统一的会计准则制度和规范性文件，包括国家统一的会计核算制度、会计监督制度、会计机构和会计人员管理制度以及会计工作管理制度等。如《企业会计准则——基本准则》、《会计从业资格管理办法》、《会计档案管理办法》等。国务院其他部门根据其职责权限制定的会计方面的规范性文件也属于会计规章，但必须报财政部审核或者备案。下面重点介绍与农村会计工作关系密切的相关部门规章。

1. 会计从业资格管理办法

《会计从业资格管理办法》是为了加强会计从业资格管理，规范会计人员行为，根据《会计法》及相关法律的规定制定，于2012年12月10日通过财政部令第73号公布，自2013年7月1日起施行。2016年5月11日财政部以财政部令第82号公布了《财政部关于修改〈会计从业资格管理办法〉的决定》，并于2016年7月1日起实施。2016年12月1日，国务院以（国发〔2016〕68号）公布了《国务院关于取消一批职业资格许可和认定事项的决定》，会计从业资格被列为取消114项职业资格之一。对此财政部会计司有关负责人在《会计从业资格行政许可清理情况说明》中表示：如果会计从业资格行政许可按法定程序取消了，不再作为从事会计工作必需的准入证明，但是，会计人员已经取得的会计从业资格证书，仍然可以作为能力水平的证明。

2. 会计基础工作规范

《会计基础工作规范》是为了加强会计基础工作，建立规范的会计工作秩序，提高会计工作水平，财政部根据《会计法》的有关规定制定，于1996年6月17日以财政部（财会字〔1996〕19号）发布。国家机关、社会团体、企业、事业单位、个体工商户和其他组织应当按照该规范开展的会计基础工作。该规范对会计机构和人员、会计核算、会计监督以及内部管理制度等会计基础工作都做出了具体规定和要求。

3. 会计档案管理办法

为了规范和加强单位会计档案管理，有效保护和利用会计档案，促进会计工作更好地服务于经济社会发展，1984年财政部、国家档案局联合印发了《会计档案管理办法》，并于1998年对该办法进行了第一次修订。随着我国经济社会的快速发展以及信息技术的广泛应用，会计档案的内容范围、承载形式、管理手段、利用方式等均发生了较大变化，为了更好地适应当前新形势，满足当下会计工作需要，根据《会计法》、《档案法》等有关法律和行政法规修订了《会计档案管理办法》，于2015年12月11日以财政部、国家档案局令第79号予以公布，2016年1月1日起施行，原《会计档案管理办法》（财会字

〔1998〕32 号）同时废止。国家机关、社会团体、企业、事业单位和其他组织管理会计档案均需按照该办法做好会计档案管理工作。

4. 村集体经济组织会计制度

为适应农村集体经济组织以从事经济发展为主，同时兼有一定社区管理职能的实际情况，全面核算、反映村集体经济组织经营活动和社区管理的财务收支，做好村务公开和民主管理，加强村集体经济组织的会计工作，规范村集体经济组织的会计核算，根据《会计法》及国家有关法律法规，结合村集体经济组织的实际情况，2004 年财政部制定了《村集体经济组织会计制度》，自 2005 年 1 月 1 日起在村集体经济组织执行，1996 年财政部颁发的《村合作经济组织会计制度（试行）》同时废止。该制度适用于按村或村民小组设置的社区性集体经济组织。代行村集体经济组织职能的村民委员会执行本制度。

5. 农民专业合作社财务会计制度

为规范农民专业合作社的会计工作，保护农民专业合作社及其成员的合法权益，2007 年财政部根据《会计法》、《农民专业合作社法》等国家有关法律、行政法规，财政部制定了《农民专业合作社财务会计制度（试行）》，自 2008 年 1 月 1 日起施行。该制度适用于依照《农民专业合作社法》设立并取得法人资格的合作社。财政部门依照《会计法》规定职责，对农民专业合作社的会计工作进行管理和监督。农村经营管理部门依照《农民专业合作社法》和有关法规政策等，对合作社会计工作进行指导和监督。

6. 《企业会计准则——基本准则》

《企业会计准则——基本准则》于 2006 年 2 月 15 日以财政部令第 33 号公布，自 2007 年 1 月 1 日起施行。2014 年 7 月 23 日进行了修改。该准则根据《会计法》和其他有关法律、行政法规制定，规范了企业会计确认、计量和报告行为，保证会计信息质量。

7. 小企业会计准则

为了规范小企业会计确认、计量和报告行为，促进小企业可持续发展，发挥小企业在国民经济和社会发展中的重要作用，根据《中华人民共和国会计法》及其他有关法律和法规，财政部制定了《小企业会计准则》，自 2013 年 1 月 1 日起在小企业范围内施行，鼓励小企业提前执行。村办小企业必须按照《小企业会计准则》进行会计核算和会计监督。

四、地方性会计法规

地方性会计法规是指由省、直辖市、自治区人民代表大会或常务委员会在同宪法、会计法律、行政法规和国家统一的会计准则制定不相抵触的前提下，根据本地区情况制定的关于会计核算、会计监督、会计机构和会计人员以及会计工作管理的规范性文件。如 2000 年 4 月 14 日经山东省第九届人民代表大会常务委员会第 1 次会议通过并公布的《山东省实施〈中华人民共和国会计法〉办法》等。

模块二

新农村会计的基本原理与技能

项目一 会计概述

一、会计的概念

会计是以货币为主要计量单位,运用专门方法,对单位经济活动进行连续地、系统地、综合地核算和监督的一种经济管理活动。

1. 会计是一种经济管理活动

会计本质上是一种经济管理活动,为单位经济管理提供各种数据资料,而且通过各种方式直接参与经济管理,并对单位的经济活动进行核算和监督。其中"单位"一般是指所有的会计主体,当然包括村集体经济组织、农民专业合作社和村办企业等。

2. 会计是一个经济信息系统

会计作为一个经济系统,将单位经济活动的各种数据转化为货币化的会计信息,这些信息是单位内部管理和外部利益相关者进行经济决策的重要依据。

3. 会计以货币为主要计量单位

经济活动中通常使用实物计量单位(如千米、吨等)、劳动计量单位(如机器台时、工时等)和货币计量单位(如人民币、美元等)三种计量单位,其中实物计量和劳动计量单位只能从不同的角度反映单位经营管理情况,计量的结果通常无法直接进行汇总、比较;而货币计量便于统一衡量和比较,能够全面反映单位的生产经营与管理情况,因此会计需要以货币作为主要的计量单位。

4. 会计具有核算和监督的基本职能

会计的职能是指会计在经济管理活动中所具有的功能。会计的基本职能主要有两个:一是进行会计核算,通过确认、计量、记录和报告,运用货币量度从数量上反映各单位已经发生或完成的经济活动,为经济管理提供会计信息;

二是实施会计监督,即按照一定的目的和要求,利用提供的会计信息,对各单位的经济活动进行控制,使之达到预期目标。

5. 会计采用一系列专门方法进行核算

会计方法是用来核算和监督会计对象,实现会计目标的手段。会计方法具体包括会计核算方法、会计分析方法和会计检查方法等。其中会计核算方法是最基本的方法;会计分析方法和会计检查方法是在会计核算方法的基础上,利用提供的会计资料进行分析和检查所使用的方法。这些方法相互依存、相辅相成,形成了一个完整的方法体系。

6. 会计提供的信息具有全面性、连续性、系统性和综合性

全面性是指对单位的所有经济活动都要进行记载和反映,不得有任何遗漏或任意取舍,力求核算资料全面、可靠;连续性是指按照经济活动发生的先后顺序不断地进行记录;系统性是指会计核算对各项经济活动既要相互联系地进行记录,又要进行必要的科学分类,使会计资料系统化;综合性是指对发生的经济业务必须以货币单位进行统一的计量。

二、会计的职能

会计的职能是指会计在经济管理过程中所具有的功能,它是由会计的本质特征所决定的、并且是固有的功能。作为"过程的控制和观念的总结"的会计具有会计核算与会计监督两项基本职能,同时还具有预测经济前景、参与经济决策、评价经营业绩等拓展职能。

(一)基本职能

1. 核算职能

会计核算职能,又称反映职能,是指会计以货币为主要计量单位,通过对特定主体的经济活动进行确认、计量和报告,如实反映特定主体的财务状况、经营成果和现金流量等信息。

确认是指运用特定会计方法,以文字和金额同时描述某一经济业务事项,使其金额反映在特定主体财务报表中的会计程序;计量是指确定会计确认中用以描述某一经济业务事项金额的会计程序;报告是指在确认和计量的基础上,将会计主体的财务状况、经营成果和现金流量信息以财务报表等形式向有关各方报告。确切地说,会计确认解决的是定性问题,以判断发生的经济活动是否属于会计核算的内容、归属于哪类性质的业务,是作为资产还是负债或其他会计要素等;会计计量解决的是定量问题,即在会计确认的基础上确定具体数额;会计报告是确认和计量的结果,将确认、计量和记录的结果进行归纳和整理,以财务报告的形式提供给会计信息使用者。其中会计信息使用者包括投资者、债权人、财政、税务、社会保障等政府部门,供应商、经营者和社会公众等。会计确认、计量和报告是会计核算的重要环节,各项会计准则和会计制度

均对此作出了严格的规定。

会计核算贯穿于经济活动的全过程，是会计最基本的职能。会计核算的内容主要包括：①款项和有价证券的收付；②财物的收发、增减和使用；③债权债务的发生和结算；④资本、基金的增减；⑤收入、支出、费用、成本的计算；⑥财务成果的计算和处理；⑦其他需要办理会计手续、进行会计核算的事项。

2. 监督职能

监督职能，又称会计控制职能，是指对特定主体的经济活动的真实性、合法性和合理性进行监督检查。真实性审查是指审查会计是否以实际发生的经济业务为依据进行核算的；合法性审查是指检查各项经济业务是否符合国家有关法律法规、遵守财经纪律、执行国家的各项方针政策，以杜绝违法乱纪的行为；合理性审查是指检查各项财务收支是否符合经济运行规律和单位内部控制的要求，保证各项财务收支符合特定的财务收支计划，实现预算目标。

会计监督贯穿于会计管理活动的全过程，又分为事前监督、事中监督和事后监督。事前监督是在经济活动发生前进行的监督，主要是对未来经济活动是否符合国家法律法规政策的规定、在经济上是否可行进行分析判断，以及为未来经济活动制定定额、编制预算等；事中监督是指对正在发生的经济活动过程及其核算资料进行的审查，并据以纠正经济活动过程中出现的偏差和失误，使其按预定计划进行；事后监督是对已经发生的经济活动及其核算资料进行的审查。

同时，《会计法》确立了单位内部监督、社会监督、政府监督三位一体的会计监督体系，从而为会计监督的具体内涵及其实现方式赋予了新的内容。本教材关于会计监督职能的内容，仅限于会计机构和会计人员为监督主体，对单位经济活动进行的内部监督。

3. 会计核算与会计监督的关系

会计核算和会计监督是相辅相成、辩证统一的。会计核算是会计的首要职能，是会计监督的基础，没有核算所提供的各种信息，监督就失去了依据；会计监督又是会计核算的保证。没有严格的会计监督，就难以保证会计核算所提供信息的质量，会计核算的作用就难以发挥。可见，会计是通过核算为管理提供会计信息，又通过监督直接履行管理职能，两者必须结合起来发挥作用，才能正确、及时、完整地反映经济活动。

（二）拓展职能

1. 预测经济前景

预测经济前景是指根据财务会计报告等信息，定量或者定性地判断和推测经济活动的发展变化规律，以指导和调节经济活动，提高经济效益。

2. 参与经济决策

参与经济决策是指根据财务会计报告等信息，运用定量分析和定性分析方法，对备选方案进行经济可行性分析，为单位经营管理提供与决策相关的信息。

3. 评价经营业绩

评价经营业绩是指利用财务会计报告等信息，采用适当的方法，对单位一定经营期间的资产运营、经济效益等经营成果，对照相应的评价标准，进行定量及定性对比分析，作出真实、客观、公正的综合判断。

三、会计的对象与会计要素

（一）会计对象

会计对象就是会计核算和监督的内容，具体是指社会再生产过程中能以货币表现的经济活动，即资金运动或价值运动。资金运动的客观性体现在任何单位的资金都要经过资金的投入、资金的循环与周转（即运用）和资金退出三个过程。

资金的投入是单位取得资金的过程，是资金运动的起点。资金的退出是指资金离开本单位、退出资金的循环与周转，它是资金运动的终点，主要包括偿还各项债务、依法缴纳各项税费以及向投资者分配利润等。资金的循环与周转在不同类型的单位，比如企事业单位、村集体经济组织或农民专业合作社等存在较大的差异；同样是企业，如制造业、交通运输业、建筑业等资金循环与周转也各有特色。比如企业的生产经营活动通常包括供应、生产和销售过程三个阶段，而村集体经济组织肩负着管理村务和经营资产双重任务，但管理村务就不存在供产销过程。单位通过资金运动，一方面发生各种费用支出；另一方面取得收入，收支对比就是利润（也称损益或财务成果），实现利润最大化是各类投资者的最终目的。

资金运动是对会计核算和监督内容的高度概括，是第一层次，即会计对象。资金运动的第二层次是会计要素，第三层次是会计科目（会计科目将在项目三介绍）。

（二）会计要素

会计要素是指根据经济业务事项的经济特征所确定的财务会计对象的基本分类，是会计核算对象的具体化，是对资金运动第二层次的划分。会计要素的界定和分类可以使财务会计系统更加科学严密，从而为会计信息使用者提供更加有用的信息。

我国《企业会计准则——基本准则》将会计要素划分为资产、负债、所有者权益、收入、费用和利润六类。其中前三类属于反映财务状况的会计要素，在资产负债表中列示；后三类属于反映经营成果的会计要素，在利润表中列示。因此会计要素也可称为会计报表因素，它为财务会计报表构筑了基本框架，是会计报表的基本项目。

实践中，由于单位性质的不同，发生的经济业务或事项的内容各异，单位的会计对象自然不同。相应地对会计对象进行分类的结果——会计要素自然而然的也就不同。

（三）各类专业会计的核算对象

1. 村集体经济组织

村集体经济组织的会计对象是指在村级事务管理过程中所发生的能够用货币表现的经济活动。《村集体经济组织会计制度》把村集体经济组织会计所核算和控制的项目分为五大类，即资产、负债、所有者权益、成本和损益，具体表现为六个方面。每一个会计要素都是一个具有特定内涵的会计概念，并且都可以进一步划分为若干个项目，借以适应村集体经济组织管理的需要。

（1）资产　村集体经济组织的资产分为流动资产、农业资产、投资和固定资产。其中流动资产包括现金、银行存款、短期投资、应收款项、存货等；农业资产包括牲畜（禽）资产和林木资产等；投资包括短期投资和长期投资；固定资产是指村集体经济组织的房屋、建筑物、机器设备、工具、器具和农业基本建设设施等劳动资料，凡使用年限在一年以上，单位价值在规定标准以上的列为固定资产。有些主要生产工具和设备，单位价值虽低于规定标准，但使用年限在一年以上的，也可列为固定资产。

（2）负债　村集体经济组织的负债是由过去经济业务事项形成的现时义务，履行该义务预期会导致经济利益流出村集体经济组织。负债一般分为流动负债和长期负债。其中流动负债指偿还期在一年以内（含一年）的债务，包括短期借款、应付款项、应付工资、应付福利费等。长期负债指偿还期超过一年以上（不含一年）的债务，包括长期借款及应付款、一事一议资金等。

（3）所有者权益　村集体经济组织的所有者权益包括资本、公积公益金、未分配收益等。其中接受捐赠的资产应计入公积公益金；对外投资中，资产重估确认价值与原账面净值的差额计入公积公益金；收到的征用土地补偿费及拍卖荒山、荒地、荒水、荒滩等使用权收入，计入公积公益金。

（4）收入　收入是村集体经济组织在销售产品、提供劳务以及让渡资产使用权等日常活动中所形成的经济利益总流入和行使管理、服务职能所形成的经济利益的总流入。一般包括经营收入、发包及上交收入、农业税附加返还收入（该项收入因2006年国家停征农业税而取消）、补助收入及其他收入等。其中经营收入是指村集体经济组织进行各项生产、服务等经营活动取得的收入，包括产品物资销售收入、出租收入、劳务收入等；发包及上交收入是指农户和其他单位因承包集体耕地、林地、果园、鱼塘等上交的承包金及村办企业上交的利润等；补助收入是指村集体经济组织获得的财政等有关部门的补助资金；其他收入是指除经营收入、发包及上交收入、农业税附加返还收入和补助收入以外的收入。

（5）费用　费用是村集体经济组织进行生产、服务和管理等经营活动及日常管理活动中所发生的各种耗费。它包括经营支出、管理费用和其他支出等。其中经营支出是指村集体经济组织因销售商品、农产品、对外提供劳务等活动而发生的实际支出；管理费用是指村集体经济组织管理活动中发生的各项支出，包括管理人员及固定员工的工资、办公费、差旅费、管理用固定资产折旧费和维修费等；其他支出是指与村集体经济组织经营管理活动无直接关系的支出。

（6）收益　收益是村集体经济组织在一定期间（月、季、年）内生产经营、服务和管理活动的财务成果，是村集体经济组织的所有收入减去所有支出后的余额。用公式表示：收益总额＝经营收益＋农业税附加返还收入＋补助收入＋其他收入－其他支出。其中：经营收益＝经营收入＋发包及上交收入＋投资收益－经营支出－管理费用。

村集体经济组织各项会计要素之间的关系是：资产＝负债＋所有者权益；收益＝收入－费用。

2. 农民专业合作社

农民专业合作社会计的对象是指在合作社经营与管理过程中发生的经济业务事项。《农民专业合作社财务会计制度》把农民专业合作社会计所核算的内容划分为五个会计要素，具体表现在以下六个方面。

（1）资产　合作社的资产分为流动资产、农业资产、对外投资、固定资产和无形资产等。其中流动资产包括现金、银行存款、应收款项、存货等；农业资产包括牲畜（禽）资产和林木资产等；对外投资是指合作社采用货币资金、实物资产或者购买股票、债券等有价证券方式向其他单位投资；固定资产是指合作社的房屋、建筑物、机器设备、工具、器具和农业基本建设设施等，凡使用年限在一年以上，单位价值在规定标准以上的列为固定资产。其中合作社以经营租赁方式租入和以融资租赁方式租出的固定资产，不应列作合作社的固定资产；无形资产是指合作社长期使用但是没有实物形态、可辨认的非货币性资产，包括专利权、商标权、非专利技术等。

（2）负债　合作社的负债分为流动负债和长期负债。其中流动负债是指偿还期在一年以内（含一年）的债务，包括短期借款、应付款项、应付工资、应付盈余返还、应付剩余盈余等；长期负债是指偿还期超过一年以上（不含一年）的债务，包括长期借款、专项应付款等。

（3）所有者权益　合作社的所有者权益包括股金、专项基金、资本公积、盈余公积、未分配盈余等。

（4）收入　收入包括经营收入和其他收入。其中经营收入是指合作社为成员提供农业生产资料的购买，农产品的销售、加工、运输、贮藏以及与农业生产经营有关的技术、信息等服务取得的收入，以及销售合作社自己生产的产品、对非成员提供劳务等取得的收入；其他收入是指除经营收入以外的收入。

（5）支出　支出包括经营支出、管理费用和其他支出。其中合作社的经营支出是指合作社为成员提供农业生产资料的购买，农产品的销售、加工、运输、贮藏以及与农业生产经营有关的技术、信息等服务发生的实际支出，以及因销售合作社自己生产的产品、对非成员提供劳务等活动发生的实际成本；管理费用是指合作社管理活动中发生的各项支出，包括管理人员的工资、办公费、差旅费、管理用固定资产的折旧、业务招待费、无形资产摊销等；其他支出是指合作社除经营支出、管理费用以外的支出。

（6）盈余　盈余是在合作社通过经营活动取得的财务成果，它是收入与支出对比的结果，包括经营收益和投资收益。用公式表示：本年盈余＝经营收益＋其他收入－其他支出。其中：经营收益＝经营收入＋投资收益－经营支出－管理费用；投资收益是指投资所取得的收益扣除发生的投资损失后的数额。

农民专业合作社各项会计要素之间的关系是：资产＝负债＋所有者权益；盈余＝收入－支出。

3. 村办企业

村办企业一般为小企业，其会计对象表现为小企业生产经营过程中发生的各种经济业务事项。《小企业会计准则》把小企业的会计对象划分为资产、负债、所有者权益、收入、费用和利润六类。

（1）资产　资产是指小企业过去的交易或者事项形成的、由小企业拥有或者控制的、预期会给小企业带来经济利益的资源。资产按其流动性可分为流动资产和非流动资产。其中流动资产包括货币资金、短期投资、应收及预付款项、存货等；非流动资产主要包括长期债券投资、长期股权投资、固定资产、生产性生物资产、无形资产、长期待摊费用等。

（2）负债　负债是指小企业过去的交易或者事项形成的，预期会导致经济利益流出小企业的现时义务。负债按其流动性可分为流动负债和非流动负债。其中小企业的流动负债包括短期借款、应付及预收款项、应付职工薪酬、应交税费、应付利息等；非流动负债包括长期借款、长期应付款等。

（3）所有者权益　所有者权益是指小企业资产扣除负债后由所有者享有的剩余权益。小企业的所有者权益包括实收资本（或股本，下同）、资本公积、盈余公积和未分配利润。

（4）收入　收入是指小企业在日常生产经营活动中形成的、会导致所有者权益增加、与所有者投入资本无关的经济利益的总流入。包括销售商品收入和提供劳务收入等。

（5）费用　费用是指小企业在日常生产经营活动中发生的、会导致所有者权益减少、与向所有者分配利润无关的经济利益的总流出。小企业的费用包括营业成本、营业税金及附加、销售费用、管理费用、财务费用等。

（6）利润　利润是指小企业在一定会计期间的经营成果。包括营业利润、利润总额和净利润。其中营业利润，是指营业收入减去营业成本、营业税金及附加、销售费用、管理费用、财务费用，加上投资收益（或减去投资损失）后的金额；利润总额，是指营业利润加上营业外收入，减去营业外支出后的金额；净利润，是指利润总额减去所得税费用后的净额。

村办企业各项会计要素之间的关系是：资产＝负债＋所有者权益；利润＝收入－费用。

项目二　会计核算的基本要求

一、会计核算的基本假设

会计核算基本假设是会计确认、计量和报告的前提，是对会计核算所处的时间、空间环境等所做出的合理假定。它是人们在长期的会计实践中，逐步认识总结而成的。只有规定了这些会计基本假设，会计工作才能得以正常地进行下去，因此它为进行会计核算提供了前提和条件。会计核算基本假设包括会计主体、持续经营、会计分期和货币计量。

1. 会计主体

会计主体，又称会计实体、会计个体，是指会计确认、计量和报告的空间范围，即会计核算和监督的特定单位或组织。一般而言，凡拥有独立的资金、自主经营、独立核算收支和盈亏、并编制会计报表的单位或组织就构成了一个会计主体。最典型的会计主体是企业，而村集体经济组织、农民专业合作社等则为村集体经济组织会计和农民专业合作社会计的主体。

在会计主体假设下，单位应当对其本身发生的经济业务事项进行会计确认、计量和报告，反映单位本身所发生的经济活动，而不能超越范围核算与监督其他单位的经济业务。明确界定会计主体是开展会计确认、计量和报告工作的重要前提。

首先，明确会计主体，才能划定会计所要处理的各项经济业务事项的范围。在会计实务中，只有那些影响单位本身经济利益的各项经济业务事项才能加以确认、计量和报告，那些不影响单位本身经济利益的各项经济业务事项则不能予以确认、计量和报告。会计工作中通常所讲的资产、负债的确认，收入的实现、费用的发生等都是针对特定会计主体而言的。

其次，明确会计主体，才能将会计主体的经济业务事项与会计主体所有者的业务事项以及其他会计主体的经济业务事项区分开来。例如企业所有者的经济业务事项是属于企业所有者主体发生的，不应纳入企业会计核算的范围，但是企业所有者投入到企业的资本或企业向所有者分配利润，则属于企业主体所发生的经济业务事项，应当纳入企业会计核算的范围。

会计主体不同于法律主体。一般而言，法律主体必然是一个会计主体。例如，一个单位、组织或企业作为一个法律主体，应当建立财务会计系统，独立反映其财务状况、经营成果和现金流量。但是，会计主体不一定是法律主体。例如，由自然人创办的独资与合伙企业，该企业从法律上讲并不是法人企业，也不是法律主体，但在会计核算上必须将其作为会计主体；再如集团公司，为了真实全面反映整个集团公司的财务状况、经营成果和现金流量，有必要将企业集团作为一个会计主体，编制合并财务报表，而集团公司是由一个个具有法人资格的公司所组成，集团公司本身通常不是一个独立的法人。在这种情况下，尽管企业集团不属于法律主体，但它却是会计主体。

2. 持续经营

如果说会计主体作为会计基本假设是一种空间界定，那么持续经营则是一种时间上的界定。持续经营是指会计主体在可以预见的将来，将会按当前的规模和状态继续经营下去，不会停业、破产和清算，也不会大规模地消减业务。

既然不会停业、破产和清算，其拥有的各项资产就应在正常的经营过程中耗用、出售或转换，比如按期计提固定资产折旧等，承担的债务也应在正常的经营过程中清偿，经营成果就会不断形成。也就是说，在持续经营假设下，会计确认、计量和报告应当以单位持续、正常的生产经营活动为前提。

需要注意的是，持续经营只是一个假定，任何企业或组织在经营中都存在破产、清算等不能持续经营的风险，一旦进入清算，就应当改按清算会计处理。

3. 会计分期

会计分期，又称会计期间，是指将一个会计主体持续经营的经营活动划分为一个个连续的、长短相同的期间，以便分期结算账目和编制财务会计报告。

根据持续经营基本假设，一个会计主体将按当前的规模和状态持续经营下去。但是，无论是会计主体本身的生产经营决策还是投资者、债权人等的决策，都需要及时了解会计信息。这就需要将会计主体持续的生产经营活动划分为一个个连续的、长短相同的期间，分期确认、计量和报告会计主体的财务状况、经营成果和现金流量，用以满足会计信息使用者的要求。会计分期假设的主要意义在于：首先界定了会计信息的时间段落，从而为分期结算账目和编制会计报表等奠定了理论与实务基础。其次正是由于会计分期才产生了当期与以前期间、以后期间的差别，才使不同类型的会计主体有了权责发生制和收付实现制等两个记账基准，进而出现了应收、应付、折旧、摊销等会计处理方法。

在会计分期假设下，单位应当划分会计期间，分期结算账目和编制财务报表。会计期间通常分为年度和中期。在我国，会计年度自公历1月1日起至12月31日止。中期则是指短于一个完整的会计年度的报告期间，通常包括半年度、季度和月度。

4. 货币计量

衡量不同单位的经营业绩，最直接、最简单有效的方法是选取货币进行计量，因而货币计量成为会计基本假设。货币计量是指会计主体确认、计量和报告时，以货币作为统一的计量尺度，反映会计主体的经营活动。

货币是商品的一般等价物，可作为衡量一般商品价值的共同尺度，具有价值尺度、流通手段、贮藏手段和支付手段等特点。其他计量单位，如重量、长度、容积、台、件等，只能从一个侧面反映单位的生产经营情况，无法在量上进行汇总和比较，不便于会计计量和经营管理，只有选择货币尺度进行计量，才能充分反映单位的生产经营情况。所以，会计确认、计量和报告选择货币作为计量单位，是由货币的本身属性决定的。

设定货币计量是建立在货币本身的价值稳定不变的基础上。货币本身价值是处在变化过程中的，它会受到诸多因素特别是宏观经济因素的影响，但由于这种变化是个渐变的过程，在正常情况下，币值本身的升降幅度一般不大，从长期来看，这种升降可自行抵消。因此，设定货币计量前提，一般假定货币本身的价值稳定不变。

在我国会计核算以人民币为记账本位币。业务收支以人民币以外的货币为主的单位，也可以选择某种外币作为记账本位币，但编制的财务会计报告应当折算为人民币反映。

会计核算的四个基本假设，具有相互依存、相互补充的关系。具体说，会计主体确立了会计核算的空间范围，持续经营与会计分期确立了会计核算的时间长度，而货币计量则为会计核算提供了必要手段。没有会计主体，就不会有持续经营；没有持续经营，就不会有会计分期；而没有货币计量，也就不会有现代会计。

二、会计核算的一般原则

会计核算的一般原则是进行会计核算工作的基本规范，是从事账务处理、编制会计报表所依据的一般规则和准绳。会计核算的一般原则主要包括客观性、相关性、可理解性、可比性、实质重于形式、重要性、谨慎性、及时性等。

1. 客观性

客观性要求单位应当以实际发生的交易或者事项为依据进行会计确认、计量和报告，如实反映符合确认和计量要求的各项会计要素及其他相关信息，保证会计信息真实可靠、内容完整。具体包括以下内容：

① 以实际发生的交易或者事项为依据，进行会计确认、计量和报告。将符合会计要素定义及其确认条件的资产、负债、所有者权益、收入、费用和利润等，如实反映在财务会计报告中，不得根据虚假的、没有发生的或者尚未发

生的交易或者事项进行会计确认、计量和报告。

②在符合重要性和成本效益原则的前提下，保证会计信息的完整性。其中包括编报的报表及其附注内容等应当保持完整，不能随意遗漏或者减少应予披露的信息，特别是与使用者决策相关的信息都应当充分披露。

③在财务会计报告中列示的会计信息应当是中立的。如果单位在财务会计报告中为了达到事先设定的结果或效果，通过选择或列示有关会计信息以影响决策和判断的，这样的财务会计报告就不是中立的。

2. 相关性

相关性要求单位提供的会计信息应当与会计信息使用者的经济决策需要相关，有助于会计信息使用者对单位特别是企业过去、现在或者未来的情况作出评价或者预测。

相关性要求单位提供的会计信息能够反映其财务状况、经营成果和现金流量。会计信息是否有用、是否具有价值，关键看是否能够满足会计信息使用者的需要，是否有助于决策或者提高决策水平。因此为了满足相关性要求，单位应当在确认、计量和报告会计信息的过程中，充分考虑使用者的决策模式和信息需要。

实践中，相关性要求是以客观性为基础的，两者之间是统一的，并不矛盾，不应将两者对立起来。在客观性前提下，会计信息应尽可能地做到相关性，以满足会计信息使用者的决策需要。

3. 可理解性

可理解性要求单位提供的会计信息应当清晰明了，便于会计信息使用者理解和使用。

会计信息毕竟是一种专业性较强的信息产品，在强调会计信息的可理解性要求的同时，还应假定使用者具有一定的有关经营管理和会计方面的知识，并且愿意付出努力去研究这些信息。对于某些复杂的信息，如交易本身较为复杂或者会计处理较为复杂，但其与使用者的经济决策相关，单位特别是企业就应当在财务报告中予以充分披露。

4. 可比性

可比性要求单位提供的会计信息应当相互可比。这主要包括两层含义。

（1）同一单位不同时期可比　同一单位不同时期发生的相同或者相似的经济业务事项，应当采用一致的会计政策，不得随意变更。对同一项经济业务，会计准则或会计制度允许在几种会计处理方法中选择使用，比如固定资产折旧方法，可以采用直线法、双倍余额递减法或年数总和法等，但为了保证单位不同时期会计资料的可比性，从而对其财务状况和经营成果作出正确判断，以便于进行正确决策，就必须要求在前后各期使用的会计处理方法具有一致性，特别是在一个会计年度内，会计方法一经确定，不能随意变更。但是遵循这一要求并不是不允许变更会计政策，如果按照规定或者会计政策变更后可以提供更可靠、更相关的会计信息，可以变更会计政策。有关会计政策变更的情况，应当在附注中予以说明。

（2）不同单位相同会计期间可比　可比性要求不同单位同一会计期间发生相同或者相似的经济业务事项，应当采用统一规定的会计政策，以确保会计信息口径一致、相互对比。只有按照此要求进行会计核算，各个单位的会计信息才能进行比较，会计信息使用者才能评价不同单位的财务状况、经营成果及其变动情况，从而有助于使用者作出科学合理的决策。

5. 实质重于形式

实质重于形式要求单位应当按照交易或者事项的经济实质进行会计确认、计量和报告，不应仅以交易或者事项的法律形式为依据。

单位发生的经济业务事项在多数情况下其经济实质和法律形式是一致的，但在有些情况下也会出现不一致。例如，企业按照销售合同销售商品但又签订了售后回购协议，虽然从法律形式上看实现了收入，但如果企业没有将商品所有权上的主要风险和报酬转移给购货方，没有满足收入确认的各项条件，即使签订了商品销售合同或者已将商品交付给购货方，也不应当确认收入。同样道理，融资租入的固定资产就应该视同自有资产处理。

6. 重要性

重要性要求单位提供的会计信息应当反映与单位财务状况、经营成果和现金流量有关的所有重要交易或者事项。

财务报告中提供的会计信息的省略或者错报会影响会计信息使用者据此做出决策，那么该信息就具有重要性。重要性的应用需要依赖职业判断，单位应当根据其所处环境和实际情况，从项目的性质和金额大小两方面加以判断。

会计核算过程应当根据经济业务事项的重要程度，采用不同的核算方式。对足以影响会计信息使用者做出合理、准确判断的经济业务事项，必须按照规定的会计方法和程序进行处理，并在财务会计报告中予以充分、准确地披露；对于不足以影响会计信息使用者做出合理、准确判断的经济业务事项，在不影响会计信息真实性和不至于误导财务会计报告使用者作出正确判断的前提下，可适当进行简化处理。

7. 谨慎性

谨慎性要求单位特别是企业对交易或者事项进行会计确认、计量和报告时应当保持应有的谨慎，不应高估资产或者收益、低估负债或者费用。

在市场经济环境下，单位特别是企业的生产经营活动面临着许多风险和不确定性，如应收款项的可收回性、售出的商品可能发生的退货或者返修等。会计信息质量的谨慎性要求，需要单位特别是企业在面临不确定性因素的情况下做出职业判断时，应当保持应有的谨慎，充分估计到各种风险和损失，既不高估资产或者收益，也不低估负债或者费用。

谨慎性的应用不允许企业设置秘密准备，否则会损害会计信息质量，扭曲企业实际的财务状况和经营成果，从而对使用者的决策产生误导，这是会计准则所不允许的。

8. 及时性

及时性要求单位对于已经发生的交易或者事项，应当及时进行确认、计量和报告，不得提前或者延后。

会计信息的价值在于帮助所有者或者其他方面做出经济决策，应当具有时效性。在会计确认、计量和报告过程中贯彻及时性，一是要求及时收集会计信息，即在经济交易或者事项发生后，及时收集整理各种原始单据或者凭证；二是要求及时处理会计信息，即按照会计准则、会计制度的规定，及时对经济交易或者事项进行确认或者计量，并编制财务报告；三是要求及时传递会计信息，即按照国家规定的有关时限，及时地将编制的财务报告传递给会计信息使用者，便于其及时使用和决策。

三、会计核算基础

会计核算基础，亦称记账基础，是指会计确认、计量和报告的基础，包括权责发生制和收付实现制。

1. 权责发生制

权责发生制亦称为应计制或应收应付制，是指收入、费用的确认应当以收入和费用的实际发生作为确认的标准，合理确认当期损益的一种会计核算基础。

在日常生产经营活动中，货币收付的时间有时与收入、费用确认的时间并不完全一致。如款项已经收到，但销售并未实现而不能确认为本期的收入；或者款项已经支付，但与本期的生产经营活动无关而不能确认为本期的费用。为了更加真实、公允地反映特定会计期间的财务状况和经营成果，《企业会计准则》、《村集体经济组织会计制度》、《农民专业合作社财务会计制度》均明确规定：会计核算应当以权责发生制为基础进行确认、计量和报告。

在权责发生制下，凡是当期已经实现的收入和已经发生或应当负担的费用，无论款项是否收付，都应当作为当期的收入和费用处理，计入利润表（或收益表）；凡不属于当期的收入和费用，即使款项已在当期收付，也不应作为当期的收入和费用。为了真实、公允地反映特定时点的财务状况和特定期间的经营成果，村办企业、村集体经济组织、农民专业合作社在会计确认、计量和报告中应当以权责发生制为基础。

2. 收付实现制

收付实现制亦称现金制或实收实付制，它是以实际收到或者支付现金作为确认当期收入和费用的标准,是与权责发生制相对应的一种会计基础。

行政事业单位会计核算一般采用收付实现制;行政事业单位部分经济业务或者事项,以及部分行业事业单位会计核算采用权责发生制核算的,由财政部在相关会计制度中具体规定。

3. 权责发生制与收付实现制的区别

权责发生制和收付实现制在处理收入和费用时的原则是不同的,所以同一会计事项按不同的会计基础进行处理,其结果可能是相同的,也可能是不同的。例如,本期销售产品一批价值5 000元,货款已收存银行,这项经济业务不管采用权责发生制基础或收付实现制基础,5 000元货款均应作为本期收入,因为一方面它是本期获得的收入,应当作本期收入,另一方面现款也已收到,亦应列作本期收入,这时就表现为两者的一致性。但在个别情况下两者则是不一致的,例如,本期收到上月销售产品的货款存入银行:如果采用收付实现制,这笔货款应当作为本期的收入,因为现款是本期收到的;如果采用权责发生制,则此项收入不能作为本期收入,因为它不是本期获得的。综上所述,我们可知权责发生制基础和收付实现制基础之间的区别如下:

① 在权责发生制基础上存在费用的待摊和预提等问题,而在收付实现制基础上不存在这些问题,所以在进行核算时它们所设置的会计科目不完全相同。

② 权责发生制和收付实现制确定收入和费用的原则不同,因此,它们即使是在同一时期同一业务计算的收入和费用总额也可能不同。

③ 权责发生制是以应收应付为标准来作收入和费用的归属与配比的,因此,计算出来的盈亏较为准确。而收付实现制是以款项的实际收付为标准来作收入和费用的归属与配比的,因此,计算出来的盈亏不够准确。

④ 采用权责发生制,期末只有对账簿记录进行调整之后才能计算盈亏,所以手续比较麻烦,而采用收付实现制基础,期末则不需要对账簿记录进行调整,即可计算盈亏,所以手续比较简单。

项目三　会计核算的方法

一、会计核算方法概述

会计核算方法是指对会计对象进行连续、系统、全面、综合地确认、计量和报告所采用的各种方法。它由填制和审核会计凭证、设置会计科目和账户、复式记账、登记会计账簿、成本计算、财产清查和编制财务会计报告等专门方法构成。

1. 填制和审核会计凭证

会计凭证是记录经济业务，明确经济责任，作为记账依据的书面证明。填制和审核会计凭证，是为了审查经济业务是否真实、合法，保证登记账簿的会计记录正确、完整而采用的一种专门方法。任何一项经济业务发生后都必须取得或填制会计凭证，并经过会计机构、会计人员审核。只有经过审核并确认正确无误的会计凭证，才能作为记账的依据。填制和审核会计凭证是会计核算工作的起点，正确填制和审核会计凭证，是进行会计核算和实施会计监督的基础。

2. 设置会计科目和账户

会计科目是对会计要素具体内容进行分类核算的项目。账户是根据会计科目设置的，具有一定格式和结构，用于分类反映会计要素增减变动情况以及结果的载体。

设置会计科目和账户是单位根据生产经营特点和管理要求在会计制度中事先确定会计科目，然后根据这些会计科目在账簿中开立账户，分门别类地连续记录各项经济业务。设置会计科目和账户是保证会计核算具有系统性的专门方法。

3. 复式记账

复式记账是指对每一笔经济业务，都必须以相等的金额，同时在两个或两个以上相互联系的账户中进行登记，全面系统地反映会计要素增减变化及其结果的一种记账方法。采用复式记账方法，可以全面反映每一笔经济业务的来龙去脉，而且可以防止差错和便于检查账簿记录的正确性和完整性，因此复式记账是会计核算方法体系的核心。

4. 登记会计账簿

登记会计账簿，简称记账，是以审核无误的会计凭证为依据，将会计凭证记录的经济业务，分类、连续、完整地记入有关账簿中所开立的账户。账簿记录所提供的各种会计核算资料，既是编制财务会计报告的直接依据，同时也是进行会计分析、会计检查的重要资料。

5. 成本计算

成本计算是对生产经营活动过程中发生的各种生产费用，按照各种不同的成本计算对象进行归集和分配，进而计算出各该对象的总成本和单位成本的一种专门方法。

产品成本是综合反映企业生产经营活动的一项重要指标。通过成本计算，可以确定材料的采购成本、产品的生产成本和销售成本。正确地进行成本计算，既可以考核生产经营过程的费用支出水平，又是确定企业盈亏和制定产品价格的基础，从而为单位进行经营决策，提供重要数据。

6. 财产清查

财产清查是指通过对货币资金、实物资产和往来款项等的盘点或核对，确定其实存数，查明账存数与实存数是否相符的一种专门方法。

通过财产清查，可以查明各项财产物资的保管和使用情况，以及往来款项的结算情况；监督各项财产物资的安全与合理使用。同时通过财产清查还可以提高会计记录的正确性，从而保证会计信息的真实性。

7. 编制财务会计报告

编制财务会计报告，是指按照会计准则制度的要求，定期向会计信息使用者提供各种财务报表和其他应当在财务会计报告中披露的相关信息和资料。编制财务会计报告是全面、系统反映单位在某一特定日期的财务状况或某一会计期间的经营成果和现金流量的一种专门方法。

以上会计核算的七种方法，虽各有其特定的含义和作用，但并不是独立的，而是相互联系、密切配合，形成了一个完整的方法体系。其中，填制和审核会计凭证、登记账簿是记账过程，同时还是会计核算工作的起点；登记账簿是会计核算的中心环节；成本计算是算账过程，是对初级会计信息资料的再加工；编制财务会计报告是报账过程，是会计核算的最终环节。记账、算账、报账就是对经济业务的确认、计量、记录和报告过程，它们一般是按照一定程序进行的。图2-1揭示了会计核算工作的一般程序。

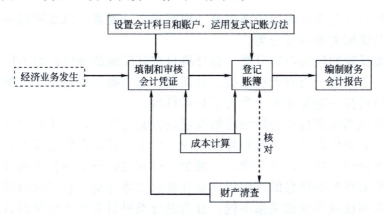

图2-1 会计核算工作的一般程序

上述方法相互配合，相互运用。具体运用程序是：

第一，经济业务发生后，及时取得和填制会计凭证；

第二，按会计科目对经济业务进行分类核算，并运用复式记账法在有关会计账簿中进行登记；

第三，对生产经营过程中各种费用进行成本计算；

第四，对账簿记录通过财产清查加以核实，保证账实相符；

第五，期末，根据账簿记录资料和其他资料，进行必要的加工计算，编制财务会计报告。

二、会计科目和账户

(一) 会计科目

1. 会计科目的意义

会计科目，简称科目，是对会计要素的具体内容进行分类核算的项目，是进行会计核算和提供各项会计信息的基础，在会计核算中具有重要意义。

① 会计科目是复式记账的基础。复式记账要求每一笔经济业务在两个或两个以上相互联系的账户中进行登记，以反映资金运动的来龙去脉。

② 会计科目是编制记账凭证的基础。会计凭证是确定所发生的经济业务应记入何种科目以及分门别类登记账簿的凭据。

③ 会计科目为成本计算与财产清查提供了前提条件。通过会计科目的设置，有助于成本核算，使各种成本计算成为可能；而通过账簿记录与实际结存的核对，又为财产清查、保证账实相符提供了必备条件。

④ 会计科目为编制会计报表提供了方便。会计报表是提供会计信息的主要手段，为了保证会计信息的质量及其提供的及时性，会计报表中的许多项目与会计科目是一致的，并根据会计科目的本期发生额或余额填列。

2. 会计科目的分类

会计科目可按其反映的经济内容（即所属会计要素）以及所提供信息的详细程度及其统驭关系进行分类。

（1）按反映的经济内容分类　会计科目按其反映的经济内容不同，可以分为资产类、负债类、所有者权益类、共同类、成本类、损益类六大类。每一大类会计科目可按一定标准再分为若干具体科目。

各单位应当按照行业会计制度的规定设置会计科目，在不影响会计核算要求和会计报表指标汇总，以及对外提供统一财务会计报告的前提下，也可以根据自身的生产经营特点，自行增设、减少、合并或拆分某些会计科目。

（2）按其所提供信息的详细程度及其统驭关系分类　会计科目按其所提供信息的详细程度及其统驭关系不同，分为总分类科目和明细分类科目。

总分类科目，亦称总账科目或一级科目，是对会计要素具体内容进行总括分类，提供总括信息的会计科目。它一般由财政部在会计准则、行业会计制度中规定。

明细分类科目，亦称明细科目，是对总分类科目作进一步分类，提供更详细更具体会计信息的科目。如果某一总分类科目所属明细科目较多，可在总分类科目下设置二级明细科目，在二级明细科目下设置三级或多级科目等。其中二级明细科目是对总分类科目进一步分类的科目，三级明细科目是对二级明细科目进一步分类的科目。

总分类科目对所属明细分类科目起着统驭和控制作用,明细分类科目是对其总分类科目的详细和具体的说明。例如,生产成本总分类科目与各级明细分类科目之间的关系如表 2-1 所示。

表 2-1　生产成本总分类科目与各级明细分类科目之间的关系

总分类科目 (一级科目)	明细分类科目	
	二级科目	三级科目
生产成本	基本生产成本	甲产品
		乙产品
	辅助生产成本	供水车间
		修理车间

3. 会计科目的设置原则

各单位由于经济业务活动的具体内容、规模大小与业务繁简程度等情况不尽相同,在其设置会计科目时,应考虑其自身特点和具体情况,但设置会计科目时都应遵循下列原则:

(1) 合法性原则　合法性原则是指所设置的会计科目应当符合国家统一的会计制度的规定。对于国家统一会计制度规定的会计科目,只有在不影响统一会计核算要求和会计指标汇总以及对外提供统一的财务报表的前提下,单位才可自行增设、减少或合并某些会计科目。

(2) 相关性原则　相关性原则是指所设置的会计科目应当为提供有关各方所需要的会计信息服务,满足对外报告与对内管理的要求。要求充分考虑会计信息使用者对本单位会计信息的需要设置会计科目,以提高会计核算所提供的会计信息的相关性,满足相关方面的信息需要。

(3) 实用性原则　实用性原则是指所设置的会计科目应符合单位自身特点,满足单位实际需要。要求在合法性的基础上,各单位应当根据组织形式、所处行业、经营内容、业务种类等自身特点,设置符合本单位需要的会计科目。

4. 常用会计科目

财政部财会〔2004〕12 号《村集体经济组织会计制度》中列示了五大类共 33 个总分类科目。村集体经济组织为了详细反映本组织的各项经济业务,可在总分类科目下设置相应的明细科目。请见表 2-2。

表 2-2　村集体经济组织会计科目表

序号	科目编号	一级科目	二级科目	明细科目设置原则
		一、资产类		
1	101	现金		

续表

序号	科目编号	一级科目	二级科目	明细科目设置原则
2	102	银行存款		按银行或信用社的名称设置
3	111	短期投资	单位	按单位、个人、证券种类设置
			个人	
			短期证券	
4	112	应收款	单位	按单位和个人名称设置
			个人	
5	113	内部往来	单位	按单位和个人名称设置
			个人	
6	121	库存物资		按库存物资的品名设置
7	131	牲畜(禽)资产	幼畜及育肥畜	按牲畜(禽)的种类批次等设置
			产役畜	
8	132	林木资产	经济林木	按林木的种类批次等设置
			非经济林木	
9	141	长期投资	单位	按单位、个人、证券种类设置
			个人	
			长期证券	
10	151	固定资产		按固定资产的类别、名称设置
11	152	累计折旧		
12	153	固定资产清理		按清理项目设置
13	154	在建工程		按工程项目设置
		二、负债类		
14	201	短期借款	银行借款	按借款单位和个人设置
			其他单位借款	
			个人借款	
15	202	应付款	单位	按单位和个人设置
			个人	
16	211	应付工资	应付个人工资	按个人设置
			预提工资	
17	212	应付福利费		
18	221	长期借款及应付款	银行借款	按银行、单位和个人设置
			基金会借款	
			其他单位借款	
			个人借款	

续表

序号	科目编号	一级科目	二级科目	明细科目设置原则
19	231	一事一议资金	一事一议筹资	按项目设置
			一事一议筹劳	
20	241	专项应付款	一事一议奖补资金	按项目、单位设置
			专有用途资金	
			代收代管款	
			其他	
		三、所有者权益		
21	301	资本	村资本	按投入的单位和个人设置
			组资本	
			外来投资	
22	311	公积公益金		
23	321	本年收益		
24	322	收益分配	各项分配	
			未分配收益	
		四、成本类		
25	401	生产(劳务)成本		按种类设置
		五、损益类		
26	501	经营收入	农业生产收入	
			林业生产收入	
			牧业生产收入	
			渔业生产收入	
			经营性资产租赁收入	
			服务收入	
			物业收入	
			税收返还收入	
			劳务收入	
			其他	
27	502	经营支出	农业生产支出	
			林业生产支出	
			牧业生产支出	
			渔业生产支出	
			服务支出	
			劳务支出	
			其他	

续表

序号	科目编号	一级科目	二级科目	明细科目设置原则
28	511	发包及上交收入	土地发包收入	
			水面发包收入	
			其他发包收入	
			企业上交利润	
29	522	补助收入	财政转移支付资金	
			其他专项补助	
30	531	其他收入	存款利息收入	
			交镇代管款利息收入	
			罚款收入	
			其他	
31	541	管理费用	干部报酬	
			报刊杂志费	
			办公费	
			差旅费	
			电话费	
			培训费	
			选举费	
			征兵费	
			其他	
32	551	其他支出	利息支出	
			坏账损失	
			其他	
33	561	投资收益	投资种类	

（二）账户

1. 账户的设置

账户是根据会计科目设置的，具有一定格式和结构，用于分类反映会计要素增减变动情况及其结果的载体。设置账户是会计核算的重要方法之一。

会计科目仅仅是对会计要素的具体内容进行分类核算的项目和标志，它不能反映经济业务事项的发生所引起的会计要素各项目的增减变动情况和结果；各项核算指标的具体数据资料，只有通过账户记录才能取得。因此，在设置会计科目后，还必须根据规定的会计科目设置相应的账户，以便对各种经济业务事项进行系统、连续地记录，向各有关方提供有关会计信息。

2. 账户的分类

同会计科目的分类相适应，会计科目可按其反映的经济内容、所提供信息的详细程度及其统驭关系进行分类。

① 根据会计科目的经济内容分类，账户可分为资产类账户、负债类账户、共同类账户、所有者权益类账户、成本类账户和损益类账户六类。

② 根据所提供信息的详细程度及其统驭关系分类，账户可分为总分类账户和明细分类账户。

总分类账户，亦称总账账户或一级账户，是根据总分类科目设置的账户，简称总账。在总分类账户中，只能使用货币计量单位，它可以提供总括的核算资料和指标，是对其所属明细分类账户资料的综合，总账账户以下统称为明细分类账户。

明细分类账户，亦称明细账户，它是根据明细科目设置的账户。明细分类账户的核算，除了用货币计量以外，必要时还需要使用实物计量和劳动计量单位。明细账户是提供明细核算资料的指标，它是对总账账户的具体化和补充说明。

总分类账户和所属明细分类账户核算的内容相同，只是反映内容的详细程度有所不同，两者相互补充，相互制约，期末要相互核对。总分类账户统驭和控制所属明细分类账户，明细分类账户从属于总分类账户。例如，生产成本总分类账户与各级明细分类账户之间的关系如表 2-3 所示。

表 2-3 生产成本总分类账户与各级明细分类账户之间的关系

总分类账户 （一级账户）	明细分类账户	
	二级账户	三级账户
生产成本	基本生产成本	甲产品
		乙产品
	辅助生产成本	供水车间
		修理车间

3. 账户的功能

账户的功能在于连续、系统、完整地提供单位经济活动中各会计要素增减变动及其结果的具体信息。其中，会计要素在特定会计期间增加和减少的金额，分别称为"本期增加额"和"本期减少额"，二者统称为账户的"本期发生额"；会计要素在会计期末的增减变动结果，称为账户的"余额"，具体表现为期初余额和期末余额，账户本期余额转入下期，即为下期的期初余额。

账户的期初余额、期末余额、本期增加发生额和本期减少发生额统称为账户的四个金额要素。对于同一账户而言，它们之间的基本关系为：

期末余额＝期初余额＋本期增加发生额－本期减少发生额

4. 账户的结构

账户的结构是指账户的构成及其相互关系。账户通常由以下内容所组成：①账户的名称（即会计科目）；②日期，即所依据记账凭证中注明的日期记录经济业务的日期；③凭证字号，即所依据记账凭证的种类和编号；④摘要，即经济业务的简要说明；⑤金额，即账户的增加额、减少额和余额（包括期初余额和期末余额）。

各项经济业务所引起会计要素的变动不是增加就是减少，为便于记录经济业务，账户一般分为左右两方，按相反方向来记录增加额和减少额，即一方登记增加，另一方必定登记减少。从账户名称、记录增加额和减少额的左右两方来看，账户的结构在整体上类似于汉字"丁"和大写的英文字母"T"，因此，账户的基本结构在实务中被形象地称为"丁"字账户或者"T"型账户，如图2-2所示。

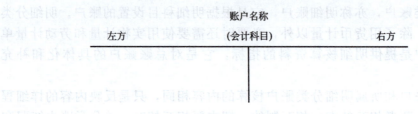

图2-2 "T"型账户示意图

就某个具体账户而言，该账户可以左边登记增加额，右边登记减少额，也可以相反。至于账户哪一方登记增加数，哪一方登记减少数，则取决于单位所采用的记账方法和所记录经济内容的性质。比如在借贷记账法下，账户的左方称为"借方"，账户的右方称为"贷方"，即"左借右贷"；根据借贷记账法的记账规则，借方登记资产、费用的增加数，那么贷方就必须登记资产、费用的减少数等。

在实际工作中，不是采用"丁"字账户记账，而是采用会计账户的正规格式，如图2-3借贷记账法下的账户格式，这种格式包括了账户基本结构中的全部内容。为了详细记录经济业务，并保证会计信息的真实、完整，各单位必须按照《会计法》的有关规定，依法设置并使用会计账簿，并且必须使用正规格式的账户。

账户名称（会计科目）

年		凭证号数	摘要	借方	贷方	借或贷	余额
月	日						

图2-3 借贷记账法下的账户格式

(三) 会计账户与会计科目的联系和区别

会计科目与账户是两个不同的概念，但二者既有联系，又有区别。会计科目与账户都是对会计对象具体内容的科学分类，两者核算内容一致，性质相同，会计科目是账户的名称，也是设置账户的依据，账户是会计科目的具体运用；没有会计科目，账户便失去了设置的依据；没有账户，会计科目就无法发挥作用。但会计科目仅仅是账户的名称，不存在结构；而账户则具有一定的格式和结构，并通过其结构反映某项经济业务内容的增减变动及其结果。总之，会计科目的作用就是为了开设账户、填凭证所运用，而账户的作用主要是提供某一具体会计对象的会计资料，为编制会计报表所运用；在实际工作中，对会计科目和账户往往不加以区分，而是相互通用。

三、借贷记账法

借贷记账法，是以"借"和"贷"作为记账符号，对每一笔经济业务均以金额相等、方向相反的方式在两个或者两个以上的账户中全面地、相互联系地进行记账的一种复式记账方法。

(一) 借贷记账法的记账符号

借贷记账法产生于12世纪的意大利贷金业，发展于近代英国的工业革命，提高和完善于现代发达的资本市场，它是伴随着商品经济的发展而不断发展和完善的，现已成为世界通用的记账方法。借贷记账法的"借""贷"两字，最初是以其本来含义记账的，反映的是"债权"和"债务"的关系。随着商品经济的发展，借贷记账法也在不断发展和完善，"借""贷"两字逐渐失去其本来含义，变成了纯粹的记账符号。随着1494年意大利数学家卢卡·帕乔利的《算术、几何、比与比例概要》一书问世，标志着近代会计的开始。借贷记账法于1905年由日本传入我国，目前已成为我国法定的记账方法。

(二) 借贷记账法的账户结构

在借贷记账法下，账户的左方称为借方，右方称为贷方，所有账户的借方和贷方按相反方向记录增加数和减少数，即一方借记增加，另一方贷记就减少，至于"借"表示增加，还是"贷"表示增加，则取决于账户的性质与所记录经济内容的性质。由此可见，"借"和"贷"只有与借贷记账法下的账户结构相结合才能真正反映出它们所代表的会计对象要素增减变动的内容。

在借贷记账法下，账户的四个金额要素分别为期初（借贷方）余额、借方发生额、贷方发生额和期末（借贷方）余额。其中借方发生额大于贷方发生额的差额，称为"借方余额"；贷方发生额大于借方发生额的差额，称为"贷方余额"。余额按照表示会计期间的不同，分为期初余额和期末余额两种。账户余额和发生额之间的关系是：

期末借方余额＝期初借方余额＋本期借方发生额－本期贷方发生额

期末贷方余额＝期初贷方余额＋本期贷方发生额－本期借方发生额

通常而言，资产、成本和费用类账户的增加用"借"表示，减少用"贷"表示；负债、所有者权益和收入类账户的增加用"贷"表示，减少用"借"表示。备抵账户的结果与调整账户的结构正好相反。"借"和"贷"所表示增减的含义见表2-4。

表2-4 借贷记账法下"借"和"贷"的含义

账户类别	借	贷
资产类账户	＋	－
资产类备抵账户	－	＋
成本类账户	＋	－
费用类账户	＋	－
负债类账户	－	＋
所有者权益类账户	－	＋
负债和所有者权益类备抵账户	＋	－
收入类账户	－	＋

（三）借贷记账法的记账规则

记账规则是指采用某种记账方法登记具体经济业务时应当遵守的规律。在借贷记账法下，对于发生的每一笔经济业务或事项，都要在记入一个账户"借方"的同时，记入另一个或几个账户的"贷方"，或者在记入一个账户"贷方"的同时，记入另一个或几个账户的"借方"，即"有借必有贷"；复式记账要求对发生的任何经济业务或事项，都要以相等的金额在相关账户中进行登记，如果采用"借"和"贷"作为记账符号，"借""贷"的金额一定是相等的，即"借贷必相等"。所以，借贷记账法的记账规则是"有借必有贷，借贷必相等"。

借贷记账法下，具体运用记账规则时，应注意以下要点：首先明确经济业务涉及哪些账户；其次确定这些账户的金额是增加还是减少；最后根据记账符号的含义，确定各账户应借、应贷方向及其金额。

借贷记账法下记账规则的具体运用如下。

【例2-1】 购入机器设备一台并已交付使用，价款10 000元通过银行存款支付。

【解析】 该经济业务或事项的发生，一方面使"固定资产"账户增加10 000元，另一方面使"银行存款"账户减少10 000元。"银行存款"账户和"固定资产"账户同属于资产类账户。在借贷记账法下，资产的增加在账户的借方反映，资产的减少在账户的贷方反映，如图2-4所示。

【例2-2】 从银行取得期限为6个月的借款50 000元，存入银行存款户。

【解析】 该经济业务或事项的发生，一方面使"银行存款"账户增加

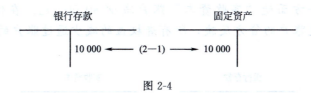

图 2-4

50 000 元,另一方面使"短期借款"账户增加了 50 000 元。"银行存款"账户是资产类账户,增加在借方反映,"短期借款"账户是负债类账户,增加在贷方反映。如图 2-5 所示。

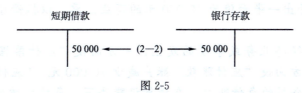

图 2-5

【例 2-3】 接受某企业以专利权投资,双方协商价为 200 000 元。

【解析】 该经济业务或事项的发生,一方面使"无形资产"账户增加 200 000 元,另一方面使"实收资本"账户增加 200 000 元。"无形资产"账户属于资产类账户,"实收资本"账户属于所有者权益类账户。在借贷记账法下,资产的增加通过账户的借方反映,所有者权益的增加通过账户的贷方反映。如图 2-6 所示。

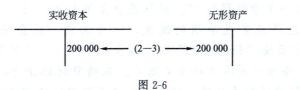

图 2-6

【例 2-4】 通过银行转账支付前欠东风工厂购货款 30 000 元。

【解析】 该经济业务或事项的发生说明,由于归还以前的欠款,一方面使"银行存款"减少 30 000 元,另一方面使"应付账款"减少 30 000 元。根据借贷记账法下的账户结构,资产的减少通过账户的贷方反映,负债的减少通过账户的借方反映。如图 2-7 所示。

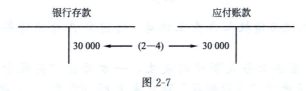

图 2-7

【例 2-5】 因经营规模缩小,批准减少注册资本 80 000 元,用银行存款退给投资者。

【解析】 该项经济业务或事项的发生,一方面使"银行存款"账户减少

80 000元,另一方面使"实收资本"账户减少 80 000元。在借贷记账法下,资产的减少通过账户的贷方反映,所有者权益的减少通过账户的借方反映。如图 2-8 所示。

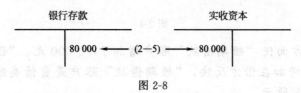

图 2-8

【例 2-6】 开出一张面值为 10 000 元的商业汇票,以抵偿原欠大海集团的材料款。

【解析】 该经济业务或事项的发生,一方面使"应付票据"账户增加了 10 000 元,另一方面使"应付账款"账户减少 10 000 元。"应付票据"和"应付账款"都属于公司的负债账户。在借贷记账法下,负债的增加通过账户的贷方反映,负债的减少通过账户的借方反映。如图 2-9 所示。

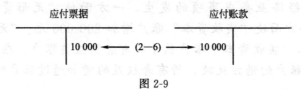

图 2-9

【例 2-7】 按全年净利润的 10% 提取盈余公积 15 000 元。

【解析】 该经济业务或事项的发生,一方面使"盈余公积"账户增加 15 000元,另一方面使"利润分配"账户减少 15 000 元。"盈余公积"账户和"利润分配"账户都属于所有者权益类账户。在借贷记账法下,所有者权益类账户的增加通过账户的贷方反映,所有者权益类账户的减少通过账户的借方反映。如图 2-10 所示。

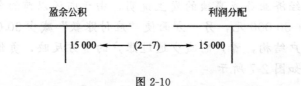

图 2-10

【例 2-8】 经过与债权人 A 企业协商,将前欠 A 企业债务 25 000 元转作资本。

【解析】 该经济业务或事项的发生,一方面使"实收资本"账户增加 25 000元,另一方面使"应付账款"账户减少 25 000 元。"实收资本"属于所有者权益类账户,"应付账款"账户属于负债类账户。在借贷记账法下,所有者权益类账户的增加通过账户的贷方反映,负债类账户的减少通过账户的借方反映。如图 2-11 所示。

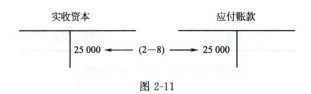

图 2-11

【例 2-9】 将本年实现的利润按比例分配给投资者 10 000 元，款项尚未支付。

【解析】 该经济业务或事项的发生，一方面使"应付股利"账户增 10 000 元，另一方面使"利润分配"账户减少 10 000 元。"利润分配"账户属于所有者权益类账户，"应付股利"账户属于负债类账户。在借贷记账法下，负债的增加通过账户的贷方反映，所有者权益的减少通过账户的借方反映。如图 2-12 所示。

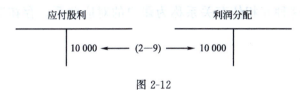

图 2-12

【例 2-10】 计提固定资产折旧，其中生产用固定资产计提 20 000 元，管理用固定资产计提 10 000 元。

【解析】 该经济业务或事项的发生，一方面使"累计折旧"账户增加 30 000 元，另一方面使"制造费用"账户增加 20 000 元，"管理费用"账户增加 10 000 元。"制造费用"账户和"管理费用"账户增加通过账户的借方反映，因为"累计折旧"是"固定资产"账户的备抵账户，其增加应通过账户的贷方反映。如图 2-13 所示。

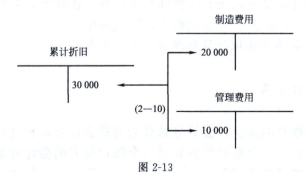

图 2-13

【例 2-11】 单位通过银行基本存款账户支付应付职工工资 20 000 元。

【解析】 该经济业务或事项的发生使"银行存款"减少 20 000 元，同时使"应付职工薪酬"减少 20 000 元；"银行存款"是资产类账户，减少通过账户的贷方反映，"应付职工薪酬"是负债类账户，减少通过账户的借方反映。

如图 2-14 所示。

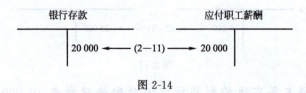

图 2-14

（四）账户的对应关系

【例 2-1】～【例 2-11】涵盖了经济业务事项的全部类型。从例题中我们不难看出无论是哪种经济业务类型，在应用借贷记账法时，都遵循了"有借必有贷，借贷必相等"的记账规则。即运用借贷记账法对每笔经济业务进行记录时，相关账户之间形成了应借、应贷的关系，即一个账户的借方与另一个或另几个账户的贷方相对应，或者一个或几个账户的借方与另一个账户的贷方相对应，账户之间的这种互相依存关系称为账户的对应关系。存在对应关系的账户称为对应账户。

（五）会计分录

1. 会计分录的含义

会计分录是指对每项经济业务标明其应借、应贷的会计科目（即账户名称）及其金额的记录，简称分录；它是由应借应贷方向、相互对应的会计科目及应记金额三要素构成。为了保证账簿记录的正确性，在经济业务事项登记前，应先对每项经济业务事项进行分析，确定应登记的会计科目的名称、应登记会计科目的方向及应借应贷金额，这是对经济业务事项的会计确认和计量进行的初步记载，也是将经济业务事项记入会计账簿前的一项准备工作。通过编制会计分录还可以根据分录中各科目的对应关系以及借、贷金额的平衡来检验并保证其后所进行的账簿记录的完整性与准确性。在我国，会计分录习惯于通过编制记账凭证进行或会计分录记载于记账凭证中。

【例 2-12】 某单位从银行提取现金 2 000 元备用：

借：库存现金　　　　　　　　　　　　　　　2 000
　　贷：银行存款　　　　　　　　　　　　　　　2 000

2. 会计分录的分类

按照所涉及账户的多少，会计分录分为简单会计分录和复合会计分录。简单会计分录指只涉及一个账户借方和另一个账户贷方的会计分录，即一借一贷的会计分录，比如【例 2-12】；复合会计分录指至少由三个对应账户所组成的会计分录，即一个借方会计科目与多个贷方会计科目相互对应，或多个借方会计科目与一个贷方会计科目相互对应，或多个借方会计科目与多个贷方会计科目相互对应的会计分录。复合分录中这三种对应关系可称为："一借多贷""一贷多借"或"多借多贷"比如【例 2-13】，就是"一借多贷"的分录。

【例2-13】 某单位购入电脑6台，价款36 000元，通过银行支付26 000元，其余暂欠。

借：固定资产　　　　　　　　　　　　　　　　36 000
　　贷：银行存款　　　　　　　　　　　　　　　　26 000
　　　　应付账款　　　　　　　　　　　　　　　　10 000

应当注意的是，"多借多贷"复合分录的对应关系应从总体上实现借方和贷方的金额相等。一般只能是在一笔经济业务事项客观存在复杂关系时，才需编制；为了保持账户对应关系清晰，不允许将不同类型的经济业务事项合并编制多借多贷的会计分录。

复合会计分录实际上是由若干个简单会计分录复合而成的，一笔复合会计分录可以分解为若干个简单会计分录，而若干个简单会计分录又可复合为一笔复合会计分录，复合或分解的目的是便于会计工作和更好地反映经济业务的实质。

3. 会计分录的编制步骤

实务中，会计分录的编制步骤大致可分为四步：

第一，分析经济业务所涉及的会计科目；

第二，确定经济业务使各会计科目增加或减少的金额；

第三，根据会计科目所属类别及其用途，明确各会计科目应借应贷的方向及其金额，即记账方向（借或贷），从而确定记入哪个（或哪些）账户的借方、哪个（或哪些）账户的贷方；

第四，在确定应借应贷会计科目和借贷方金额正确的基础上，按照正确的格式编写会计分录，并检查是否符合记账规则。

4. 会计分录的书写格式

① 先借后贷，分行列示，"借"和"贷"字后均加冒号，其后紧跟会计科目，各科目的金额列在会计科目后的适当位置。其中"借"和"贷"、账户名称（会计科目）及其金额都应错开，以保持借贷账户清晰明了。"贷"字与借方科目的首个文字对齐，贷方金额与借方金额适当错开。

② 在复合会计分录中，"借""贷"通常只列在第一个借方科目和第一个贷方科目前，其他科目前不再列示"借"或"贷"字。所有借方、贷方一级科目的首个文字各自保持对齐；所有借方、贷方金额的个位数各自保持右对齐，如上例中的会计分录。

③ 当分录中需要列示明细科目时，应按照科目级次高低从左到右列示，二级科目前加破折号，三级科目放在一对小括号中，即"一级科目——二级科目（三级科目）"。

④ 借方或贷方会计科目中有两个或两个以上的二级科目同属一个一级科目时，所属一级科目只在第一个二级科目前列示，其余省略，每个二级科目各

占一行。其前均应保留破折号，且保持左对齐。需注意的是，如果这些二级科目分别列示于借方和贷方，应在借方和贷方分别列出一个该一级科目；处于同一个方向的每两个二级科目之间均不能列示其他一级科目。

（六）试算平衡

试算平衡是指根据借贷记账法的记账规则和资产与权益的恒等关系，通过对所有账户的发生额和余额的汇总计算和比较来检查记录是否正确的一种方法。会计人员一般在期末都要进行试算平衡。试算平衡包括发生额试算平衡和余额试算平衡。

（1）发生额试算平衡　发生额试算平衡是指全部账户本期借方发生额合计与全部账户本期贷方发生额合计保持平衡。即：

全部账户本期借方发生额合计＝全部账户本期贷方发生额合计

发生额试算平衡的直接依据是借贷记账法的记账规则。

（2）余额试算平衡　余额试算平衡是指全部账户本期借方余额之和＝全部账户本期贷方余额之和。余额试算平衡就是根据这一关系，来检验本期记录是否正确的一种方法，这是由"资产＝负债＋所有者权益"的恒等关系决定的。在某一时点上，有借方余额的账户应是资产类账户；有贷方余额的账户应是权益类账户。分别合计其金额，就是具有相等关系的资产与权益总额。根据时间不同，余额试算平衡可分为期初余额试算平衡和期末余额试算平衡。本期的期末余额平衡，结转到下一期，就成为下一期的期初余额平衡。这种关系也可用下列公式表示：

全部账户的期初借方余额合计＝全部账户的期初贷方余额合计

全部账户的期末借方余额合计＝全部账户的期末贷方余额合计

余额试算平衡表的直接依据是财务状况的等式。

（3）试算平衡表的编制　试算平衡是通过编制试算平衡表进行的。试算平衡表通常是在期末结出各账户的本期发生额合计数和期末余额后编制的，试算平衡表中一般应设置"期初余额""本期发生额"和"期末余额"三大栏目，其下分设"借方"和"贷方"两个小栏。各大栏的借方合计与贷方合计应该相等，否则，便存在记账错误。为了简化表格，试算平衡表也可只根据各个账户的本期发生额编制，不填制各账户的期初余额和期末余额。根据上述【例2-1】至【例2-11】的资料，编制的试算平衡表如表2-5所示。

表2-5　试算平衡表

账户名称	期初余额		本期发生额		期末余额	
	借方	贷方	借方	贷方	借方	贷方
固定资产			10 000			
累计折旧				30 000		
银行存款			50 000	140 000		

续表

账户名称	期初余额		本期发生额		期末余额	
	借方	贷方	借方	贷方	借方	贷方
无形资产			200 000			
短期借款				50 000		
应付账款			65 000			
应付票据				10 000		
应付职工薪酬			20 000			
应付股利				10 000		
实收资本			80 000	225 000		
盈余公积				15 000		
利润分配			25 000			
制造费用			20 000			
管理费用			10 000			
合计			480 000	480 000		

通过试算平衡表可以用来检查账户记录的准确性，如果试算不平衡，则说明记账肯定有错误；如果试算平衡，只能说明账簿记录基本正确，因为有些错误并不影响借贷双方的平衡关系，比如记账过程中重记、漏记业务，或者借贷方向记反等。正是由于这些错误可能存在，所以需要对每笔会计记录进行日常或定期复核，借以保证账面记录的正确性。

四、会计凭证

（一）会计凭证概述

1. 会计凭证的概念

会计凭证是指记录经济业务发生或者完成情况的书面证明，是登记账簿的依据。每个单位都必须按一定的程序填制和审核会计凭证，根据审核无误的会计凭证进行账簿登记，如实反映单位的经济业务。

2. 会计凭证的作用

填制和审核会计凭证，是会计核算的基本方法之一，也是会计核算工作的起点。对于保证会计资料的真实性和完整性，有效进行会计监督，明确经济责任等都具有重要意义。会计凭证的作用主要有：记录经济业务，提供记账依据；明确经济责任，强化内部控制；监督经济活动，控制经济运行。

3. 会计凭证的种类

会计凭证按照编制程序和用途的不同，一般可分为原始凭证和记账凭证。

（1）原始凭证 原始凭证又称单据，是指在经济业务发生或完成时取得或者填制的，用以记录或者证明经济业务发生或完成情况的原始凭证。

原始凭证的作用主要是记载经济业务的发生过程和具体内容。原始凭证记载的信息是整个会计信息系统运行的起点，原始凭证的质量将直接影响会计信息的质量。常见的原始凭证有现金收据、发货票、银行进账单、差旅费报销单、产品入库单、领料单等。原始凭证是会计核算的原始资料，也是填制记账凭证的重要依据。

（2）记账凭证　记账凭证亦称记账凭单，是指会计人员根据审核无误的原始凭证，按照经济业务的内容加以归类，并据以确定会计分录后所填制的会计凭证，是登记账簿的直接依据。

记账凭证是介于原始凭证与会计账簿之间的中间环节，其主要作用是确定会计分录，进行账簿登记。记账凭证是登记总账和明细账的依据，能够反映经济业务的发生或完成情况，监督单位经济活动，明确相关人员的责任。

（二）原始凭证

1. 原始凭证的种类

（1）原始凭证按照取得来源的不同，可分为外来原始凭证和自制原始凭证。

外来原始凭证是在经济业务活动发生或完成时，从其他单位或个人直接取得的原始凭证。如购买货物取得的增值税专用发票、收到外单位支付的款项时从银行取得的进账单、职工出差报销的飞机票、火车票和餐饮费发票等。如图2-15~图2-17所示。

自制原始凭证是指在经济业务发生时，由本单位有关部门和人员，在执行或完成某项经济业务时自行填制的，仅供本单位内部使用的原始凭证。如购入材料验收入库时，由仓库保管员填制的收料单；车间或部门领用材料时，填制的领料单；出差人员填制的差旅费报销单等。如图2-18所示。

（2）原始凭证按照填制的手续及内容不同，分为一次凭证、累计凭证和汇总凭证。

一次凭证是指一次填制完成、只记录一笔经济业务的原始凭证。如购买材料验收入库时的收料单、生产领用材料时的领料单等。

累计凭证是指在一定时期内多次记录发生的同类型经济业务且多次有效的原始凭证，如限额领料单。累计凭证的特点是在一张凭证内可以连续登记相同性质的经济业务，随时结出累计数及结余数，并按照费用限额进行费用控制，期末按实际发生额记账。限额领料单的一般格式如图2-19所示。

汇总凭证，也叫原始凭证汇总表，是指对一定时期内反映经济业务内容相同的若干张原始凭证或会计核算资料，按照一定的标准综合填制的原始凭证。如发料凭证汇总表（图2-20）、工资结算汇总表、差旅费报销单（图2-21）等。

（3）原始凭证按照格式不同，分为通用原始凭证和专用原始凭证。

山东省商业零售统一发票

发 票 联　　　　　No ×××××××

付款户名：济宁市××机械公司　2016年10月12日

货物名称	规格	单位	数量	单价	金额 万千百十元角分	备注
办公桌		张	10	200	¥ 2 0 0 0 0 0	济宁市××家具发票专用章
办公椅		把	10	30	¥ 3 0 0 0 0	
合 计 人民币	（大写）万贰仟叁佰零拾零元零角零分 ¥2300.00					

开票人：孙小明　　　收款人：张冬玲　　　开票单位：（未盖章无效）

图 2-15　山东省商业零售统一发票

中国××银行进账单（回单或收账通知）

2016 年 9 月 8 日　　　　　第　　号

出票人	全　称	××银行××市支行	收款人	全　称	济宁××机械公司
	账　号	××××××××		账　号	××××××××
	开户银行	××银行××分行		开户银行	××银行济宁分行
人民币（大写）	陆万元整				千百十万千百十元角分　¥ 6 0 0 0 0 0 0	
用途					
票据张数	1	票据种类	支 6738	收款人开户银行盖章	
单位主管　会计　复核　记账					

图 2-16　银行进账单

通用凭证是由有关部门统一印制、在一定范围内使用的具有统一格式和使用方法的原始凭证。通用凭证的使用范围因制作部门的不同而有所差异，可以

增值税专用发票

NO.

抵扣联　　开票日期：　年　月　日

购货单位	名称：			密码区			
	纳税人识别号：						
	地址、电话：						
	开户银行及账号						
货物或应税劳务名称	规格型号	单位	数量	金额	税率	税额	
价税合计（大写）				（小写）			
销货单位	名称：			备注			
	纳税人识别号：						
	地址、电话：						
	开户银行及账号						

第二联：抵扣联　购货方扣税凭证

收款人：　　　复核人：　　　开票人：　　　销货单位：（章）

图 2-17　增值税专用发票

是分地区、分行业使用，也可以全国通用，如某省（市）印制的在该省通用的发票、收据等；由中国人民银行制作的在全国范围内通用的银行转账结算凭证、由国家税务总局统一印制的全国通用的增值税发票、由国家铁路局印制的火车票等。

专用凭证是由单位自行印制、仅在本单位内部使用的原始凭证。如领料单（见图 2-18）、收料单、产品入库单、差旅费报销单、折旧计算表、工资费用分配表、单位内部职工因公借款的借据（图 2-22）等。

2. 原始凭证的基本内容

原始凭证的格式和内容因经济业务和经营管理的要求不同而有所差异，但原始凭证应当具备以下基本内容：①凭证的名称及编号；②填制凭证的日期；③接受凭证的单位名称；④经济业务的内容；⑤数量、单位、金额等；⑥填制凭证的单位名称或填制人姓名；⑦经办人员的签名或者盖章。

3. 原始凭证的填制要求与方法

原始凭证是编制记账凭证的依据，是会计核算最基础的原始资料。为了保证会计核算工作的质量，必须正确填制原始凭证。

领 料 单

领料部门：一车间 　　　　　　　　　　　　　　凭证编号： 1966

用　　途：生产电机　　　　2016 年 6 月 8 日　　　　发料仓库：三号库

材料编号	材料规格及名称	计量单位	数量		价格	
			请领	实领	单价	金额（元）
05624	钢材	吨	5	5	3 000	15 000
备注					合　计	￥15 000.00

记账：王明华　　　　发料：李英爱　　　　审批：赵大力　　　　领料：刘小刚

图 2-18　领料单

（1）记录要真实　原始凭证所填列的经济业务内容和数字，必须真实可靠，符合实际，不得弄虚作假。

（2）内容要完整　原始凭证所要求填写的项目必须要逐项填写齐全，不得遗漏和省略；日期要按照填制凭证的实际日期填制，名称要写全，不能简化；品名和用途要填写明确，不能含糊不清；有关部门和人员的签名或盖章必须齐全。

（3）手续要完备　自制的原始凭证必须有经办业务的部门和人员签章；对外开出的原始凭证必须加盖本单位的公章或财务专用章；从外部取得的原始凭证必须有填制单位的公章或财务专用章。总之，取得的原始凭证必须符合手续完备的要求，以明确经济责任，确保凭证的合法性、真实性。

（4）填制要及时　原始凭证必须在经济业务实际发生或完成时及时填写，不得拖延、积压，并按规定的程序及时送交会计机构、会计人员进行审核。

（5）编号要连续　各种凭证要连续编号，以便检查。如果凭证已预先印定编号，如发票、支票等重要凭证，在填制时要按照编号的顺序使用，在因错作废或跳号时，要加盖"作废"戳记，但要妥善保管，不得撕毁。

（6）书写要规范　填制的原始凭证，文字要简明，字迹要清楚，易于辨认，不得使用未经国务院公布的简化汉字。数字的书写要清晰、规范，做到字迹端正，不潦草、不乱涂乱画。复写凭证时要做到不串行、不串格，不模糊，一式几联的原始凭证，应当注明各联的用途。书写规范包括

限 额 领 料 单

领料部门：生产车间　　　　　　2016 年 8 月　　　　　　凭证编号：1765

领料用途：生产电机　　　　　　　　　　　　　　　发料仓库：二号库

材料编号	材料名称	规格	计量单位	领料限额	实际领用			备注
					数量	单位成本	金额	
024	轴承	625 型	个	450	450	20	900	

领料日期	领用				退料			限额结余
	请领数量	实发数量	领料人签章	发料人签章	退料数量	退料人签章	收料人签章	
8月5日	80	80	刘晓刚	张红军				370
8月8日	70	70	刘晓刚	张红军				300
8月5日	85	85	刘晓刚	张红军				215
8月5日	95	95	刘晓刚	张红军				120
8月5日	70	70	刘晓刚	张红军				50
8月5日	50	50	刘晓刚	张红军				0
合计	450	450						

供应部门负责人：张方刚　　　　生产部门负责人：赵全宝　　　　仓库管理员：李美丽

图 2-19　限额领料单

以下两个方面。

　　数字要规范：数字要逐个书写，不得写连笔字。特别是遇到连写几个"0"时，一定要单个的写，不能将几个"0"连在一起一笔写完。数字排列要整齐，数字之间的空格要均匀，不宜过大。

　　金额要规范：大写金额前要加"人民币"字样，小写金额前面要写人民币符号"￥"。如小写金额：￥25 680.05；大写金额：人民币（大写）贰万伍仟陆佰捌拾元零伍分。

　　大写金额用汉字零、壹、贰、叁、肆、伍、陆、柒、捌、玖、拾、佰、仟、万、亿等，应一律用正楷或行书字填写，不得用 0、一、二、三、四、

发料凭证汇总表

2016 年 8 月

借方科目 材料	生产成本	制造费用	管理费用	销售费用	合计
原材料	8 712	220	110		9 042
燃料				100	100
合计	8 712	220	110	100	9 124

会计主管：　　　　　复核：　　　　　　　制表：

图 2-20　发料凭证汇总表

差 旅 费 报 销 单

2016 年 8 月 25 日

姓　名		张金刚		出差事由			采购钢材		
项　目	单据张数	金额	出差地区	启程		归程		天数	补助标准	补助金额	备注
				月	日	月	日				
火车票	2	400	上海	8	5	8	10	5	8	40	
汽车票	6	260									
飞机、轮船票											
住宿费	1	800									
其　他			卧铺	原票价		补助比例			补助金额		
小　计	9	1 460	补助			%			40		
总　计		（大写）：壹仟伍佰元整							￥1 500.00		

主管部门审批：张东方　　　　　领款人：张金刚

图 2-21　差旅费报销单

五、六、七、八、九、十等简化字代替。大写金额数字到元或角为止的，在"元"或"角"之后应当写"整"或"正"字。小写金额数字之间有"0"时，汉字大写金额应写"零"字；小写金额数字中间连续有几个"0"时，大写金

借 据

2016 年 6 月 15 日

借款单位		供应部	金 额						
人民币（大写）伍仟元整			十万	千	百	十	元	角	分
			￥	5	0	0	0	0	0
借款事由：采购钢材									
领导审批	财务主管	借款单位负责人	借款人						
刘小军	王华华	张玲玲	王小刚						

图 2-22 借据

额中可以只有一个"零"；小写金额数字元位为"0"或者数字中间连续有几个"0"，元位也是"0"，但角位不是"0"时，汉字大写金额可以只写一个"零"字，也可以不写"零"字。凡小写金额数字前写有人民币符号的，数字后面不再写货币单位。所有以元为单位的金额数字，除表示单价等情况外，一律填写到角分；无角分的，角位和分位写"00"或者符号"—"；有角无分的，分位应写"0"，不得用符号"—"代替。

（7）不得涂改、刮擦、挖补　原始凭证金额有错误的，应当由出具单位重开，不得在原始凭证上更正。原始凭证有其他错误的，应当由出具单位重开或更正，更正处应当加盖出具单位印章。

4. 原始凭证的审核

为了正确反映和监督各项经济业务，会计人员对取得的原始凭证，必须进行严格审核和核对，保证核算资料的真实、合法、完整。只有经过审查无误的凭证，方可作为编制记账凭证和登记账簿的依据。

（1）审核原始凭证的真实性、合法性和合理性。

原始凭证作为会计信息的基本信息源，其真实性对会计信息的质量具有至关重要的影响。真实性审核主要包括：凭证日期是否真实、业务内容是否真实、数据是否真实等。对外来原始凭证，必须有填制单位公章和填制人员签章；对自制原始凭证，必须有经办部门和经办人员的签章。

原始凭证合法性和合理性审核，是以有关的政策、法规、制度和计划、合同等为依据，主要审查凭证所记录的经济业务是否违反了国家法律法规的规定，是否履行了规定的凭证传递和审核的程序，是否有贪污盗窃、虚报冒领、伪造凭证等违法乱纪现象，是否有违反计划和标准的行为等。

（2）审核原始凭证的完整性、正确性和及时性。

原始凭证完整性审核，包括所用的原始凭证格式是否符合规定，原始凭证的要素是否齐全，是否有漏项情况，书写是否规范、准确，是否有经办单位和经办人员签章等。

原始凭证正确性审核，是指审查凭证上各项金额的计算及填写是否正确，大、小写金额是否一致，数字和文字是否有涂改、污损等不符合规定之处。

原始凭证及时性审核，主要是指审查原始凭证的填制或取得是否及时，传递是否及时进行等。

原始凭证的审核是一项十分重要的工作，经过审核的原始凭证应根据不同情况进行处理：①对于完全符合要求的原始凭证，应及时编制记账凭证并登记账簿；②对于真实、合法、合理但手续不完备、内容记载不全或数字计算不正确的原始凭证，应退回经办部门或人员补办手续、更正错误或重开；③对于不真实、不合法的原始凭证，如伪造、涂改或经济业务不合法的凭证，会计人员有权不予受理，并向单位负责人报告。

（三）记账凭证

1. 记账凭证的种类

一般情况下，记账凭证可按其用途分类，分为专用记账凭证和通用记账凭证。

（1）专用记账凭证　专用记账凭证是指分类反映经济业务的记账凭证。专用记账凭证按其反映的经济业务内容，又可分为收款凭证、付款凭证和转账凭证。

收款凭证是指用于记录现金和银行存款收款业务的记账凭证。收款凭证根据有关现金和银行存款收入业务的原始凭证填制，是登记现金日记账、银行存款日记账以及有关明细账和总账等账簿的依据，也是出纳人员收讫款项的依据。收款凭证的格式如图2-23所示。

付款凭证是指用于记录现金和银行存款付款业务的记账凭证。付款凭证根据有关现金和银行存款支付业务的原始凭证填制，是登记现金日记账、银行存款日记账以及有关明细账和总账等账簿的依据，也是出纳人员支付款项的依据。付款凭证的格式如图2-24所示。

转账凭证是指用于记录不涉及现金、银行存款业务的记账凭证。转账凭证根据有关转账业务的原始凭证填制，是登记有关明细账和总账等账簿的依据。转账凭证的格式如图2-25所示。

（2）通用记账凭证　通用记账凭证是指用来反映所有经济业务的记账凭证，为各类经济业务所共同使用。通用记账凭证的格式如图2-26所示。

综上所述，为了准确编制记账凭证，我们有必要对记账凭证所应反映的内容及其用途加以对照，如表2-6所示。

表 2-6 各类记账凭证对比表

凭证类型	反映的经济业务内容	记账凭证的用途
收款凭证	现金和银行存款收入业务	登记现金日记账、银行存款日记账以及有关明细账和总账等账簿
付款凭证	现金和银行存款支付业务	登记现金日记账、银行存款日记账以及有关明细账和总账等账簿
转账凭证	不涉及现金和银行存款收付的业务	登记有关明细账和总账等账簿

2. 记账凭证的内容

记账凭证虽然种类甚多，格式不一，但其主要作用都在于对原始凭证进行分类、整理，按照复式记账的要求，运用会计科目，编制会计分录，据以登记账簿。因此，记账凭证必须具备以下基本内容：①记账凭证的名称，即"收款凭证""付款凭证""转账凭证"；②填制日期；③凭证编号；④经济业务事项的内容摘要；⑤经济业务事项所涉及的会计科目及其记账方向；⑥经济业务事项的金额；⑦记账标记"√"；⑧所附原始凭证的张数；⑨制证、稽核、记账、会计主管人员等有关人员的签章。收款和付款凭证还应当由出纳人员签名或者盖章。

3. 记账凭证的填制要求

记账凭证是根据审核无误的原始凭证或者汇总原始凭证填制的。记账凭证填制正确与否，直接影响整个会计系统最终提供信息的质量。故填制记账凭证应满足以下要求：

（1）依据要真实 除结账和更正错误外，记账凭证应根据审核无误的原始凭证及有关资料填制，记账凭证必须附有原始凭证并如实填写所附原始凭证的张数。记账凭证所附原始凭证张数的计算一般应以原始凭证的自然张数为准。

（2）内容要完整 填制时必须按照记账凭证上所列项目逐一填写清楚，有关人员的签名或盖章要齐全；金额栏数字的填写必须规范、准确，并与所附原始凭证的金额一致；金额数字及登记方向必须正确，角、分位不留空格。

（3）分类要准确 填制时要根据原始凭证所反映经济业务的内容，正确选择和使用记账凭证。如：现金或银行存款的收款业务，应使用收款凭证；现金或银行存款的付款业务，应使用付款凭证；不涉及现金或银行存款收付的业务，应使用转账凭证。

（4）日期要正确 记账凭证的日期一般应填写记账凭证当天的日期，也可以根据管理需要，填写经济业务发生的日期或月末日期。如：报销差旅费的记账凭证填写报销当天的日期；现金收付款的记账凭证填写办理收付现金的日期；计算收益、分配费用、结转成本、利润等调整分录和结账分录的记账凭证，应填写当月月末的日期等。

（5）编号要连续 记账凭证应由主管该项业务的会计人员，按照业务发的先后顺序并按不同种类的记账凭证采用"字号编号法"连续编号,如银收字1号、现付字3号、转字8号等。如果一笔经济业务需要填制两张以上(含两张)记账凭证的,可采用"分数编号法",如本月第六笔转账业务需编制三张凭证,其编号为转字 $6\frac{1}{3}$、转字 $6\frac{2}{3}$、转字 $6\frac{3}{3}$(即六又三分之一、六又三分之二、六又三分之三)。为了便于监督,反映付款业务的会计凭证不得由出纳人员编号。常用的记账凭证编号方法如下。

一类编号法,即将全部记账凭证作为一类统一编号,即按经济业务发生时间的先后顺序统一编号。

三类编号法,即按现金和银行存款收入、现金和银行存款付出和转账等三类业务分别进行编号,具体为收字第××号、付字第××号和转字第××号。

五类编号法,即分别按现金收入、现金支出、银行存款收入、银行存款支出和转账业务五类进行编号,具体为现收字第××号、现付字第××号、银收字第××号、银付字第××号和转字第××号。

各单位应当根据本单位具体情况,选择不同的编号方法。当然,无论采用哪一种编号方法,都应该按月顺序编号,即每月都从一号编起,按自然数1、2、3、4、5…顺序编至月末,其中不得跳号、重号。

(6) 摘要要简明扼要　摘要是指对经济业务的简要说明,其内容必须与原始凭证内容一致;用言简意赅的语言准确填写在"摘要"栏内,既要防止简而不明,又要防止过于繁琐。

(7) 正确填写会计科目　会计科目的使用要准确无误,不得任意简化或改动。填写的具体要求是,可以只填写会计科目的名称,也可同时填写会计科目的名称和编号,但不能只填会计科目的编号,不填会计科目的名称。其中涉及明细账的业务,应先填总账科目、后破折号、再填写明细科目,以便于登记总账和明细账。当然也可用会计科目戳记代替科目的书写。

会计科目的对应关系要填写清楚,原则上要求一一对应,不要几个借方科目和几个贷方科目同时对应。但如果某项经济业务本身就需要编制一个多借多贷的会计分录时,也可以填制多借多贷的会计分录,以集中反映该项经济业务的全过程。填入金额数字后,要在记账凭证的合计行计算填写合计金额,借、贷方合计金额必须相等。

(8) 空行要注销　记账凭证应按行次逐行填写,不得跳行或留有空行。填完经济业务后,如有空行,应当在金额栏自最后一笔金额数字底线下的空行至合计数上的空行处划斜线或"∫"形线注销,以堵塞漏洞,严密核算手续。但要注意斜线两端都不能画到金额数字的行次上。

(9) 重填记账凭证　填制记账凭证时若发现错误,应当重新填制。已经登记入账的记账凭证在当年内发现填写错误时,可以用红字填写一张与原内容相同的记账凭证,在摘要栏注明"注销某月某日某号凭证"字样,同时再用蓝字重新填制一张正确的记账凭证，摘要栏注明"订正某年某月某号凭证"字样。如果会计科目没有错误，只是金额错误，也可以将正确数字与错误数字之间的差额另编一张调整凭证：调增用蓝字，调减用红字。发现以前年度记账凭证有错误时，应用蓝字填制一张更正的记账凭证。

填写记账凭证时，文字、数字和货币符号的书写要求，与原始凭证相同。实行会计电算化的单位，其机制记账凭证应当符合记账凭证的基本要求，在打印出来的机制凭证上，要加盖制单人员、审核人员、记账人员和会计主管人员印章或者签字，以明确责任。

4. 记账凭证的填制方法

（1）收款凭证的填制　收款凭证左上角的"借方科目"按收款的性质分别填写"库存现金"或"银行存款"科目；日期为编制记账凭证当天的日期；右上角填写收款凭证的编号：按记账凭证的填制顺序填写，如"收字第3号"，表示本月第三张收款凭证；"摘要"栏填写对所记录经济业务的简明说明；"贷方科目"栏填写与"借方科目"对应的贷方科目，包括总账科目和明细科目；"金额"栏应填写该项经济业务的发生额，但要与会计科目相对应；"合计"栏要填写贷方科目的总金额，金额计算要准确无误；记账符号"√"是该凭证已登记账簿的标记，可在记账后填制，标明已经记账；凭证右边的"附件×张"是指本张记账凭证所附原始凭证的张数，一般应填写所附原始凭证的自然张数，其中汇总凭证应按自然张数加"1"计算；最下边分别有有关人员的签名或盖章，以明确经济责任。

【例2-14】2015年6月10日，甲公司（该单位为增值税一般纳税人）销售甲产品一批，取得收入2 000元存入银行，并开具增值税发票，附原始凭证3张；这是甲公司6月份的第3笔收款业务。收款凭证的填制如图2-23所示。

（2）付款凭证的填制　付款凭证是根据审核无误的有关现金和银行存款的付款业务的原始凭证填制的。付款凭证的填制方法与收款凭证基本相同，只是左上角由"借方科目"换为"贷方科目"，凭证中间的"贷方科目"换为"借方科目"，"借方科目"栏应填写与"库存现金"或"银行存款"相对应的一级科目和明细科目。

对于涉及"库存现金"和"银行存款"之间的相互划转业务，如将现金存入银行或从银行提取现金，为了避免重复记账，一般只填制付款凭证，不再填制收款凭证。

出纳人员在办理收款或付款业务后，应在原始凭证上加盖"收讫"或"付讫"的戳记，以免重收重付。

【例2-15】2015年6月23日，甲公司用现金23 000元发放职工工资，附原始凭证1张；这是甲公司6月份的第15笔付款业务。付款凭证编制如图2-24所示。

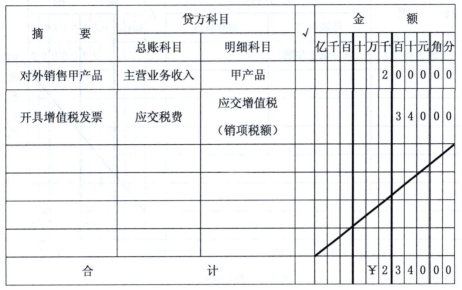

图 2-23 收款凭证

（3）转账凭证的填制　转账凭证是用以记录与货币资金收付无关的转账业务的凭证，如原材料的领用、成本的结转等，它是由会计人员根据审核无误的转账业务的原始凭证填制的。在填制时，将经济业务所涉及的全部会计科目，按照先借后贷的顺序记入"总账科目"和相应的"明细科目"栏中，并按应借、应贷方向将对应金额分别计入"借方金额"和"贷方金额"栏，"借方金额"栏合计数与"贷方金额"栏合计数必须相等；其他项目的填写与收、付款凭证相同。

【例 2-16】2015 年 6 月 25 日，甲公司办理采购的乙材料验收入库手续，附材料入库单 1 张，这是甲公司 6 月份的第 30 笔转账业务。转账凭证编制如图 2-25 所示。

在实际工作中，规模较小、经济业务不多的单位也可以不根据经济业务的内容分别填制收款凭证、付款凭证和转账凭证，而统一使用单一格式的通用记账凭证。通用记账凭证的填制方法与转账凭证基本相同，只是通用记账凭证填制的是单位全部的经济业务。

【例 2-17】乙公司 2015 年 6 月 10 日采购甲材料一批，取得增值税专用发票，价税款 11 700 元通过开户银行结算，附件 3 张。通用记账凭证编制如图 2-26 所示。

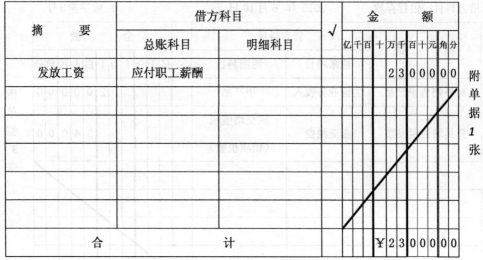

图 2-24 付款凭证

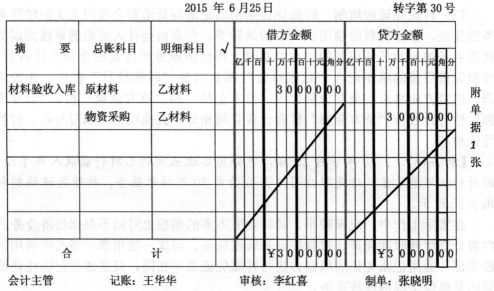

图 2-25 转账凭证

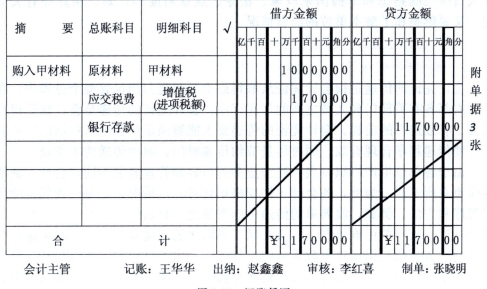

图 2-26 记账凭证

5. 记账凭证的审核

填制完记账凭证后，必须由专人进行审核，借以确保记账凭证能够真实、准确地反映经济业务的发生与完成情况，从而确保会计信息质量。记账凭证审核应注意以下几点：

（1）内容是否真实　审核记账凭证是否有原始凭证，原始凭证是否齐全、内容是否合法，记账凭证所记录的经济业务与所附原始凭证所反映的经济业务是否相符。

（2）项目是否齐全　项目填写是否齐全，如日期、编号、摘要、金额、二级和明细科目、附件张数及有关人员签章等。

（3）科目是否准确　记账凭证的应借、应贷科目是否正确，账户对应关系是否清晰，所使用的会计科目及其核算内容是否符合会计制度的规定等。

（4）金额是否正确　记账凭证所记录的金额与原始凭证的有关金额是否一致、计算是否正确，记账凭证汇总表的金额与记账凭证的金额合计是否相等。

（5）书写是否规范　文字、数字是否工整、清晰，是否按规定进行更正等。

（6）手续是否完备　审核出纳人员在办理收款或付款业务后，是否已在原始凭证上加盖"收讫"或"付讫"的戳记，以避免重收重付。

在审核过程中，如果发现差错，应查明原因，按照规定办法及时处理和更正。只有经过审核无误的记账凭证，才能据以登记账簿。

需要说明的是，对会计凭证进行审核，是保证会计信息质量、发挥会计监督职能的重要手段。要做好会计凭证的审核工作、正确发挥会计监督作用，会计人员应当既熟悉和掌握国家政策、法令、规章制度和计划、预算等有关规定，又要熟悉和了解本单位的经营情况。

（四）会计凭证的传递与保管

1. 会计凭证的传递

会计凭证的传递是指会计凭证从取得或填制起至归档保管整个过程中，在单位内部各有关部门和人员之间的传递程序。会计凭证的传递是会计核算得以正常、有效进行的前提。会计凭证的传递要求能够满足单位内部控制制度的要求，使传递程序合理有效，同时尽量节约传递时间，减少传递的工作量。

由于各单位生产组织特点、经济业务的内容和管理要求不同，会计凭证的传递也有所不同。为此，各会计主体应根据自身具体情况制定每一种凭证的传递程序和方法。例如，收料单的传递中应当规定：材料到达企业后多长时间内验收入库，收料单由谁填制、一式几联、各联次的用途是什么，何时传递到会计部门；会计部门由谁负责收料单的审核工作，由谁据以编制记账凭证、登记账簿、整理归档等。会计凭证的传递是否科学、严密、有效，对于加强内部管理、提高会计信息质量具有重要影响。

2. 会计凭证的保管

会计凭证保管是指会计凭证记账后的整理、装订和归档存查的整个工作。会计凭证作为记账的依据，是重要的会计档案和经济资料，所以各单位应加强对会计凭证的保管工作。

会计凭证的保管，既要做到会计凭证的安全和完整，又要便于会计凭证的事后调阅和查找。因此，各单位账务处理后，必须按照《会计档案管理办法》的规定，妥善整理与保管会计凭证，不得丢失或任意销毁。

五、会计账簿

（一）会计账簿的意义

会计账簿是指由一定格式的账页所组成，以经过审核的会计凭证为依据，全面、系统、连续地记录单位各项经济业务事项的簿籍。对于账簿的概念，可以从两个方面理解：一是从外表形式看，账簿是具有一定格式的账页联结而成的簿籍；二是从记录的内容看，账簿是对各项经济业务进行分类和序时记录的簿籍。设置和登记账簿是会计核算的重要方法之一。

设置和登记账簿既是编制会计报表的基础，又是连接会计凭证和会计报表的中间环节，在会计核算中具有重要意义：通过账簿的设置和登记，可以记载、储存会计信息，将会计凭证所记录的经济业务一一记入有关账簿，从而全面反映单位在一定时期内所发生的各项资金运动，储存所需要的各项会计信息；可以分类、汇总会计信息，一方面可以分门别类地反映各项会计信息，反映一定时期内经济活动的详细情况；另一方面可以通过计算发生额、余额，提供各方面所需要的总括会计信息；可以编报、输出会计信息，通过定期结账，计算出各账户的本期发生额和余额，并据以编制会计报表，从而反映一定时点的财务状况及一定时期的经营成果，向有关各方提供所需要的会计信息。此外，通过账簿的设置和登记，还能够检查、校正会计信息。比如财产清查时，通过有关资产账户余额与实际盘点或核查结果进行核对，就可确认财产物资的盈亏，然后根据实存数来调整账簿记录，做到账实相符，这将有利于提供真实、可靠的会计信息。

（二）会计账簿与账户的关系

账簿与账户有着十分密切的关系。账户存在于账簿之中，账簿中的每一账页就是账户的存在形式和载体，没有账簿，账户就无法存在；账簿序时、分类地记录经济业务，是在各个具体的账户中完成的，也即账簿是通过账户完成对单位各项经济业务事项的记录。因此，账簿只是外在形式，账户才是它的实质内容。账簿与账户的关系是形式和内容的关系。例如，总账对应的内容是总分类账户，明细账对应的内容则是明细分类账户。

（三）会计账簿的基本内容

由于各种会计账簿所记录的经济业务不同，账簿的形式和格式多种多样，但各类账户均应具备以下内容。

（1）封面：主要标明记账单位名称和账簿的名称，如总分类账簿、现金日记账、银行存款日记账等。

（2）扉页：主要用来标明会计账簿的使用有关信息，如账簿启用和经管人员一览表、账户目录等。

（3）账页：账簿是用来记录经济业务事项的载体，其格式因反映经济业务内容的不同而有所不同。但应当包括账户的名称、登记账簿的日期栏、凭证的种类和号数栏、摘要栏、金额栏、总页次和分户页次等基本内容。

（四）会计账簿的分类

会计账簿的种类和格式是多种多样的，不同类别的账簿可以提供不同的信息，满足不同的需要。通常情况下可采用三种标准对会计账簿进行分类。

1. 按用途分类

会计账簿按其用途的不同，可分为序时账簿、分类账簿和备查账簿。

（1）序时账簿　序时账簿，又称日记账，是按照经济业务发生或完成时间的先后顺序逐日逐笔进行登记的账簿。序时账簿，按其记录内容的不同，可分为普通日记账和特种日记账两种，其中特种日记账又包括现金日记账和银行存款日记账。普通日记账，亦称分录簿，是对全部经济业务按其发生的先后顺序逐日、逐笔登记账簿，登记普通日记账只能由一人负责，并且每笔会计分录都需要逐笔分别转记到分类账中，工作量较大，因此实际中很少使用。特种日记账是对现金、银行存款收付等特种业务按其发生时间的先后顺序逐日、逐笔登记的账簿。我国会计制度规定，任何单位都必须设置订本式的现金和银行存款日记账，并且规定只能由出纳人员登记，以便加强对货币资金的管理与控制。

（2）分类账簿　分类账簿是对全部经济业务事项按照会计要素的具体类别而设置的分类账户进行登记的账簿。分类账簿按其提供核算指标的详细程度不同，分为总分类账和明细分类账。总分类账简称总账，是根据总分类科目（一级科目）开设账户，分类登记全部经济业务，从而提供有关收入、费用、利润、资产、负债、所有者权益等各项会计要素的总括会计信息。总分类账主要采用三栏式账页。明细分类账簿简称明细账，是按照明细分类账户分类登记经济业务事项的账簿，它是对总账科目所包含内容的进一步分类，是根据总账科目所属的二级或明细科目开设的账户，分类登记某一类经济业务事项，从而提供比较详细的会计信息。明细账可根据需要分别采用三栏式、数量金额式和多栏式等账页。总账与明细账相辅相成，互为补充；总账是会计账簿的主体，提供的核算信息是编制会计报表的主要依据。

（3）备查账簿　备查账簿又称辅助账簿或补充登记簿，是指对某些在序时账簿和分类账簿等主要账簿中都不予登记或登记不够详细的经济业务事项，用文字进行补充登记时使用的账簿。它只是对个别账簿记录的一种补充，与其他账簿之间不存在严密的依存和勾稽关系。备查账簿不是根据会计凭证登记的账簿，也没有固定的格式，通常依据表外科目登记，可以提供某些经济业务事项有用的参考资料。例如，租入固定资产登记簿、应收、应付票据登记簿等。各单位可以根据实际需要自行设置和登记备查簿。

2. 按账页格式分类

会计账簿按其账页格式的不同，分为两栏式账簿、三栏式账簿、多栏式账簿、数量金额式账簿和横线登记式账簿五种。

（1）两栏式账簿　两栏式账簿是指只有借方和贷方两个基本金额栏目的账簿。普通日记账和转账日记账一般采用两栏式账簿。

（2）三栏式账簿　三栏式账簿是指设有借方、贷方和余额三个基本栏目的账簿。各种日记账、总分类账以及资产、负债、所有者权益明细账均可采用三栏式账簿。三栏式账簿又分为设对方科目和不设对方科目两种。区别是在摘要栏和借方金额栏之间是否设有"对方科目"栏，设有"对方科目"栏的，称为设对方科目的三栏式账簿，比如"银行存款日记账"等；否则称为不设对方科目的三栏式账簿，比如大多数的明细账等。

（3）多栏式账簿　多栏式账簿是指在账簿的两个基本栏目借方和贷方按需要分设若干专栏的账簿。这种账簿可以按"借方"和"贷方"分别设专栏，也可以只设"借方"或"贷方"专栏，设多少专栏则根据需要而定，如收入、成本、费用类明细账一般均采用这种格式的账簿。

（4）数量金额式账簿　数量金额式账簿是指在账簿的借方、贷方和金额三个栏目内再分设数量、单价和金额三小栏，借以反映财产物资的实物数量和价值量的账簿。原材料、库存商品、产成品等存货类明细账一般都采用数量金额式账簿。

（5）横线登记式账簿　横线登记式账簿是采用横线登记，即将每一相关的业务登记在一行，从而可依据每一行各个栏目的登记是否齐全来判断该项目业务的进展情况。这种格式适用于材料采购、在途物资和其他应收款——备用金业务。

3. 按外形特征分类

会计账簿按外形特征的不同，分为订本式账簿、活页式账簿和卡片式账簿。

（1）订本式账簿　订本式账簿简称订本账，是指在启用之前就已将账页装订成册，并对账页进行了连续编号的账簿。这种账簿的优点是可避免账页散失，防止账页被抽换，从而保证账簿资料的安全和完整；缺点是同一账簿在同一时间只能由一人登记，这样不便于分工记账，另外还不能准确为各个账户预留账页。订本式账簿适用于比较重要的和具有统驭性的账簿，比如总分类账、现金和银行存款日记账。我国会计制度规定：现金日记账和银行存款日记账必须采用订本式账簿，总分类账原则上采用订本式账簿。

（2）活页式账簿　活页式账簿亦称活页账，是指在账簿登记完毕之前并不固定地装订在成册，而是装在活页夹中，当账簿登记完毕之后（通常是一个会计年度结束时），才将账页予以装订，加具封面，并给各账页连续编号。活页账的优点是可以根据实际需要增减账页，不会浪费账页，使用灵活，并且便于分工记账；缺点在于账页容易散失或被故意抽换。为了克服这个缺点，在使用空白账页时必须连续编号，装在账夹中或临时装订成册，并且有关人员在账页上盖章，以防舞弊。大多数明细分类账一般采用活页账形式。

（3）卡片式账簿　卡片式账簿简称卡片账，是将账户所需格式印刷在硬卡片上。严格地说，卡片账也是一种活页账，只不过它不是装在账夹中，而是放在卡片箱内。使用时，应在卡片上连续编号，加盖有关人员的印章，置放在卡片箱内，以保证其安全，并可以随时取出和放入。它的优缺点与活页账相同。在我国一般只对固定资产明细账采用卡片账形式。

各种会计账簿的具体格式和登记方法请见项目四"五、记账技能"部分。

六、账务处理程序

账务处理程序，亦称会计核算组织程序或会计核算形式，它是指会计凭证、会计账簿、会计报表相结合的方式，包括账簿组织和记账程序。其中账簿组织是指会计凭证和账簿的种类、格式，会计凭证与账簿之间的联系方法；记账程序是指由填制原始凭证到填制、审核记账凭证，登记日记账、明细账和总分类账，编制财务报表的工作程序和方法等。科学、合理地选择适用于本单位的账务处理程序，对于提高会计核算工作效率，保证会计核算工作质量，有效地组织会计核算具有重要意义。

在我国，常用的账务处理程序主要有：记账凭证账务处理程序、汇总记账凭证账务处理程序和科目汇总表账务处理程序等。它们之间的主要区别为登记总分类账的依据和方法不同。本项目主要介绍两种常用的会计核算程序，即记账凭证账务处理程序和科目汇总表账务处理程序。

（一）记账凭证账务处理程序

1. 记账凭证账务处理程序的一般步骤

第一步，根据原始记账凭证编制汇总原始凭证。

第二步，根据原始凭证或汇总原始凭证，编制记账凭证。

第三步，根据收款凭证和付款凭证逐笔登记现金日记账和银行存款日记账。

第四步，根据原始凭证、汇总原始凭证和记账凭证登记各种明细分类账。

第五步，根据记账凭证逐笔登记总分类账。

第六步，期末，将现金日记账、银行存款日记账和明细分类账的余额同有关总分类账的余额核对相符。

第七步，期末，根据总分类账和明细分类账的记录，编制财务会计报告。

记账凭证账务处理程序的步骤如图 2-27 所示。

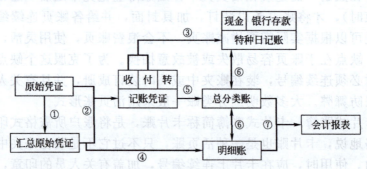

图 2-27　记账凭证账务处理程序

2. 记账凭证账务处理程序的内容

（1）特点　记账凭证账务处理程序的特点是直接根据记账凭证对总分类账进行逐笔登记。

（2）会计凭证及账簿组织　在记账凭证会计核算程序下，记账凭证应使用收款凭证、付款凭证和转账凭证三种专用凭证，也可使用通用记账凭证。在账簿方面,应设置三栏式现金和银行存款日记账、三栏式总分类账;根据管理的要求,设置三栏式、多栏式和数量金额式等格式的明细账。

(3) 优缺点　记账凭证账务处理程序的优点是简单明了,易于理解,总分类账能够比较详细地反映各项经济业务的发生情况,便于查账;缺点主要是登记总分类账的工作量比较大,同时也不便于会计人员的分工。

(4) 适用范围　记账凭证账务处理程序适用于规模比较小,经济业务比较少的单位。比如村集体经济组织等。

(二) 科目汇总表账务处理程序

科目汇总表账务处理程序是指先根据记账凭证定期编制科目汇总表,再根据科目汇总表直接登记总分类账的一种账务处理程序。亦即,根据记账凭证→科目汇总表→账簿→财务会计报告这一会计处理过程。它是为了克服记账凭证账务处理程序的缺点,在记账凭证账务处理程序的基础上发展演变而来的。

1. 科目汇总表的编制方法

科目汇总表,亦称记账凭证汇总表,是单位通过定期对全部记账凭证进行汇总后,按照不同的会计科目分别列示各账户借方发生额和贷方发生额的一种汇总凭证。科目汇总表的编制方法是,根据一定时期内的全部记账凭证,按照相同的会计科目进行归类,定期汇总出每一个账户的借方本期发生额和贷方本期发生额,并填写在科目汇总表的相关栏内。科目汇总表可每汇总一次编制一张,也可按旬汇总一次,每月编制一张。任何格式的科目汇总表,都只反映各个账户的借方本期发生额和贷方本期发生额,不反映各个账户之间的对应关系。科目汇总表的一般格式如表2-7、表2-8所示。

表2-7　科目汇总表(一)

年　月　日至　日　　　　　　　　　　　　　字第　号

会计科目	本期发生额		记账凭证起讫号码
	借方	贷方	

表2-8　科目汇总表(二)

年　月　日

会计科目	总账账页	1~10日		11~20日		21~31日		本月合计
		借方	贷方	借方	贷方	借方	贷方	
合计								

科目汇总表汇总方法就是将一定时期（5天、10天、15天或一个月）内的全部记账凭证，按相同的会计科目进行归类汇总编制。首先，根据记账凭证登记"T"形账户，将本期各会计科目的发生额过入有关"T"形账户；然后计算各账户的本期借方发生额合计数与贷方发生额合计数；最后，将"T"形账户的借、贷方发生额合计数过入科目汇总表的有关行内。其汇总方法有以下两种。

（1）全部汇总，是将一定时期的全部记账凭证汇总到一张科目汇总表内的汇总方式。

（2）分类汇总，是将一定时期的全部记账凭证分别按现金收款凭证、银行存款收款凭证、现金付款凭证、银行存款付款凭证和转账凭证五类进行汇总，也可以分别按收款凭证、付款凭证和转账凭证三类进行汇总。

2. 科目汇总表账务处理程序的一般步骤

第一步，根据原始凭证或汇总原始凭证，编制记账凭证。

第二步，根据收款凭证和付款凭证逐笔登记现金日记账和银行存款日记账。

第三步，根据记账凭证编制科目汇总表。

第四步，根据原始凭证、汇总原始凭证和记账凭证登记各种明细分类账。

第五步，根据科目汇总表登记总分类账。

第六步，期末，将现金日记账、银行存款日记账和明细分类账的余额同有关总分类账的余额核对相符。

第七步，根据总分类账和明细分类账的记录，编制财务会计报告。

科目汇总表会计核算程序的步骤如图2-28所示。

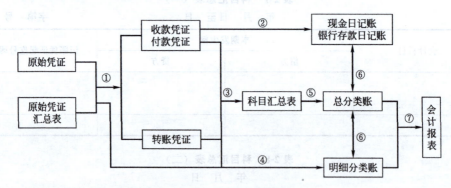

图2-28　科目汇总表账务处理程序

3. 科目汇总表账务处理程序的内容

（1）特点　科目汇总表账务处理程序的特点是先将所有的记账凭证汇总编制成科目汇总表，然后以科目汇总表为依据登记总分类账。

（2）会计凭证及账簿组织　科目汇总表账务处理程序下的记账凭证、账簿组织，基本上与记账凭证会计核算程序相同。但在记账凭证方面，除设置收款凭证、付款凭证和转账凭证外，还应设置科目汇总表；在账簿方面，应设置三栏式的现金和银行存款日记账、总分类账以及各种格式的明细分类账。

（3）优缺点　科目汇总表账务处理程序的优点是减轻了登记总账的工作量，易于理解，方便易学，并可进行试算平衡；缺点是科目汇总表不能明确反映账户之间的对应关系，不利于对账目进行检查。

（4）适用范围　科目汇总表账务处理程序适用范围较广，特别适用于业务量多的单位，尤其是大中型的企业或组织。

七、财产清查

（一）财产清查的意义

财产清查是指通过对货币资金、实物资产和往来款项等财产物资进行盘点或核对等，确定其实存数量与价值，从而查明其账面记载与实存数量、金额是否相符的专门方法。

各单位应当建立与健全财产物资清查制度，加强管理，以确保证财产物资的安全完整以及会计核算的真实性和完整性。财产清查的意义如下：

① 通过财产清查，可以查明各项财产物资的实有数量，确定实有数量与账面数量之间的差异，查明原因和责任，以便采取有效措施，消除差异，改进工作，从而保证账实相符，提高会计资料的准确性。

② 通过财产清查，可以查明各项财产物资的保管情况是否良好，有无因管理不善，造成霉烂、变质、损失浪费，或者被非法挪用、贪污盗窃的情况，以便采取有效措施，改善管理，切实保障各项财产物资的安全完整。

③ 通过财产清查，可以查明各项财产物资的库存和使用情况，合理安排经营活动，充分利用各项财产物资，加速资金周转，提高资金使用效果。

（二）财产清查的种类

财产清查的分类标志有多种，常见的分类方法主要有如下三种。

1. 按财产清查的范围分类

（1）全面清查　全面清查是指对所有的财产物资进行的清查。具体对象包括库存现金、银行存款等各种货币资金、存货、固定资产等各项实物资产以及各项债权债务等。

（2）局部清查　局部清查是指根据需要只对部分的财产物资进行的清查。具体对象通常是流动性较强的财产物资，如现金、原材料、产成品等存货。

全面清查范围广、内容多、工作量大、参加人员多，故不宜经常进行。一般在年终决算前或当发生单位撤销、合并或改变隶属关系，中外或国内合资，开展全面的资产评估或清产核资，单位主要领导调离工作等事项时，应当进行全面清查。相对而言，局部清查范围小、内容少、涉及的财产物资和人数较少，但专业性较强，可根据需要灵活进行。例如对于贵重财产物资至少每月清查一次；对于库存现金，出纳人员应每日清点核对一次；对于银行存款，要根据银行对账单每月至少核对一次；对于债权、债务每年至少同债权、债务人核对一至两次。

2. 按财产清查的时间分类

（1）定期清查　定期清查是指根据管理制度的规定和预先计划安排的时间进行的财产清查。定期清查的范围不确定，可以是全面清查（如年终决算前的清查），也可以是局部清查（如月末、季末对货币资金和贵重物资等进行的清查），一般是在年末、季末、月末结账时进行。

（2）不定期清查　不定期清查是指事先不规定清查日期，而是根据特殊需要临时进行的清查。不定期清查，可以是全面清查也可以是局部清查。一般来说，如果更换出纳员和实物资产的保管员，发生自然灾害和意外事故导致财产毁损，单位发生撤销、合并、重组等事项，或发生贪污盗窃、营私舞弊等事件，应该根据实际情况的需要进行财产清查。

各单位应当定期将会计账簿记录与实物、款项及有关资料相互核对，保证会计账簿记录与实物以及款项的实有数相符；在编制年度财务报告前，应当进行全面清查财产、核实债权债务。

3. 按财产清查的组织执行系统分类

（1）内部清查　内部清查是指由本单位内部自行组织清查工作小组所进行的财产清查工作。大多数财产清查都是内部清查。

（2）外部清查　外部清查是指由上级主管部门、审计机关、司法部门、会计师事务所等根据国家的有关规定或特殊需要对本单位所进行的财产清查。一般来说，进行外部清查时应由本单位相关人员参加。

内部清查和外部清查，就其清查的对象和范围来说，既可以是全面清查，也可以是局部清查。

（三）财产清查的一般程序

财产清查既是会计核算的一种专门方法，又是财产物资管理的一项重要制度。各单位必须有计划、有组织地进行财产清查工作。财产清查的程序一般包括如下四个步骤：

（1）组织准备　在清查前首先应成立专门的财产清查小组，具体负责财产清查的组织和管理。其主要职责是，实施清查以前，合理安排清查工作；清查过程中，进行监督、检查和指导；清查结束后，提出处理意见和建议。清查小组应由单位领导、会计部门及有关业务部门的人员组成，并由相关的主管人员负责清查组织的各项工作。其次制定详细的财产清查方案，确定清查的范围、明确清查任务，具体安排清查内容、时间、步骤、方法，以及必要的清查前准备。再次组织清查人员学习有关政策，掌握有关法律、法规和相关业务知识，以提高清查的工作质量。

（2）业务准备　首先会计部门应在清查之前将截止至清查日止的全部经济业务登记入账，结算出总账和明细账的余额，并相互核对，做到账证相符和账账相符，为账实核对提供正确、完整的账簿资料。其次财产物资的保管、使用等相关业务部门，应登记好所经管的全部财产物资明细账，并结出余额。将待清查的各种财物分类整理、排列整齐，并分别悬挂标签，详细标明实物的编号、名称、规格、结存数量等，以便盘点核对。再次准备好各种清查登记使用的清单、表册和符合国家标准的计量器具等。

（3）实施清查　完成各项准备工作后，由清查人员依据清查对象的特点、预先确定的清查目的和合适的清查方法，实施财产清查、盘点工作。清查时应本着先清查数量、核对有关账簿记录等，后认定质量的原则进行，根据清查结果填制盘存清单，清查人员应在盘存清单上签章。

（4）结果处理　首先由会计人员根据盘存清单，填制实物、往来账项清查结果报告表，报告给领导及相关部门，并根据清查结果和领导的审批意见进行账务处理；其次对清查中发现的问题及差异要切实查明原因，落实责任，并对财产物资的管理提出可行性建议。

（四）财产物资的盘存制度

在会计实务中，财产物资的盘存制度有两种，即"永续盘存制"和"实地盘存制"。各单位可根据经营管理的需要和财产物资种类的不同，分别采用不同的盘存制度。

（1）永续盘存制　采用这种盘存制度时，库存商品、原材料等明细账、卡要按每一品种、规格设置。在明细账、卡中，要登记存货的收、发、结存数量，有的需要同时登记金额。

永续盘存制的具体做法是：日常对各项财产物资的增减变动应根据会计凭证逐日逐笔在有关财产物资明细账上进行连续登记，并随时结出各种财产物资的结存数，即期末结存数＝期初结存数＋本期增加数－本期减少数。在永续盘存制下，对库存商品、原材料等仍须定期或不定期地进行实地盘点，以便核对账存和实存是否相符。

永续盘存制的优缺点都比较明显：一是通过财产物资明细账可随时掌握财产物资的收、发和结存的情况，并进行数量和金额的双重控制，从而加强了日常管理；二是通过对财产物资明细账的结存数量与实际盘点数进行核对，可及时发现盘盈或盘亏，并查明原因，按规定手续进行账项调整，保证财产物资的完整和账实相符；三是通过明细账上的结存数，随时与预定的最高和最低限额进行比较，可及时取得库存财产物资积压或不足的信息。主要缺点是财产物资明细分类核算工作量较大，如果月末一次结转销售（耗用）成本，计算工作过于集中。

(2) 实地盘存制　采用这种盘存制的具体做法是：日常根据有关会计凭证在相关账簿中只登记财产物资的增加数，不登记减少数，每到期末进行实地清查盘点，根据实地盘点的实存数按"期初结存数＋本期增加数－期末结存数＝本期减少数"的公式，倒推出本期减少数，并登记入账。

实地盘存制的优点主要是：平时对财产物资发出和结存数量可以不作详细记录，从而简化了财产物资的明细核算工作。但缺点较多：一是平时对各项财产的收入、发出和结存没有严密的手续、不能及时提供各种财产物资的收、发、结存的动态信息，不利于对财产进行日常管理和监督；二是由于期末才能倒挤出财产物资的减少数，使减少数的计算过程复杂化，除正常耗用或销售的以外，把可能存在的损耗、差错、短缺、甚至贪污等隐含在本期耗用或销售成本中，既不利于财产的管理，又影响成本计算的正确性；三是由于不能及时反映财产的耗用或销售成本，从而影响成本结转的及时性。

我国财务与会计制度规定：所有企业和有经营活动的事业单位、村集体经济组织、农民专业合作社实行永续盘存制；行政单位和小企业可以实行实地盘存制。

（五）财产清查的方法

由于货币资金、实物、往来款项的特点各有不同，在进行财产清查时，应采用与其特点和管理要求相适应的清查方法。

1. 库存现金的清查

库存现金的清查是采用实地盘点法进行的，一般由主管会计或财务负责人和出纳人员本人共同清点出各种面值钞票的张数和硬币的个数，并填写"库存现金盘点报告单"。

对库存现金进行盘点时，出纳人员必须在场，有关业务必须在"库存现金日记账"中全部登记完毕。盘点时，一方面要注意账实是否相符；另一方面还要检查现金管理制度的遵守情况，如库存现金有无超过其限额，有无白条抵库、挪用舞弊和坐支等情况。盘点结束时，应编制"库存现金盘点报告单"，并有清查人员和出纳人员签章。现金盘点单兼有实存账存对比表的作用，是证明现金实有数额的重要原始凭证，也是查明账实不符原因和据以调整账簿记录的重要依据。其格式如表2-9所示。

表2-9　库存现金盘点报告单
年　月　日

实存金额	账存金额	对比结果		备注
		长款	短款	

盘点人（签章）：　　　　　　　　　　出纳员（签章）：

2. 银行存款的清查

银行存款的清查是采用与开户银行核对账目记录的方法进行的。即将单位银行存款日记账的账簿记录与开户银行转来的对账单逐笔进行核对，来查明银行存款的收入、支出和结余的记录是否正确。银行存款的清查一般在月末进行。

（1）银行存款日记账与银行存款对账单不一致的原因　将截止到清查基准日的所有银行存款的收付业务都登记入账后，对发生的错账、漏账应及时查清更正后，再与对账单逐笔核对。如果二者余额相符，通常说明没有错误，如果二者余额不符，其原因可能有两个方面：一是双方或一方记账有误；二是存在"未达账项"。

一般情况下，即使本单位的银行存款日记账与对账单双方记录都正确无误，也会出现双方余额不相等的情况，这是由于存在"未达账项"所引起的。所谓未达账项，是指单位与银行之间，由于记账时间不一致而发生的一方已经记账，而另一方尚未入账的事项。未达账项通常有以下四种。

① 单位已收款记账，银行未收款未记账的款项。例如单位收到转账支票送存入银行且已入账，但银行尚未办妥收款手续而没有入账。

② 单位已付款入账，银行未付款未记账的款项。例如单位签发转账支票后且已入账，但因收款单位尚未到银行办理转账手续或银行尚未办妥转账付款手续而没有入账。

③ 银行已收款入账，单位未收款未记账的款项。例如银行付给单位的利息或代单位收到的款项，银行已办妥收款手续且入账，但单位未收到收款通知，故未入账。

④ 银行已付，单位未付的款项。即银行代单位支付的款项（如水电费等），银行已入账，但单位未接到付款通知，故未入账。

上述任何一种未达账项的存在，都会使日记账的余额与对账单的余额不符。所以在与银行对账时首先应查明是否存在未达账项。如果存在就应该编制"银行存款余额调节表"，据以调节双方的账面余额，确定银行存款的实有数。

（2）银行存款清查的步骤

① 将银行存款日记账与银行对账单，以结算凭证的种类、号码和金额为依据，逐日逐笔核对。凡双方都有记录的，用铅笔在"结余栏"外打记号"√"。

② 找出未达账项（即银行存款日记账和银行对账单中没有打"√"的款项）。

③ 将银行存款日记账和对账单的月末余额及找出未达账项填入"银行存款余额调节表"，并计算出调整后的余额。

④ 将调整平衡的银行存款余额调节表，经会计主管签章后，呈报开户银行。

凡有几个银行户头以及开设有外币存款户头的单位，应分别按存款户头开设"银行存款日记账"。每月月底，应分别将各户头的"银行存款日记账"与各户头的"银行存款对账单"核对，并分别编制各户头的"银行存款余额调节表"。

（3）银行存款余额调节表的编制方法　编制银行存款余额调节表，一般是在银行存款日记账余额和对账单余额的基础上，分别补记对方已记账而本方尚未记账的未达账项金额，然后验证经调节后双方的余额是否相等。如果调节后双方的余额相等，表明双方记账基本上是正确的，即使双方的余额不符，也只能是未达账项的存在；如果调节之后双方余额仍不等，则表明存在记账错误，应进一步查明原因，予以更正。

银行存款余额调节表的编制，是以双方账面余额为基础，各自分别加上对方已收款入账而己方尚未入账的数额，减去对方已付款入账而己方尚未入账的数额。其计算公式如下：

单位银行存款日记账余额＋银行已收、单位未收的款项－银行已付、单位未付的款项＝银行存款对账单的余额＋单位已收、银行未收的款项－单位已付、银行未付的款项

【例2-18】　诚信公司2015年4月的"银行存款日记账"如表2-10所示，本月底银行转来的"银行存款对账单"如表2-11所示。

表 2-10　银行存款日记账　　　账号：4554-0810-00000188

2015年		凭证号数	摘要	结算凭证		对方科目	收入	支出	结余
月	日			种类	号数				
4	1		期初余额						780 000
	3		销售产品	支票	00436	主营业务收入	340 000		1 120 000
	5		收到货款	支票	00527	应收账款	80 000		1 200 000
	10		支付货款	支票	00121	材料采购		520 000	680 000
	16		销售产品	支票	00639	主营业务收入	120 000		800 000
	20		提取现金	支票	00122	库存现金		3 000	797 000
	29		支付购料款	支票	00123	应付账款		32 000	765 000
	30		销售产品	支票	00834	主营业务收入	8 000		773 000
4	30		本月发生额及余额				548 000	555 000	773 000

表 2-11 银行对账单   账号：4554-0810-00000188

2015 年		摘要	结算凭证		收入	支出	结余
月	日		种类	号数			
4	1	结余					780 000
	3	存入	支票	00436	340 000		1 120 000
	11	支取	支票	00121		520 000	600 000
	17	存入	支票	00639	120 000		720 000
	26	支取	支票	00123		32 000	688 000
	27	存入	支票	00821	40 000		728 000
	30	支取	支票	00124		25 000	703 000
4	30	本月发生额及余额			500 000	577 000	703 000

经过对银行存款日记账和银行存款对账单逐笔核对，发现双方有下列未达账项：

① 单位已收、银行未收的款项为 88 000 元；

② 单位已付、银行未付的款项为 3 000 元；

③ 银行已收、单位未收的款项为 40 000 元；

④ 银行已付、单位未付的款项为 25 000 元。

根据上述资料编制银行存款余额调节表，如表 2-12 所示。

表 2-12 银行存款余额调节表

账号：4554-0810-00000188   2015 年 4 月 30 日   单位：元

项目	金额	项目	金额
银行存款日记账账面余额	773 000	银行存款对账单余额	703 000
加：银行已收，单位未收	40 000	加：单位已收，银行未收	88 000
减：银行已付，单位未付	25 000	减：单位已付，银行未付	3 000
调节后的存款余额	788 000	调节后的存款余额	788 000

主管会计：（签章）   制表人：（签章）

（4）银行存款余额调节表的作用

① 银行存款余额调节表是一种对账记录或对账工具，并不是会计凭证，不能作为调节账面记录的依据，即不能根据银行存款余额调节表中的未达账项来调整银行存款日记账账面记录，未达账项只有在收到有关凭证后才能进行有关账务处理。

② 调节后的余额相等，通常说明单位和银行的账面记录一般没有错误，

该余额通常为单位可以动用的银行存款实有数;调节后的余额如果不等,通常说明一方或双方记账有误,需要进一步追查,查明原因后予以更正和处理。

3. 实物资产的清查

实物资产主要包括固定资产和存货等。实物资产的清查就是对实物资产在数量和质量两个方面所进行的清查。清查时应从品种、规格、型号、数量、质量等方面进行。常用的清查方法主要包括以下两种。

(1) 实地盘点法　在财产物资存放现场,通过点数、过磅、量尺等方法来确定其实有数量。其适用范围较广,多数财产物资的清查都可以采用这种方法。

(2) 技术推算法　利用技术方法对财产物资的实存数进行推算,故亦称估推法。采用这种方法,对于财产物资不是逐一清点计数,而是通过量方、计尺等技术推算出财产物资的结存数量。这种方法只适用成堆量大而且价值又不高,难以逐一清点的财产物资的清查。如露头堆放的煤炭、沙石等。

对于实物的质量,应根据不同的实物采用不同的检查方法,例如有的采用物理的方法,有的采用化学的方法来检查实物的质量。

为了明确经济责任,实物清查过程中,实物保管人员和盘点人员必须同时在场。对于盘点的结果,应如实登记入《盘存单》,并由盘点人员和保管人员签章。"盘存单"是记录盘点结果的书面证明,也是反映财产物资实存数的原始凭证。其一般格式见表2-13。

表2-13　盘存单

单位名称:　　　　　　盘点时间:　　　　　　编号:
财产类别:　　　　　　存放地点:　　　　　　单位:元

编　号	类别及名称	单位	数量	单价	金额	备注

盘点人(签章):　　　　　　保管人(签章):

为进一步查明实存数与账存数是否一致,确定盘盈或盘亏情况,应根据盘存单和有关账簿编制实存账存对比表。实存账存对比表是用以调整账簿记录的重要原始凭证,也是分析产生差异原因,明确经济责任的依据。"实存账存对比表"的一般格式,如表2-14所示。

表 2-14　实存账存对比表

年　月　日

编号	类别及名称	单位	单价	实存		账存		对比结果				备注
								盘盈		盘亏		
				数量	金额	数量	金额	数量	金额	数量	金额	

会计主管（签章）：　　　复核（签章）：　　　制表（签章）：

实际工作中，为了简化编表工作，"实存账存对比表"通常只填列账实不符的物资。这样的"实存账存对比表"主要是反映财产物资的盘盈或盘亏情况，所以也称为"盘盈盘亏报告表"。

4. 往来款项的清查

往来款项主要包括各种应收款、应付款和预收、预付款等。往来款项的清查是指本单位与其他单位、本单位内部各部门之间以及单位与职工个人之间发生的债权、债务的清查。

往来款项的清查一般采用发函询证的方法进行核对。清查单位应在其各种往来款项记录准确的基础上，按每一个经济往来单位填制"往来款项对账单"一式两联，其中一联送交对方单位进行核对，另一联作为回单联。对方单位经核对相符后，在回单联上加盖公章退回，表示已核对；如果有数字不符，对方单位应在回单上注明情况退回本单位，本单位进一步查明原因，再行核对。

往来款项清查以后，将清查结果编制"往来款项清查报告表"，填列各项债权、债务的余额。对于有争执的款项以及无法收回的款项，应在报告单上详细列明情况，以便及时采取措施进行处理，避免或减少坏账损失。"函证信""往来款项清查报告表"的格式如表 2-15、表 2-16 所示。

表 2-15　函证信

××单位：
　　本单位在与贵单位的业务往来款项中有下列各项目，为了清兑账目，特函请查证，是否相符，请在回执联中注明后盖章寄回。此致敬礼。

往来结算款项对账单

单位：_____　　　地址：_____　　　编号：_____

会计科目名称	截止日期	经济事项摘要	账面余额

表 2-16 （单位名称）往来款项清查报告表

年　　月　　日

总分类账户名称：应收账款

明细分类账户		清查结果		核对不符原因分析			备注
名称	账面余额	核对相符金额	核对不符金额	未达账项金额	有争议账项金额	其他	

清查人员签章：　　　　　　　　　　　经管人员签章：

另外，对于单位内部各部门之间往来款项的清查，可以根据有关账簿记录直接进行核对。至于单位与内部职工个人之间往来款项的清查，可以采取定期张榜公布或直接与本人核对的方式进行核对。

（六）财产清查结果的处理

对于财产清查中发现的问题，如盘亏、盘盈、毁损等，应核实情况，调查分析产生的原因，按照国家有关法律法规的规定，进行相应的处理：

（1）确定财产清查的结果　财产清查的结果不外乎三种情况：实存数大于账存数，即盘盈；实存数小于账存数，即盘亏；实存数等于账存数，即账实相符。

财产清查结果的处理一般指的是对账实不符（盘盈、盘亏）情况的处理。但对账实相符中的特殊情况，如财产物资发生变质、霉烂及毁损等，也应一并处理。

（2）财产清查结果的处理程序　首先对于账实不符的情况应及时查明原因，明确经济责任，并依据有关规定予以处理。其次对于清查中发现的多余或积压的物资，应分不同情况处理：属于盲目采购或者盲目生产等原因造成的积压，一方面积极利用或者出售，另一方面要停止采购或生产；对于长期不清的一些往来款项，应派专人进行协调、催办、查明原因，并按规定方法进行处理。再次针对存在的问题要认真总结经验教训，建立与健全财产管理制度，采取必要措施，进一步提高财产管理水平。最后及时调整账簿记录，保证账实相符。

（3）财产清查结果处理的相关规定　根据盘盈、盘亏和损失的结果与原因，应依据有关规定分别进行处理。其中对于合理的物资损耗等，只要在规定的损耗标准或范围之内，会计人员可按照规定及时作出处理；对于超出规定职权范围的，会计人员无权自行处理，应及时报请单位负责人作出处理。一般而言，个人造成的损失，应由个人赔偿；因管理不善造成的损失，应作为管理费用处理；因自然灾害造成的非常损失，列营业外支出。

（4）财产清查结果的账务处理　首先对于清查的结果在报经领导审批之前，应根据清查中取得的有关原始凭证，如"实存账存对比表""库存现金盘点报告单"等编制记账凭证，据以记入有关账簿，使各项财产的账存数同实存数相符，同时根据授权范围与权限，将处理建议报单位负责人批准。其次根据审批意见和查明的原因编制记账凭证，并据以登记有关账户。财务会计制度规定，对于财产清查的结果必须在期末结账前处理完毕。各单位的具体核算方法请见模块三～模块五的各专业会计的相关部分。

八、编制财务会计报表

财务会计报表是指反映单位某一特定日期财务状况和某一会计期间经营成果、现金流量等会计信息的文件。编制财务会计报表是各种会计核算专门方法运用的最终成果，各单位必须按照财务会计制度的要求，定期向会计信息使用者编制并报送各种会计报表。

1. 财务报表的组成

各单位编制的财务会计报告至少应当包括下列组成部分：

（1）资产负债表　资产负债表是反映单位在某一特定日期的财务状况的会计报表，它是按照资产、负债和所有者权益分类分项列示的。

（2）利润表　利润表是反映单位在一定会计期间的经营成果的会计报表，它是按照各项收入、费用以及构成利润的各个项目分类分项列示的。

（3）现金流量表　现金流量表是反映单位在一定会计期间的现金和现金等价物流入和流出等情况的会计报表。

（4）所有者权益变动表　所有者权益变动表是反映构成所有者权益的各组成部分当期的增减变动情况的会计报表。

（5）附注　附注是对在资产负债表、利润表、现金流量表和所有者权益变动表等报表中列示项目的文字描述或明细资料，以及对未能在这些报表中列示项目的说明等。

2. 财务报表的作用

财务会计报表是财务报告的主要组成部分，它所提供的会计信息具有重要作用，主要体现在以下几个方面：

① 全面系统地揭示各单位特别是企业一定时期的财务状况、经营成果和现金流量，有利于经营管理人员了解本单位各项任务指标的完成情况，评价管理人员的经营业绩，以便及时发现问题，调整经营方向，制定措施改善经营管理水平，提高经济效益，为经济预测和决策提供依据。

② 有利于国家经济管理部门了解国民经济的运行状况。通过对各单位提供的财务报表资料进行汇总和分析，了解和掌握各行业、各地区经济的经济发

展情况，以便宏观调控经济运行，优化资源配置，保证国民经济稳定持续发展。

③ 有利于投资者、债权人和其他有关各方掌握企业的财务状况、经营成果和现金流量情况，进而分析企业的盈利能力、偿债能力、投资收益、发展前景等，为他们投资、贷款和贸易提供决策依据。

④ 有利于满足财政、税务、工商、审计等部门监督单位特别是企业的经营管理。通过财务会计报表可以检查、监督各单位是否遵守国家的各项法律、法规和制度，有无偷税漏税的行为。

3. 财务会计报表的种类

① 按编报期间的不同，可分为中期财务报告和年度财务报告。其中中期财务报告是指以短于一个完整会计年度的报告期间为基础编制的财务报表，包括月报、季报和半年报等。中期财务报表至少应当包括资产负债表、利润表和附注。年度财务报告是指以一个完整的会计年度为基础于年末编制的财务报表。《财务会计报告条例》规定：年度财务报告应于年度终了后 4 个月内对外报出；半年度财务报告应于年度中期结束后 60 天内对外报出；季度财务报告应于季度结束后 15 天内对外报出；月度财务报告应于月度终了后 6 天内对外报出。

② 按编报的主体不同，可分为个别财务报表和合并财务报表。其中个别财务报表是由单位在自身会计核算基础上对账簿记录进行加工而编制的财务报表，它主要用以反映单位自身的财务状况、经营成果和现金流量情况。合并财务报表是以母公司和子公司组成的企业集团为会计主体，根据母公司和子公司的财务报表，由母公司编制的综合反映企业集团财务状况、经营成果和现金流量的财务报表。

4. 财务报表编制前的准备工作

在编制财务报表前，各单位需要完成下列工作：一是严格审核会计账簿的记录和有关资料；二是进行全面财产清查，核实债务，并按规定的程序，进行相应的会计处理；三是按规定的结账日结出有关会计账簿的余额和发生额，并核对各会计账簿之间的余额；四是检查相关的会计核算是否按照国家统一的会计制度的规定进行；五是检查是否存在因会计差错、会计政策变更等原因需要调整前期或本期相关项目的情况等。

5. 财务报表的编制要求

为保证财务会计报表的质量，在编制财务报表时，应达到如下的基本要求。

（1）数字真实　财务报表中的各项数据必须真实可靠，如实地反映单位的财务状况、经营成果和现金流量，这是对会计信息质量的基本要求。

（2）内容完整　财务报表应当反映经济活动的全貌、全面反映财务状况和经营成果，才能满足各方面对会计信息的需要。凡是国家要求提供的财务报表，各单位必须全部编制并报送，不得漏编报表项目和漏报会计报表。凡是会计制度统一要求披露的信息，都必须披露。

（3）计算准确　日常的会计核算以及财务报表的编制，均涉及大量的数字计算，只有准确的计算，才能保证数字的真实可靠。这就要求编制财务报表必须以核对无误后的账簿记录和其他有关资料为依据，不能使用估计或推算的数据，更不能以任何方式弄虚作假，玩数字游戏或隐瞒谎报。

（4）报送及时　及时性是信息的重要特征，财务报表信息只有及时地传递给信息使用者，才能为使用者的决策提供依据。否则，即使是真实可靠和内容完整的财务报告，由于编制和报送不及时，对报告使用者来说，就大大降低了会计信息的使用价值。

（5）手续完备　单位对外提供的财务报表应加具封面、装订成册、加盖公章。财务报表封面上应当注明：单位名称、组织机构代码、地址、报表所属年度或者月份、报出日期，并由单位负责人和主管会计工作的负责人、会计机构负责人（会计主管人员）签名并盖章；设置总会计师的单位，还应当由总会计师签名并盖章。

6. 财务报表的编制方法

会计人员在结账后，首先应根据总分类账的期初余额、本期发生额和期末余额编制试算平衡表，通过试算平衡，在验算账簿正确性的基础上，根据总分类账和有关明细账的记录，编制资产负债表、利润表和现金流量表等会计报表。

各单位财务报表的种类和编制方法，请见本教材模块三～模块五的各专业会计部分。

九、会计档案管理

1. 会计档案概述

会计档案是指在进行会计核算等过程中接收或形成的，记录和反映单位经济业务事项的，具有保存价值的文字、图表等各种形式的会计资料。它是记录和反映经济业务的重要的史料和证据。各单位必须加强对会计档案管理工作的领导，建立健全会计档案的归档、保管、调阅和销毁等管理制度，管好、用好会计档案。

2. 会计档案的内容

会计档案既包括纸质的会计档案，也包括通过计算机等电子设备形成、传输和存储的电子会计档案。会计期间终了，会计机构和会计人员应把下列会计资料进行归档。

① 会计凭证：包括原始凭证、记账凭证。

② 会计账簿：包括总账、明细账、日记账、固定资产卡片及其他辅助性账簿。

③ 财务会计报告：包括月度、季度、半年度、年度财务会计报告。

④ 其他会计资料：包括银行存款余额调节表、银行对账单、纳税申报表、会计档案移交清册、会计档案保管清册、会计档案销毁清册、会计档案鉴定意见书及其他具有保存价值的会计资料。

3. 会计档案的归档

会计机构或会计人员应按照归档范围和归档要求，负责定期将应当归档的会计资料整理立卷，编制会计档案保管清册。

① 当年形成的会计档案，在会计年度终了后，可由单位会计管理机构临时保管一年，再移交单位档案管理机构保管。因工作需要确需推迟移交的，应当经单位档案管理机构同意。会计管理机构临时保管会计档案最长不超过三年。在临时保管期间，会计档案的保管应当符合国家档案管理的有关规定，且出纳人员不得兼管会计档案。

② 会计管理机构在办理会计档案移交时，应当编制会计档案移交清册，并按照国家档案管理的有关规定办理移交手续。其中纸质会计档案移交时应当保持原卷的封装；电子会计档案移交时应当将电子会计档案及其原数据一并移交，且文件格式应当符合国家档案管理的有关规定，其中特殊格式的电子会计档案应当与其读取平台一并移交。

③ 档案管理机构接收电子会计档案时，应当对电子会计档案的准确性、完整性、可用性、安全性进行检测，符合要求的才能接收。

4. 会计档案的保管期限

会计档案的保管期限分为永久、定期两类。定期保管期限一般分为10年和30年。会计档案的保管期限，从会计年度终了后的第一天算起。具体保管期限见表2-17。

表2-17　企业和其他组织会计档案保管期限

序号	档案名称	保管期限	备注
一	会计凭证		
1	原始凭证	30年	
2	记账凭证	30年	
二	会计账簿		
3	总账	30年	
4	明细账	30年	
5	日记账	30年	
6	固定资产卡片		固定资产报废清理后保管5年

续表

序号	档案名称	保管期限	备注
7	其他辅助性账簿	30年	
三	财务会计报告		
8	月度、季度、半年度财务会计报告	10年	
9	年度财务会计报告	永久	
四	其他会计资料		
10	银行存款余额调节表	10年	
11	银行对账单	10年	
12	纳税申报表	10年	
13	会计档案移交清册	30年	
14	会计档案保管清册	永久	
15	会计档案销毁清册	永久	
16	会计档案鉴定意见书	永久	

5. 会计档案的利用要求

各单位应当根据《会计档案管理办法》及其他相关制度的要求利用会计档案，在进行会计档案的查阅、复制、借出时应严格履行登记手续：一是不论是调阅还是复制，须经会计机构负责人或单位领导批准；二是查阅者与提供者必须在《会计档案查阅登记簿》上签字；三是严禁在会计档案上涂画、拆封和抽换。

单位保存的会计档案一般不得对外借出。确因工作需要且根据国家有关规定必须借出的，应当经过单位负责人批准。同时会计档案借用单位应当妥善保管和利用借入的会计档案，确保借入会计档案的安全完整，且必须在规定时间内归还。

6. 会计档案的销毁程序

各单位应当定期对已到保管期限的会计档案进行鉴定，并形成会计档案鉴定意见书。经鉴定，仍需继续保存的会计档案，应当重新划定保管期限；对保管期满，确无保存价值的会计档案，可以销毁。销毁时，应由本单位档案管理部门提出销毁意见，会同财会部门共同鉴定和审查，编造会计档案销毁清册。单位负责人应当在会计档案销毁清册上签署意见。

销毁的会计档案，应当按照以下程序进行：首先，单位档案管理机构编制会计档案销毁清册，列明拟销毁会计档案的名称、卷号、册数、起止年度、档案编号、应保管期限、已保管期限和销毁日期等内容。其次，单位负责人、档案管理机构负责人、会计管理机构负责人、档案管理机构经办人、会计管理机构经办人在会计档案销毁清册上签署意见。再次，单位档案管理机构负责组织会计档案销毁工作，并与会计管理机构共同派员监销。监销人在会计档案销毁前，应当按照会计档案销毁清册所列内容进行清点核对；在会计档案销毁后，应当在会计档案销毁清册上签名或盖章。其中电子会计档案的销毁还应当符合国家有关电子档案的规定，并由单位档案管理机构、会计管理机构和信息系统管理机构共同派员监销。

7. 不得销毁的会计档案

对于保管期满但未结清的债权债务会计凭证和涉及其他未了事项的会计凭证不得销毁，纸质会计档案应当单独抽出立卷，电子会计档案单独转存，直至保管到未了事项完结时为止。另外单独抽出立卷或转存的会计档案，应当在会计档案鉴定意见书、会计档案销毁清册和会计档案保管清册中列明。

十、会计电算化

（一）会计电算化相关概念

会计电算化是"电子计算机信息技术在会计中的应用"，有狭义和广义之分。狭义的会计电算化是指以电子计算机为主体的电子信息技术在会计工作中的应用；广义的会计电算化是指与实现电算化有关的所有工作，包括会计软件的开发应用及其软件市场的培育、会计电算化日常的培训、会计电算化制度建设等。通俗地讲就是用电子计算机代替人工记账、算账和报账，以及部分代替人脑完成对会计信息的分析、预测、决策的过程，其目的在于提高单位财务管理水平和经济效益，从而实现会计工作的现代化，其核心部分则是功能完善的会计软件资源。

会计软件是专门用于会计核算、财务管理的计算机软件、软件系统及其功能模块，包括指挥计算机进行会计核算与管理工作的程序、存储数据以及有关资料。例如会计软件中的账务处理模块不仅包括指挥计算机进行账务处理的程序、基本数据（会计科目、凭证等），而且包括软件使用手册等相关技术资料用以指导使用人员进行账务处理操作。会计软件通常应具有以下主要功能：①为会计核算、财务管理直接提供数据输入；②生成凭证、账簿、报表等会计资料；③对会计资料进行转换、输出、分析和利用等。

会计信息化是会计电算化的发展方向。会计信息化是指利用计算机、网络通信等现代化信息技术手段开展会计核算，以及利用上述手段将会计核算与其他经营管理活动有机结合的过程。

会计信息系统是指利用信息技术对会计数据进行采集、存储和处理，完成会计核算任务，并提供会计管理、分析与决策相关信息的系统，其实质是将会计数据转换为会计信息的系统，是管理信息系统的一个重要子系统。会计信息系统根据信息技术的影响程度可以划分为手工会计信息系统、传统自动化会计信息系统和现代会计信息系统；根据功能和管理层次的高低，可分为会计核算系统、会计管理系统和会计决策支持系统等。

（二）会计核算电算化的内容

会计电算化从内容上可分为三个层次，即会计核算电算化、会计管理电算化和会计决策电算化。本书仅介绍会计核算电算化。会计核算电算化主要包括以下内容：

① 设置会计科目电算化。设置会计科目的电算化是借助于会计核算软件的初始化功能实现的，即在会计核算软件开始投入使用时输入一级会计科目和相应明细科目的名称及编码。注意设置会计科目时不得只输入编号而不输入会计科目的名称。

② 填制会计凭证电算化。各种会计核算软件对会计凭证（记账凭证）的填制方法有所不同，有的会计核算软件要求根据原始凭证直接在计算机上填制记账凭证；有的则要求直接输入原始凭证给计算机，由计算机自动填制记账凭证。不论何种软件生成的记账凭证，会计人员均应认真审核后再确认。

③ 登记会计账簿电算化。一般分两个步骤进行，首先是由计算机根据记账凭证自动登记账簿，其次再定期把会计账簿打印输出。

④ 成本计算电算化。成本计算电算化是由计算机根据有关成本费用的各项数据，按照确定的成本计算对象及其方法自动进行的成本计算，包括各种产品或劳务的总成本和单位成本。

⑤ 编制会计报表电算化。在通用的会计核算软件中，会计报表的编制由计算机自动完成。

（三）计算机运行环境和会计软件的配备

开展会计电算化工作，首先要选择计算机运行环境和会计软件。计算机运行环境包括运行会计软件所需的硬件环境和软件环境。硬件环境一般是指计算机以及相关设备；软件环境是指系统软件、工具软件、常用应用软件和会计软件以及开发工具等。各单位应根据实际情况以及财务管理的要求，选择与本单位会计电算化工作相适应的计算机品牌、系统软件及其有关配套设备。不论采用何种方式配置会计软件，都必须达到财政部《会计核算软件基本功能规范》的要求，且符合本单位工作实际。

（四）利用会计软件进行会计核算

利用会计软件进行会计核算，需要做好以下几个方面的工作：

（1）岗位设置　各单位必须根据会计电算化的特点设置相应的岗位，建立健全会计电算化岗位责任制，明确各岗位职责范围，并事先做好人员的培训工作。会计电算化工作岗位一般分为基本会计岗位和电算化会计岗位。其中基本会计岗位包括会计主管、出纳、会计核算、稽核、档案管理等，与手工记账各岗位相对应。电算化会计岗位是指直接管理、操作、维护计算机及会计软件系统的岗位，一般包括电算主管、系统管理、系统操作、数据复合、数据录入和档案管理等。

（2）会计软件的初始化　会计软件初始化是确定会计软件核算规则与输入基础数据的过程，即根据单位的业务性质，对会计软件进行的具体限定以及输入基础数据等一系列准备工作，用来完成将通用会计软件转化为适合本单位实际情况的专用会计软件，以及从手工处理方式转换成会计电算化方式的过程。

（五）会计软件的正常运行

会计核算软件的正常运行一般包括人机并行、日常运行和日常维护等三个阶段。

1. 人机并行阶段

计算机与手工并行是指会计软件使用的最初阶段人工与计算机同时进行会计处理的过程，这是试运行阶段。此阶段的主要任务是：检查设置的会计电算化核算系统是否能够满足本单位要求，使用人员对软件的操作是否存在问题，对运行中发现的问题是否能够进行修改，并逐步建立比较完善的电算化内部管理制度。

在试运行阶段，会计人员要进行双重劳动，但这是十分必要的。在此期间，通过进行手工与计算机处理结果的双向对比与检验，能够考查会计软件数据处理的正确性，能够考查相关人员的操作熟练程度和业务处理能力，并根据实践情况建立电算化内部管理制度。应该说，这是手工会计系统移至会计电算化系统的试验阶段，也是手工系统与计算机系统相互适应的阶段。它的顺利进行是以后一定阶段会计电算化系统持续正常运行的前提。

电算化的试运行一般应放在年初、年末或季初、季末等特殊会计时期进行，这样才能取得全面的人机比较数据，预先估计可能出现的问题。一旦出现问题，要及时采取措施，进行防错纠错。

在试运行阶段，前期应该以人工为主计算机为辅，后期则以计算机处理为主。各单位只有借助于计算机处理实际账务，才会预见可能发生的问题，研究解决问题的办法，逐步提高操作的熟练程度。

计算机与手工并行工作期间，可以采用计算机打印输出的记账凭证替代手工填制的记账凭证，原始凭证应附相关记账凭证之后，根据有关规定进行审核、记账后装订成册，作为会计档案保存。如果计算机与手工核算结果不一致，要由专人查明原因并向本单位领导书面报告。

并行一个阶段后，就应着手建立各项管理制度，并根据实际运行中出现的问题，不断改进完善核算系统。尤其对上岗操作软件人员的权限分配，应在申请替代手工记账前都能按规定设置完毕，以便尽快进入正常工作状态。对替代手工记账后会计人员的岗位职责也应有明确并进行岗位考核。

2. 日常运行阶段

（1）输入凭证　输入的凭证就是电算化软件的原始数据，即各种凭证单据，在账务处理软件中是会计凭证，比如在材料核算软件中就是各种出库、入库单据等。只有将这些凭证单据输入到计算机后，才能由计算机进行处理。因此，凭证输入成了电算化后新增的工作，而且是需要花大量时间才能完成的工作。在凭证输入前，应先进行审核，不合法、不正确、不合理、不真实、内容不完整的凭证不能输入。输入时可根据计算机的需要在输入的凭证上加写有关代码、编号等内容，进行预处理。凭证输入计算机后要进行复核，复核输入内容与原件是否一致，防止有意无意的错误。复核人员和输入人员不允许同为一个人。直接使用原始凭证在计算机上编制记账凭证，打印出的记账凭证内容齐全、签章齐备。

（2）凭证复核　对输入的凭证必须由另一人复核后才能用于记账，复核的内容包括合法性、合理性、正确性、完整性和真实性。复核的方法可以采用屏幕查看复核、打印输出复核、重复输入复核三种方法。对于已复核后又发现有错的凭证必须修改，但修改后必须再次复核。复核人员的姓名必须在机内随凭证永久记录，以明确责任。

（3）账务处理　记账和计算成本等处理是由计算机自动完成的，只要将原始数据正确输入计算机，计算机就能按事先设计的程序完成各种账簿的登记和各种计算工作，节省大量人力。

（4）输出账簿　会计电算化后，所有账簿平时均保留在计算机内。日记账必须每日打印，明细账和总账可根据需要按月、按季或按年打印，不满页时，可满页后再打印，但不能不打印。打印后的账簿应连续编号，应由专人检查后再作为正式账页进行装订，以符合《规范》要求。

（5）编制会计报表　会计报表是每月月末根据账簿编制的，也是由计算机自动完成的。我国通用的会计软件通常都提供通用报表生成器或专门的报表功能模块帮助用户编制各种对内、对外会计报表。为了保证报表中的会计数据与账簿一致，应对报表数据进行审核，审核无误后再履行对外报出程序。

3. 日常维护阶段

与手工核算不同，由于会计电算化采用了许多先进设备和技术，对其日常维护就成了会计核算中一项重要工作。日常维护包括硬件维护与软件维护两部分。维护一般由电算维护员负责，软件操作员等其他人员不得进行维护，电算主管可进行维护监督工作。

项目四　新农村会计的操作技能

会计管理工作主要包括设置会计机构、配备会计人员，明确会计工作岗位职责以及实务操作等方面。其中实务操作应按照会计操作流程有序进行，即经济业务发生后，填制、审核原始凭证→对经济业务进行整理、分类、填制记账凭证→根据记账凭证，登记现金日记账、银行存款日记账和明细账→根据记账凭证登记总账（或定期根据记账凭证，编制科目汇总表，再登记总账）→对账结账→编制会计报表→编制纳税申报表，并在纳税期限内申报纳税等各方面工作。

一、建账技能

设置和登记会计账簿是加工整理、积累、存储会计资料的一种主要方法。《会计法》规定"各单位必须依法设置会计账簿，并保证其真实、完整"，各个单位必须根据国家统一的会计制度，设置一套与其自身经营规模和管理要求相适应的账簿，并在账簿中开设相关账户，登记账目等。

所谓建立新账，是指单位新建成立时，或在每个会计年度开始时，根据会计法、行业会计制度以及会计基础工作规范等规定，设置一套适应本单位业务特点以及财务管理要求的账簿，并在账簿中开设相应账户，登记建账日期和期初余额。简言之，建账就是选定账册、确定会计科目、登记期初余额三项工作。建立新账有新设建账和年初建账两种。第一种新设建账：新建一个单位；或者两个或以上的单位合并为一个单位；或者由一个单位分拆为两个或以上的单位；或者原来有账，因改革或管理等原因，需移交新部门统一核算，那么新接收部门就应按照相应的会计制度重新建账。当然也有个别单位没有建账或者建账不规范，导致账目混乱的情况，需要按照国家统一会计制度规定重新依法建账。第二种年初建账：即在每个新的会计年度开始时，对已经依法建账、正常组织会计核算的单位，按照会计期间的划分，于每年的1月1日依法建立年度新账，将上年结账后的期末余额，转入年初新建账户中，在摘要栏填写"上年结转"字样，然后把余额填制"余额栏"。

（一）村办企业的建账

通常情况下，村办企业可以根据企业规模的大小按照下列步骤建立适合本企业的账簿体系。

1. 选择会计准则

村办企业成立后，应根据企业经营活动类型、规模大小及内部财务管理要求，选择适用《企业会计准则》或《小企业会计准则》。比如《小企业会计准则》适用于在中华人民共和国境内依法设立的、符合《中小企业划型标准规定》所规定的小型企业标准的企业。除小企业外的企业一律执行《企业会计准则》。

2. 选择账簿

任何企业在选择账簿时应坚持以下原则。

① 账簿设置应与企业规模和会计分工相适应。企业规模较大，经济业务必然多，配备的会计人员就多且分工较细，所需会计账簿就相应复杂，需要的账册就多，因此在设计账簿时必须考虑这些情况，建立适合本企业特点的账簿

体系。反之，企业规模小，相应地经济业务量少，一名会计足够处理全部经济业务，因此在设计账簿时没有必要多设账簿，明细分类账也可以简化或集中到一两本即可。

② 账簿设置既要满足管理需要又要避免重复设账。账簿设置的目的是为了取得经营管理所需要的资料，因此账簿设置应以满足需要为前提，避免重复设账，以至于浪费人力物力。例如材料账，一些企业在会计部门设了总账和明细账，在供应部门又设一套明细账，在仓库还设一套明细账，这就是重复设账。比较科学的做法是，对材料的核算在会计部门只设总账，供应部门按照材料类别设二级明细账、仓库按材料的品名规格设三级明细账，这样一层控制一层，互相核对，数据共享，既省时又省力。

③ 账簿设置应与账务处理程序相一致。账务处理程序的设计实质上已大致规定了账簿的种类，在进行账簿的具体设置时，应充分考虑已选定的账务处理程序，比如，如果设计的是日记总账账务处理程序，就必须设计一本日记总账，再考虑其他账簿。实践中，村办企业可以根据业务量的大小选择不同的账务处理程序，比如业务量较少的企业可以选择记账凭证账务处理程序，业务量较多可以选择科目汇总表账务处理程序等。根据不同的账务处理程序选择账簿和相应的会计凭证。比如选择记账凭证程序，那么企业的总账就可以直接根据记账凭证序时登记，这就需要准备总账和现金、银行存款日记账即可。

④ 账簿设置应与会计报表指标相衔接。会计报表是根据账簿记录编制的，报表中的有关指标应能直接从有关总分类账户或明细分类账户中取得和填列，尽量避免从几个账户中取得资料再进行加减运算所带来的麻烦，借以加速会计报表的编制。

3. 设置账簿

根据会计核算的需要，村办企业至少应设置以下四类账簿。

第一类是日记账：日记账包括现金日记账和银行存款日记账。现金日记账一般企业只设一本，但如有外币，则应按不同的币种分设现金日记账。银行存款日记账一般应根据每个银行账户单独设立一本账，如果企业只有一个基本账户，设一本银行存款日记账即可。现行制度规定现金日记账和银行存款日记账必须使用订本账。日记账可以直接从商店采购，采购时，应根据村办企业货币资金收付业务量的大小选购100页的日记账或200页的日记账，以满足一年的需要。

第二类是总分类账：村办企业可设一本总分类账，总分类账应包含企业所设置的全部账户。总账既可使用订本账，也可使用活页账，如果使用订本账，可以直接从商店采购；如果采用活页账，年终时应装订成册，编定页码，加具封面。

第三类是明细分类账：明细账是根据总分类账的需要设置的，一般情况下明细分类账采用活页账。账页格式通常可采用三栏式、多栏式和数量金额式。其中，存货类的明细账要采用数量金额式的账页；收入、费用、成本类的明细账要用多栏式的账页；其他的明细账一般为三栏式账页，但应交增值税的明细账的设置必须按照财政部的统一规定单独设账页。年度终了时，一般应把各种明细账分门别类地装订成册，编定页码，加具封面。

第四类是备查账：备查账是一种辅助账簿，是对某些在日记账和分类账中未能记载的会计事项进行补充登记的账簿。一般应根据企业管理的需要设置，但并非每个企业都要设置备查账簿，对于会计制度规定必须设置的备查簿，如"应收票据""应付票据""固定资产备查簿""代管商品"等，必须按照会计制度的规定设置。备查账的格式可由企业根据内部管理的需要自行确定，为使用方便备查账可采用活页式账簿，保证使用时应顺序编号，并注意妥善保管，以防账页丢失。

其中，总分类账的设置至关重要。因为总分类账是根据会计制度规定的会计科目开设的，用以分类登记村办企业的全部经济业务，提供资产、负债、费用、成本、收入和成果等总括核算的资料。《会计基础工作规范》对总账的具体形式未作统一规定，各村办企业可根据所选定的账务处理程序并结合本企业所属行业及内部控制的需要，依次从资产类、负债类、所有者权益类、成本类、损益类中选择适合本企业的会计科目进行建账。总账账页格式一般采用三栏式。

老企业年初建立新账则相对简单，大体可分为四个环节。第一，按照所需各种账簿的格式要求，预备各种账本或账页，并将活页的账页用账夹装订成册。第二，在账簿扉页的"账簿启用登记和经管人员一览表"上，写明单位名称、账簿名称、册数、编号、起止页数、启用日期以及记账人员和会计主管人员姓名，并加盖名章和单位公章。年度中间会计人员如有变动则应在启用表中注明。第三，按照会计科目表的顺序、名称，在总账账页上建立总账账户，并根据总账的需要，设置二、三级……明细账户。同时，应将上年账户余额结转到新账中的"余额栏"，并标明余额方向。第四，启用订本式账簿时，应从第一页起到最后一页止顺序编定页码，中间不得跳页、缺号；使用活页式账簿，应按账户顺序编定本户页次号码。各账户编列号码后，应填"账户目录"，将账户名称及所在页次登入目录内或粘贴索引纸（或口取纸），写明账户名称，以利登记或检索。

农民专业合作社会计的账簿设置同村办企业类似。

4. 启用与填制账簿

为保证会计账簿记录的合法性、严肃性和会计核算资料的完整性，启用账簿时必须按照相关规定办理相应手续：①在账簿封面上写明单位名称和账簿名称，并认真填写扉页上的"账簿启用登记和经管人员一览表"，加盖单位公章和有关个人名章；②启用订本式账簿，应当从第一页到最后一页顺序编定页码；使用活页式账页，应当按账户顺序编号，并须定期装订成册，装订后再按实际使用的账页顺序编定页码，另加目录，记明每个账户的名称和页次；③在账页上开设账户，即填列会计科目；④粘贴印花税票。印花税票粘贴在账簿启用表的右上角，并且划线注销。另外，记账人员调动工作或因故离职时，应严格办理交接手续，在"账簿启用登记和经管人员一览表"交接记录栏填明交接人员姓名、职别、交接日期，并由接交人员盖章，以分清责任。"账簿启用登记和经管人员一览表"的格式如表2-18所示。

表2-18 账簿启用登记和经管人员一览表

单位名称									公　章	
账簿名称										
账簿编号										
账簿页数			本账簿共计×××页							
启用日期			公元201×年01月01日							
经管人员	单位主管		财务主管		复核		记账			
	姓名	盖章	姓名	盖章	姓名	盖章	姓名	盖章		
接交记录	经管人员		接管人员			交出人员			监交人员	
	职别	姓名	年	月	日	盖章	年	月	日	盖章	年	月	日	盖章
备注										

5. 制作账户目录与账户分设

账户目录一般载明各账户在订本式账簿中所设置的账户名称及其起始账页。一般情况下，账户目录应附在"账簿启用表"之后，也可以打印出放置在办公桌玻璃板下，其目的就在于记账方便。当然也可采用贴"口取纸"的方式，即在每一个账户第一页外侧粘贴写有账户名称的口取纸，但口取纸一般应粘贴在账户的上端或右端，切不可粘贴在左端和下端，口取纸之间要错落有致，以便查找。其中账户目录如表 2-19 所示。

表 2-19 账户目录

账户名称	页码	账户名称	页码	账户名称	页码	账户名称	页码
库存现金	1	生产成本	35	应付账款	52	实收资本	78
银行存款	3	制造费用	42	应付票据	56	资本公积	79

分设账户的方法是：由于总分类账一般采用订本式，印刷时已事先在每页的左上角或右上角印好页码。又因为所有账户均须在一本总账上体现，故应给每个账户预先留好页码；所设账户以及各账户所需页数应根据单位具体情况或上年度实际页码分设。如"库存现金"账户预计需要 2 页，即第 1、2 页，那么"银行存款"账户就从第 3 页开始，即第 3 页、4 页、5 页……等，同理分设其他账户。分设完毕后要把科目名称及其页次填在账户目录中。明细分类账由于采用活页式账页，在年底归档前可以根据业务量大小随时增减账页，故不需事先预留账页。但现金或银行存款日记账各自登记在一本上，故不存在预留账页的问题。

6. 账页的设定

一般情况下，账页的设定是与账户的分设同时进行的。账页的设定就是给订本式账簿编定页码。具体方法是：

（1）日记账，现金和银行存款日记账不用对账页特别设定。

（2）总分类账，按资产、负债、所有者权益、成本、收入、费用的顺序把所需会计科目名称写在左上角或右上角的横线上，或直接加盖科目章。

（3）明细账，按资产、负债、所有者权益、成本、收入、费用的顺序把所需会计科目名称写在左（右）上角或中间的横线上，或直接加盖科目章。另外对于成本、收入、费用类明细账还需以多栏式分项目列示，如"管理费用"借方至少应包括办公费、交通费、电话费、水电费、折旧费和工资等项目，各项目应在管理费用账户的"分析项目"中列示，至于具体项目每个企业可以不相同。

（二）村集体经济组织的建账

村集体经济组织每年年初，应根据上年年末结账后的账户余额，重新设置新年度的日记账、总账、明细账或备查账。设置账户的基本原则：一是根据《村集体经济组织会计制度》规定的会计科目名称；二是结合上年度会计业务的种类和业务量的大小；三是需考虑报表编制和财务公开等管理需要。

1. 建账的流程

每年初，村集体经济组织在建账时一般要经过四步。第一步准备账本、账页。主要包括订本账（用于日记账、总账）、活页账（用于各种明细账）。第二步填写"账簿启用表",在"账簿启用表"上注明本村名称、账簿名称、启用日期、经管人员姓名等,并加盖公章。如果会计人员有变动,应填写交接记录。第三步建立账户。根据本村业务需要开设日记账、总账和明细账,登记年初余额。第四步做好记账准备:首先是将各种账簿按顺序编定页码,其次编制账户目录或粘贴账户索引(或口取纸)。

村集体经济组织在建账时应注意以下问题:

(1)年初建账,一般应重新购买账本,然后分别建立总账、日记账和明细账。有些登记次数较少、使用时间较长或科目较多的明细账,可以继续使用原账页,不必再设新账。如固定资产明细账、各种存货明细账、备查簿等。

(2)设置明细账时,可根据本村上年度发生的业务类型及业务量的大小,选择明细账的格式、种类以及所需账页数量。如存货明细账一般应采用数量金额式账页,收入、支出、管理费用等损益类账户的明细账一般应选用多栏式账页,其他明细账一般选用三栏式账页。各类账簿的具体设置可由会计人员根据本村会计业务的种类、业务量的大小以及会计人员账页使用习惯而定。

(3)在账户开设的同时应登记年初余额。年初余额可以直接根据上年末各账户余额填列;损益类账户由于没有余额,建账时既可按照上年度各账户的先后顺序开设,也可以在各项收入、费用业务发生时再开设。至于村集体经济组织首次新设建账,应依照法定程序、经过张榜公示后建账,其中财产物资账要根据清查核实的数量登记。

2. 开设日记账

每个村集体经济组织至少要设置现金和银行存款两本日记账。填写"账簿启用表",登记年初余额,在"摘要栏"填写"上年结转"或"期初余额"字样。其中银行存款日记账应根据在银行开设的账户数量设置,即一个账户开设一本日记账。

3. 开设总账

村集体经济组织应根据本村经济业务类型和选定的账务处理程序至少设置一本订本式总账,当然总账也可以采用活页形式。扉页上填写"启用表",然后按照会计科目的先后顺序开设账户,根据每个账户上年度账页的使用情况预留账页,编订页码,登记账户目录或者粘贴"口取纸",在开设账户的同时登记每个账户的期初余额及余额方向。其中记账日期一律为1月1日。

4. 开设明细账

村集体经济组织应根据总账的需要和会计制度的要求开设明细账。即根据总账账户的类别分别开设不同格式的账页:如"库存物资"的明细账应选用数量金额式账页;"应收款""内部往来"等债权债务类明细账应选用三栏式账页;"经营收入""管理费用"等收入、支出类明细账可选用多栏式账页等。其中各类明细账的开设与期初余额的登记方法与总账相同。

（三）建立新账时应注意的问题

任何企业、单位或组织在建立新账时必须注意以下三个问题。

一是建账要合身。建账是会计核算工作的基本方法和重要环节，是会计信息加工处理的中枢，也是对账、结账、查账以及随时了解财务状况和经营成果的关键阶段。虽然单位有大小，所处行业各不同，但会计人员应依据单位的规模和所属行业，按照会计准则以及相关会计制度的要求，建立既能满足管理需要、又便于提供会计信息的会计账簿体系。

二是要建好"四本账"。无论单位规模大小、会计管理水平高低，会计信息流的加工都来自于总分类账、明细分类账、现金日记账和银行存款日记账等"四本账"的汇集。总分类账是主要账簿，通常只设一本，并且采用订本式账簿。总账的设置时可以参照行业会计制度关于"会计科目和主要账务处理"的规定。明细分类账是对总分类账的补充或说明，通常是根据二级或明细科目来设置账户。明细账一般使用活页账，账页格式可根据不同账户的性质分别采用三栏式、多栏式以及数量金额式等。日记账，不论何种性质的单位或组织，库存现金日记账和银行存款日记账是必设的，并且必须采用订本式。库存现金日记账要求日清月结，余额应与出纳保管的库存现金相符；银行存款日记账余额应与银行对账单相符，每月初要编制银行存款余额调节表。现金流是企业的血液，是管理者每天都要关注的重要财务数据，因此会计人员必须每天及时更新和核对货币资金账目，使管理者决策做到有的放矢。

三是建账要谨慎。任何企事业单位不得建立账外账。因为会计应以诚信为本，既不做假账，又不设账外账，这是每一个会计从业人员应遵从的职业操守。另外还要建好备查账，用于记录一些十分繁杂而总账和明细账又不能详细反映的经济业务事项，在事后查账时，备查账便是最好的备忘录。

二、记账技能

会计人员必须具备记账技能，才能胜任本职工作。会计人员不仅要掌握相关的会计账簿知识，而且还应具备娴熟的账簿设置与登记的能力，这是从事会计工作最基本的要求。

（一）记账的基本要求

为了保证账簿记录的准确性，会计人员应当根据审核无误的会计凭证登记会计账簿。登记账簿的基本要求如下。

（1）准确完整 登记会计账簿时，应当将会计凭证日期、编号、摘要、金额和其他有关资料逐项记入账内，做到数字准确、摘要清楚、登记及时、字迹工整。每一项会计事项，一方面要记入有关的总账，另一方面也必须同时记入该总账所属的明细账。账簿记录中的日期，应为记账凭证上的日期；比如以收料单、领料单等自制原始凭证作为记账依据的，账簿记录中的日期应按有关自制凭证上的日期填列。

（2）注明记账符号　账簿登记完毕后，要在记账凭证上签名或盖章，并标明已经登账的符号（如注明"√"），表示已经记账。

（3）书写留空　账簿中书写的文字和数字应紧靠底线书写，上面要留有适当的空格，不要写满格，一般应占格距的1/2，但最大不得超过2/3。这样一旦发生登记错误，就可在空格中进行更正，同时也便于查账。

（4）数字规范　书写阿拉伯数字，字体要有一定的倾斜度，应自右上方斜向左下方倾斜。阿拉伯数字必须采用规范的手写体书写，书写时要大小匀称，笔画流畅，每个数字要独立有形，不能连笔书写。其中特别需要注意以下数字的书写：除6、7、9外其他数字高低大小要一致，不能忽高忽低，书写"6"时，上端比其他数字应高出1/4，书写"7"和"9"时，下端比其他数字应伸出1/4。"6""8""9"和"0"数字中的圆必须封口，这样既能防混淆，又可防他人涂改。书写中文大写数字必须遵守以下要求：中文大写金额数字应用正楷或行书填写，如壹、贰、叁、肆、伍、陆、柒、捌、玖、拾、佰、仟、万、亿、元、角、分、零、整（正）等字样。不得用一、二（两）、三、四、五、六、七、八、九、十、念、毛、另（或0）填写，不得自造简化字。

（5）使用蓝黑墨水记账　登记账簿要用蓝黑墨水或碳素墨水书写，不得使用圆珠笔（银行的复写账簿除外）或者铅笔书写。铅笔只能在进行银行存款日记账逐笔核对时钩对使用。

（6）特殊记账使用红墨水　可以用红色墨水记账的情况包括：编制红字冲账的记账凭证，冲销错误记录；在不设减少金额栏的多栏式账页中，登记减少数；在三栏式账户的余额栏前，如未印明余额方向的，在余额栏内登记负数余额；划更正线、结账线和注销线；根据国家统一会计制度的规定可以用红字登记的其他会计记录。会计中的红字一般表示负数，因此，除上述情况外，不得使用红色墨水登记账簿。

（7）顺序连续登记　各种账簿应按页次顺序连续登记，不得跳行、隔页。记账时发生跳行、隔页，应当在空行、空页处用红笔画一条对角斜线注销，或者在摘要栏内注明"此行空白""此页空白"字样，并由记账人员压线签名或盖章。

（8）结出余额　凡需要结出余额的账户，结出余额后，应在"借或贷"栏内写明"借"或"贷"的字样，以示余额方向；对于没有余额的账户，应在"借或贷"栏内写"平"字并在余额栏"元"位上用"0"表示。库存现金日记账和银行存款日记账必须逐日结出余额。

（9）过次承前　每一账页登记完毕结转下页时，应当结出本页合计数及余额，分别写在本页最后一行和下一页第一行有关金额栏内，并在摘要栏内注明"过次页"和"承前页"字样；也可以不做"过次页"，直接将本页合计数及余额只写在下页第一行有关栏内,并在摘要栏内注明"承前页"字样,以保持账簿记录的连续性,便于对账和结账。

对需要结计本日发生额的账户,结计"过次页"的本页合计数应当为本日发生额合计数;对需要结计本月发生额的账户,结计"过次页"的本页合计数应当为自本月初起至本页末止的发生额合计数;对需要结计本年累计发生额的账户,结计"过次页"的本页合计数应当为自年初起至本页末止的累计数;对既不需要结计本月发生额也不需要结计本年累计发生额的账户,可以只将每页末的余额结转至次页。

(10)不得涂改、刮擦、挖补　如果发生账簿记录错误,不得刮擦、挖补或用褪色药水更改字迹,而应采用规定的方法更正。

(11)文字规范　会计记录的文字应当使用中文。在民族自治地方,会计记录文字可以同时使用当地通用的一种民族文字;境内的外资企业和其他外国组织的会计记录可以同时使用一种外国文字。

(12)账簿打印　实行会计电算化的单位,总账和明细账应当定期打印。只要发生了收付款业务,在输入收款凭证和付款凭证的当天必须打印出库存现金日记账和银行存款日记账,并与库存现金核对无误。

(二)现金日记账的登记

现金日记账是由出纳人员根据现金的收款凭证、付款凭证和银行存款的付款凭证,按照现金收付款业务和银行存款付款业务发生时间的先后顺序逐日逐笔进行登记,并根据"上日余额＋本日收入－本日支出＝本日结余"的公式,逐日结出现金余额,并与现金实存数核对,以检查每日现金收付是否有误。对于从银行提取现金的业务,由于规定只填制银行存款的付款凭证,不填制现金收款凭证,所以从银行提取现金的收入数,应根据银行存款付款凭证登记。现金日记账的具体登记方法如下。

(1)日期栏　系指记账凭证的日期,应与现金实际收付日期一致。

(2)凭证栏　系指登记入账的收付款凭证的种类和编号,如"现金收款凭证",可简写为"现收""现金付款凭证",可简写为"现付""银行存款收(付)款凭证",可简写为"银收(付)"。凭证栏还应登记记账凭证的编号,以便于查账和核对。

(3)摘要栏　摘要说明登记入账的经济业务事项内容。文字要简练,但要能说明问题。如从银行提取现金5 000元以弥补库存现金限额的不足,摘要栏可填写"提现备用"字样。

(4)对方科目栏　系指现金收入的来源科目或支出的用途科目,即对应科目。库存现金的对应科目涉及两个或两个以上时,应写一个科目加"等"字。如,销售商品一件,开出一张增值税专用发票:商品价款200.00元、增值税34.00元、价税合计234.00元,收到现金,则"对方科目"栏应填写"主营业务收入等"字样。对方科目栏的作用在于了解经济业务的来龙去脉。

(5)"借方""贷方"和"余额"等三栏　系指现金实际的收入、支出和结存金额。每日终了,应分别计算现金收入和付出的合计数,结出余额,同时将余额与出纳人员的库存现金核对,即通常说的"日清"。如果账款不符应及时查明原因,并记录备案。月终同样要计算现金收、付和结存的合计数,通常称为"月结"。其中"借或贷"栏系指结存金额的方向,一般写"借"字样。具体登记方法如表 2-20 所示。

表 2-20　现金日记账

2015 年		凭证		摘要	对方科目	借方	贷方	借或贷	余额
月	日	种类	号数						
1	1			上年结余				借	2 600
	3	银付	1	提取现金备用	银行存款	6 000			
	3	现收	1	王国庆退回差旅费	其他应收款	1 400			
	3	现付	1	付市内材料运费	管理费用		200		
	3	现付	2	张三预借差旅费	其他应收款		2 000		
	3			本日合计		7 400	2 200	借	7 800
…	…	……	……	…………	…………	……	……	……	……
	31			本日合计		2 340	2 200	借	9 340
	31			本日合计		24 300	1 900	借	25 000
…	…	……	……	…………	…………	……	……	……	……

(三) 银行存款日记账的登记

银行存款日记账是用来核算与监督银行存款每日的收入、支出和结余情况的账簿。银行存款日记账应根据单位在银行开立账户的种类和币种分别设置,每个银行账户设置一本日记账。银行存款日记账由出纳人员根据审核后的银行存款收、付款凭证,逐日逐笔按照先后顺序进行登记。根据银行存款收款凭证和有关的库存现金付款凭证(如现金存入银行的业务)登记银行存款收入栏,根据银行存款付款凭证登记支出栏,每日结出存款余额。银行存款日记账的登记方法与现金日记账的登记方法基本相同,其登记方法如下。

(1) 日期栏　系指记账凭证的日期。

(2) 凭证栏　系指登记入账的收、付款凭证的种类和编号(与现金日记账的登记方法一致)。

(3) 摘要栏　简要说明登记入账的经济业务内容。文字要简练,但能概括说明问题。

(4) 结算凭证栏　指收付银行存款时，使用的结算凭证及其编号。如果所记录的经济业务事项是以支票结算的，应填写相应的支票种类和号码，以便与开户银行对账。如果结算凭证号数数字过多时，可以只填后几位。例如转账支票的编号为11001545，应填写"转支、1545"。

(5) 对方科目栏　系指银行存款收入的来源科目或支出的用途科目。即，银行存款的对应科目。如开出支票购买办公用品，其支出的用途科目（即对方科目）为"管理费用"科目，对方科目栏的作用在于了解经济业务的来龙去脉。当银行存款的对应科目涉及两个或两个以上时，与登记"现金日记账"一样，应在对方科目栏填写一个主要科目加"等"字。

(6) "借方"、"贷方"和"余额"等三栏　系指银行存款的实际收入、支出和结存金额。每日终了，应分别计算银行存款收入和付出的合计数，结出余额，做到日清。月终同样要计算银行存款全月的收入、支出的合计数，做到月结。其中"借或贷"栏系指结存金额的方向，一般写"借"字样。具体登记方法如表2-21所示。

表 2-21　银行存款日记账

年		凭证		摘要	结算凭证		对方科目	借方	贷方	借 或 贷	余额
月	日	种类	号数		种类	号数					
1	8			承前页				237 000	117 000	借	322 600
	9	银付	11	提现备用	现支	略	银行存款		6 000		
	9	银收	21	收前欠货款	汇兑	略	应收账款	80 000			
	9	银付	22	付材料运费	转支	略	材料采购		2 000		
	9	银付	23	付电话费	转支	略	管理费用		2 000		
	9			本日合计				80 000	10 000	借	392 600
	…							…	…		…
	30			本日合计							
	31			本月合计							

（四）总分类账的登记方法

总分类账是按照总分类账户分类登记以提供总括会计信息的账簿。总分类账的格式主要有三栏式，设有借方、贷方和余额三个基本金额栏目。总账的设置及其格式与单位采用的账务处理程序有关。账务处理程序不同，总账账页的格式也不一样。《会计基础工作规范》未对总分类账的格式作统一规定，会计人员可依据账务处理程序的需要自行选择总分类账的格式。账务处理程序对总分类账格式的要求如表 2-22 所示。

表 2-22　账务处理程序与总分类账簿格式对照表

账务处理程序	总分类账格式
记账凭证核算形式	三栏式
科目汇总表核算形式	三栏式
汇总记账凭证核算形式	三栏式
多栏式日记账核算形式	三栏式
日记总账核算形式	多栏式
通用日记账核算形式	三栏式

总分类账的格式与具体登记方法如表 2-23 所示。

表 2-23　总分类账

会计科目：应收账款　　　　　　　　　　　　　　　　　　　　　　第 01 页

2015 年		凭证号数	摘要	借方	贷方	借或贷	余额
月	日						
11	1		期初余额			借	30 000
11	1	收 1	销售甲产品	46 800		借	76 800
11	13	收 12	收到 A 企业欠款		23 400	借	53 400
11	30		本月合计	46 800	23 400	借	53 400

总分类账的登记方法因账务处理程序的不同而有所不同。记账凭证程序下总分类账可以直接根据记账凭证逐笔登记；科目汇总表程序下总分类账可以根据科目汇总表进行定期登记。月终，在全部经济业务事项登记入账后，结出各账户的本期发生额和期末余额，在与明细账核对相符后，作为编制会计报表的主要依据。具体的登记方法如下。

（1）会计科目　系指开设的总账账户名称。实际工作中，单位既可以编制账户目录，也可以把开设的账户填在口取纸上，依次粘贴到账页上方或右端，作为总账目录。这样，既不妨碍查找账页页次，也便于查账和核对。

（2）日期栏　系指登记总账的凭证编制日期。如，记账凭证核算形式下，是指编制记账凭证的日期；科目汇总表核算形式下，是指科目汇总表编制的日期。

（3）凭证栏　系指据以登记总账的凭证种类与编号。如，记账凭证账务处理程序下，是指编制记账凭证的种类和编号；科目汇总表账务处理程序形式下，是指科目汇总表的种类和编号。

（4）摘要栏　系指对所记经济业务或事项的简要说明；一般应与记账凭证上的摘要一致。

(5)"借方""贷方"及"余额"三栏　系指所开设账户实际登记的增加数、减少数及其余额。其中余额应逐笔或定期结出;"借或贷"栏系指开设账户所记余额的方向。表 2-24~表 2-26 所示为科目汇总表账务处理程序下总分类账的具体登记方法。

表 2-24　科目汇总表

2015 年 11 月　　　　　　　　　　　　　　　　　　　　　　　　第 03 号

会计科目	1—10 日发生额		11—20 日发生额		21—30 日发生额		合计	
	借方	贷方	借方	贷方	借方	贷方	借方	贷方
库存现金	2 506	38 000	23 000	2 000	12 000	43 391	37 506	83 391
应收账款			46 800			23 400	46 800	23 400
短期借款				50 000	30 000	40 000	30 000	90 000

表 2-25　总分类账

会计科目:应收账款　　　　　　　　　　　　　　　　　　　　　　第×页

2015 年		凭证号	摘要	借方	贷方	借或贷	余额
月	日						
11	1		期初余额			借	30 000
	20	科 03	11—20 日发生额	46 800		借	76 800
	30	科 03	21—30 日发生额		23 400	借	53 400
11	30		本月合计	46 800	23 400	借	53 400

表 2-26　总分类账

会计科目:短期借款　　　　　　　　　　　　　　　　　　　　　　第×页

2015 年		凭证号	摘要	借方	贷方	借或贷	余额
月	日						
11	1		期初余额			贷	50 000
	20	科 03	11—20 日发生额		50 000	贷	100 000
	30	科 03	21—30 日发生额	30 000	40 000	贷	110 000
11	30		本月合计	30 000	90 000	贷	110 000

（五）明细账的登记方法

明细分类账是根据二级账户或明细账户账页，分类连续地登记经济业务事项以提供明细核算资料的账簿。它所提供的有关经济活动的详细核算资料，是对总分类账所提供的总括资料的必要补充，同时也是编制会计报表的依据之一。因此，各单位在设置总账的同时还应根据实际需要按照总账科目设置必要的明细分类账。明细分类账一般采用活页式账簿，有时也采用卡片式账簿（如固定资产明细账等）。根据管理的要求和各种明细分类账所反映的经济内容，明细账格式主要分为两栏式、三栏式、多栏式、数量金额式、横线登记式等。除少数由国家统一的会计制度明确规定设置明细科目名称外（如应交增值税等），大部分明细科目只规定设置的方法和原则，主要在于为单位内部管理服务。明细分类账一般根据记账凭证和相应的原始凭证来进行登记。

1. 三栏式明细账

三栏式明细账设有借方、贷方和余额三个栏目，用以分类核算各项经济业务，提供详细核算资料，其格式与三栏式总分类账户格式相同，适用于只进行金额核算的资本、债权、债务明细账。具体的登记方法是：记账人员根据记账凭证及其所附原始凭证逐日逐笔登记；其中对于债权债务类明细账，每次记账后，都要随时结出余额。具体登记方法如表 2-27 所示。

表 2-27 应付账款明细分类账

账户名称：××单位

2016 年		凭证号数	摘要	借方	贷方	借或贷	余额
月	日						
1	1		期初余额			贷	4 000
1	5		购料欠款		75 000	贷	115 000
1	12		购料欠款		57 000	贷	172 000
1	18		还欠款	10 000		贷	162 000
1	30		本月合计	10 000	132 000	贷	162 000

2. 多栏式明细账

多栏式明细账是将属于同一总账科目的多个明细科目合并在一张账页上进行登记，即在这种格式的账页的借方或贷方金额栏内按照明细项目设若干专栏。多栏式明细账适用于收入、成本、费用、利润和利润分配等科目的明细核算，如"生产成本""管理费用""营业外收入"等科目的明细分类核算。登记的具体方法是：记账人员根据记账凭证及相关成本、费用分配表等原始凭证进行登记。可以逐日逐笔登记，也可以定期汇总登记。具体登记方法如表 2-28 所示。

表 2-28　管理费用明细分类账

明细科目：管理费用

2015年		凭证号	摘要	借方	贷方	方向	余额	借方分析				
月	日							办公费	差旅费	水电费	……	机料消耗
1	8	（略）	水电费	2 000		借	2 000			2 000		
	30	（略）	领料	1 000		借	3 000					1 000
	30	（略）	办公用品	800		借	3 800	800				
		（略）	报销差旅费	2 000		借	5 800		2 000			
	31		本月合计	5 800		借		800	2 000	2 000		1 000
	31		本年累计	5 800		借		800	2 000	2 000		1 000

3. 数量金额式明细账

数量金额式明细账适用于既要进行金额核算，又要进行数量核算的存货明细账，如原材料、库存商品等明细账户，其借方（收入）、贷方（发出）和余额（结存）都分别设有数量、单价和金额三个专栏。具体的登记方法：记账人员根据"收料单""领料单""产成品交库单""发货单"等货物收、发凭证逐笔登记增加数，存货出库后，按确定的计价方法登记减少数。有的明细账需要逐笔结出余额、有的明细账只需登记出库数量，不登记金额，月末计算出加权平均单价后，再结出账户余额。具体登记方法如表2-29所示。

表 2-29　原材料明细分类账

账户名称：甲材料　　　　　　　　　　　　　　　　　　计量单位：千克

2015年		凭证号数	摘要	收入			发出			结存		
月	日			数量	单价	金额	数量	单价	金额	数量	单价	金额
1	1		期初余额							2 000	40	80 000
1	12		本月购入	800	40	32 000				2 800	40	112 000
			本月合计	800	40	32 000				2 800	40	112 000

数量金额式明细账可提供有关会计主体财产物资收、发、存的数量和金额的详细资料，从而有助于加强对财产物资管理和使用监督，有利于保证这些财产物资的安全完整。

4. 横线登记式明细账

横线登记式账页是采取横线登记方式，即将每一相关的业务从发生到结束登记在账页的同一行内，从而可依据每一行各个栏目登记的是否齐全来判断该项业务的进展情况。这种格式适用于材料采购、在途物资、其他应收款——备用金业务。具体的方法是：记账人员根据记账凭证编号及其所附原始凭证逐日逐笔登记在账户的借方，其贷方则在经济业务或事项办理完毕时，在其记录同一行内的相反方向（即贷方）进行登记。若同一行内借、贷方均有记录，则表示该项经济业务事项已经处理完毕；若同一行内只有借方记录而无贷方记录的，则表示该项经济业务事项尚未办理完毕。具体登记方法如表 2-30 所示。

表 2-30 在途物资明细账

明细科目：乙材料　　　　　　　　　　　　　　　　　　　　　　　　计量单位：千克

2015年		凭证号码	摘要	借方金额			贷方金额				结余金额
月	日			买价	采购费用	合计	月	日	凭证号码	金额	
1	3	（略）	购入	5 500	300	5 800	1	6	（略）	5 800	
	7		购入	7 200	400	7 600		9		7 600	
	12		购入	2 800	500	3 300		14		3 300	
	15		购入	1 000	200	1 200					1 200
		……									

总之，由于单位性质不同，明细分类账登记方法也不相同。核算对象不同，用以反映和核算某类经济业务事项明细分类账的登记方法也不相同。不同类型经济业务事项的明细分类账，可根据记账凭证、原始凭证或汇总原始凭证逐日逐笔进行登记，也可以定期汇总登记。但债权债务明细账和财产物资明细账应当逐日逐笔，随时结出余额；材料等存货类明细账可通过仓库保管员登记存货的收、发和结存数量、会计人员登记收、发存货金额的方式进行。

（六）总分类账户与明细分类账户的平行登记

总分类账户是所属明细分类账户的统驭账户，对所属明细分类账户起着控制作用；明细分类账户则是总分类账户的从属账户，对其所隶属的总分类账户起着辅助作用。总分类账户及其所属明细分类账户的核算对象是相同的，它们所提供的核算资料相互补充，只有把二者结合起来，才能既总括又详细地反映同一核算内容，因此，总分类账和明细分类账户必须平行登记。

账户的平行登记是指对所发生的每项经济业务事项，都要以会计凭证为依据，一方面记入有关总分类账户，另一方面记入有关总分类账户所属明细分类账户。总分类账户与明细分类账户平行登记的要点如下。

（1）依据相同　对发生的经济业务或事项，都要以相关的会计凭证为依据，既登记总分类账户，又登记明细分类账户。

（2）方向相同　在进行平行登记时，记入总分类账户与其所属的明细分类账户的方向必须一致。即总分类账户记在借方，明细分类账户必须记在借方；反之，总分类账户记在贷方，其所属的明细分类账户必须记入贷方。

（3）期间一致　发生的经济业务，记入总分类账户和所属明细分类账户的具体时间可以有先有后，但应在同一会计期间记入总分类账户和所属明细分类账户。

(4) 金额相等　记入总分类账户的金额必须与记入其所属的一个或几个明细分类账户的金额合计数相等。

三、对账技能

（一）对账的概念

所谓对账，就是核对账目。即对账簿记录的正确性与否所进行的核对工作。对账工作是为了保证账证相符、账账相符和账实相符的一项检查性工作，其目的在于使期末用于编制会计报表的数据真实、可靠。

对账工作一般在月末进行，即在记账后、结账之前进行。对账是把会计账簿记录的有关数字与库存实物、货币资金、有价证券等相关资料和情况进行核对，包括与往来单位或者个人进行的相关核对。一些基础性工作，一般应在平时进行对账。若遇有特殊情况，比如有关人员工作调动而办理移交手续前，或者发生非常事件后，也应随时进行对账。对账一般包括账证核对、账账核对和账实核对。

（二）对账的内容

1. 账证核对

账证核对就是核对账簿记录与会计凭证（包括记账凭证和原始凭证）的时间、凭证字号、内容、金额是否一致，记账方向是否相符。这种核对一般是在日常编制凭证和记账过程中进行的，以检查所记账目是否正确。账证核对也是追查会计记录正确与否的最终途径。账证核对除了在日常制证、记账过程中进行外，每月终了，如果发现账账不符或账实不符时，也可再将账簿记录与有关会计凭证的进行核对，以确保账证相符。

账证核对时主要核对：账簿记录是否为记账凭证中所列示的会计科目；记账凭证中所列示的经济业务或事项内容、借贷方向、金额、凭证种类及编号等是否与账簿记录一致等。

2. 账账核对

账账核对就是核对不同账簿之间的账簿记录是否相符。由于会计账簿是一个有机的整体，既有分工，又有衔接，目的就是为了全面、系统、综合地反映单位的经济活动与财务收支情况。各种账簿之间的这种衔接依存关系就是账簿的勾稽关系。利用这种关系，可以通过账簿的相互核对发现记账工作是否有误。一旦发现错误，就应立即更正。账账核对的具体内容包括以下几项：

① 总分类账户之间的核对。按照"资产＝负债＋所有者权益"这一会计等式和"有借必有贷、借贷必相等"的记账规则，总账各账户的期初余额、本期发生额和期末余额之间存在对应的平衡关系，各账户期末借方发生额合计数和贷方发生额合计数也存在平衡关系。通过这种等式和平衡关系，可以检查总账记录是否正确、完整。这项核对工作通常采用编制"总分类账户本期发生额

和余额对照表"（简称"试算平衡表"）来完成。

② 总分类账户与所属明细账之间的核对。即核对各总账账户的期末余额与其所属明细账账户的期末余额合计数是否相符。其核对方法可通过编制"总账账户与其所属明细账账户余额对照表"进行。

③ 总分类账簿与序时账簿之间的核对。即核对现金日记账和银行存款日记账的期末余额与其库存现金总账和银行存款总账的期末余额是否相符。

④ 明细分类账簿之间的核对。即核对会计部门有关财产物资明细账的期末余额与财产物资保管和使用部门的有关财产物资明细账期末余额是否相符。核对的方法一般可由财产物资保管部门和使用部门定期编制财产物资收、发、结存汇总表报会计部门核对。

3. 账实核对

账实核对是指各项财产物资、债权债务以及各种款项等的账面余额与其实有数额之间的核对。造成账实不符的原因是多方面的，如财产物资保管过程中发生的自然损耗；财产收发过程中由于计量或检验不准，造成多收或少收的差错；由于管理不善、制度不严造成的财产损坏、丢失、被盗；在账簿记录中发生的重记、漏记、错记等现象；由于有关凭证未到，形成未达账项，造成结算双方账实不符；发生意外灾害等。因此，各单位一般需要通过定期的财产清查来弥补这些方面的漏洞，确保会计信息的真实、可靠，并以此来提高会计主体的管理水平。

实际工作中的账实核对一般是通过财产清查进行的。账实核对的内容主要包括以下几项：

① 现金日记账账面余额与库存现金数额是否相符。现金日记账账面余额应于每日终了与现金实际库存数额相核对，不准以借条抵充现金或挪用现金，要做到日清月结。

② 银行存款日记账的账面余额与银行存款对账单的余额是否相符。银行存款日记账的账面余额应同开户银行寄送单位的银行存款对账单相核对，一般应每月至少核对一次。

③ 各种财产物资明细账账面余额与财产物资的实存数额是否相符。库存材料、产成品、固定资产等财产物资明细账的账面余额，应与实有数量相核对。相关制度规定各单位一般应每年至少核对一次。

④ 有关债权债务明细账账面余额与对方单位的债权债务账面记录是否相符。各项应收款、应付款、银行借款等结算款项，以及应交税金等，应定期寄送对账单同有关单位进行核对。

四、错账的查找与更正技能

在记账过程中，可能发生各种各样的差错，产生错账，如重记、漏记、数字颠倒、数字错位、数字记错、科目记错、借贷反向等。错账，通常是在月末结账时，进行试算平衡才发现，但具体错在哪里试算平衡原理是无法解决的，只能通过一定的查错技术才能从众多复杂的会计资料中找出。查错需遵循一定的程序，讲究一定的方法，以提高查错效率。

（一）错账查找工作程序

1. 首先检查试算平衡表本身有无错误

① 复核试算平衡表内各栏金额合计数，有无算错。

② 将表内各账户逐户复核借、贷发生额与期初、期末金额的数量关系，有无差错。

③ 用上期期末数核对本期期初数，有无差错。

④ 检查试算平衡表内每个账户的各类金额是否抄错。

上述几步如未发现疑点，则进行下一步操作。

2. 复核账簿中账户余额

① 逐笔复核账户余额计算是否正确。

② 复核总账账户与其所属明细账余额是否相符。

③ 检查账户余额有无不正常现象。

如果上述1、2点都无法找出疑点，极有可能是过账错误，要用查错方法解决。

（二）错账的查找方法

错账查找的方法很多，这里介绍几种常用的方法。

1. 顺查法

顺查法是指按照账务处理的顺序，从会计凭证、账簿、编制会计报表全部过程进行查找的一种方法。即首先检查记账凭证是否正确，然后将记账凭证、原始凭证同有关账簿记录一笔一笔地进行核对，最后检查有关账户的发生额和余额。一般而言这种方法能够查找出任何错账，优点是查找的范围大，不易遗漏；缺点是工作量大，需要的时间比较长。所以在实际工作中，一般是在采用其他方法查找不到错误的情况下才采用顺查法。

2. 逆查法

逆查法与顺查法相反，是按照账务处理的顺序，从会计报表开始、账簿直至原始凭证全过程进行查找的一种方法。即先检查各有关账户的余额是否正确，然后将有关账簿按照记录的顺序由后向前同有关记账凭证或原始凭证进行逐笔核对，最后检查有关记账凭证的填制是否正确。这种方法的优缺点与顺查法相同。所不同的，是根据实际工作的经验，对由于某种原因造成后期产生差错的可能性较大的业务或事项而采用的。

3. 差数法

差数法是指按照错账的差数查找错账的方法。差数法适用于两种情况的错账：

（1）**漏记或重记**　因记账疏忽而漏记或重记一笔账，从而形成试算平衡时借方合计与贷方合计不等。如果借方金额遗漏，会使该金额在贷方超出；如果贷方金额遗漏，会使该金额在借方超出。对于这样的差错，可由会计人员通过回忆和与相关金额的记账凭证核对来查找。例如错账差数是 800 元，本期内发生 800 元的账有三笔，这就可以重复查找 800 元的账是否漏记或重记即可。

（2）**串户**　串户包括记账串户和科目汇总串户两种情况。例如某单位有应收账款和应付账款两个账户，如记账凭证是借记"应收账款——某公司 380 元"，而记账时误记为借记"应付账款——某公司 380 元"，这就造成资产负债表双方是平衡的，但总账与分户明细账核对时应收账款与应付账款各发生差数 380 元，此时可用差数法到应收账款或应付款账户中直接查找 380 元的账是否存在串户。在编制科目汇总表时，如果将借应收账款 380 元误作为借应付账款 380 元汇总了，同样在总账与分类明细账核对时这两科目会同时发生差数 380 元。经过查对如记账没有发生串户那么必定是科目汇总合并时科目汇总发生差错，查明更正即可。

4. 尾数法

所有账户的借方发生额合计数和贷方发生额合计数的差额，看其尾数，乃至小数点以后的角或分的数字。对于发生的角、分的差错可以只查小数部分，以提高查错的效率。例如，所有账户的借方发生额合计数和贷方发生额合计数，二者之间差额的尾数为 0.15 元，经回忆本月发生的经济业务事项里，的确有一笔金额为 864.15 元，前面的数字可忽略不考虑，只着重考虑 0.15 元，因为一个系统的角分出现在一月中多笔经济业务里的概率比较小，如果确实有这么一笔经济业务，检查这笔经济业务是不是只记在了借方，而没有记贷方，从而检查出错误。故这种方法适合于借、贷方金额其他位数都一致，而只有末位数出现差错的情况。

5. 除 9 法

在日常记账中经常会发生前后两个数字颠倒、三个数字前后颠倒和数字移位等情况。它们的共同特点是错账差数一定是九的倍数或差数每个数字之和也是九的倍数，因此，这类情况均可应用"除九法"来查找。具体分为以下三种情况。

（1）**将数字写小**　数字写小亦称数字移位或称错位。这是记账工作中最易发生的差错。例如 2 000 错记为 200，错误数字小于正确数字 9 倍，查找的方法是：以差数除以 9 得出的商即为写错的数字，商乘以 10 即为正确的数字。该例差数为 1 800（即 2 000－200）除以 9，商 200 即为错数，扩大 10 倍后即可得出正确的数字 2 000。

（2）**将数字写大**　数字写大亦称数字移位或称错位。这也是记账工作中最易发生的差错。例如 200 错记为 2 000，错误数字大于正确数字 9 倍，查找的方法是：以差数除以 9 得出的商为写正确的数字，商乘以 10 后所得的积为错误的数字。该例差数为 1 800（即 2 000－200）除以 9 后，所得的商 200 即为正确数字，200 乘以 10 后所得的积 2 000 即为错误的数字。

（3）邻数颠倒　查找的方法是：将邻数之差除以 9，得出的商连续加 11，直至找出颠倒的数字为止。例如，将 81 误记 18，则差数是 63，以 63÷9＝7，那么错数前后两数之差肯定是 7，这样只要查邻数差 7 的数字 70、07、18、81、29、92 几个数即可。

总之，数字移位危害很大，如前移差数就虚增了 9 倍，后移一位就虚减了 90％，如不及时查处就严重影响会计核算的正确性。为此，会计人员在记账时一定要集中精力，认真书写每一个数字；另外对错账必须高度警惕，应及早发现并予以纠正，确保会计核算数字的正确反映。

6. 除 2 法

除 2 法是指以差数除以 2 来查找错账的方法。在记账时稍有不慎容易发生借贷方记反或红蓝字记反的情况，简称为"反向"。"反向"有个特定的规律就是错账差数一定是偶数，只要将差数用 2 除得的商就是错账数。所以称这种查账方法为除 2 法，这是一种最常见而又简便的查错账方法。例如，某月试算平衡表借贷的两方余额不平衡，其错账差数是 5 864.32 元，这个差数是偶数，那么就可以直接除 2，即 5 864.32÷2＝2 932.16（元），这样只要去查找是否有 2 932.16 元这笔业务，这笔账是否一方记反了。另外需要注意：如果错误的差数是奇数，那就没有记账反向的可能，也就不适用于"除二法"来查找。

（三）错账的更正方法

在记账过程中，可能由于种种原因会使账簿记录发生错误。对于发生的账簿错误应该采用正确、规范的方法予以更正，不准涂改、挖补、刮擦或者用药水消除字迹，不准重新抄写，必须按规定的方法更正。错账的更正方法有划线更正法、红字更正法和补充登记法三种。

1. 划线更正法

在结账之前，如果发现账簿记录中有数字或文字错误，但记账凭证正确，即纯属于账簿登记过程中的笔误，应采用划线更正法更正。划线更正法，亦称红线更正法。更正时，可先在错误的数字或文字上划一条红线，表示注销。但应注意，对于错误数字必须全部划掉，不可只划掉整个数字中的个别数字，并且要使被划线的数字或文字清晰可辨，以备查考。然后在划过红线的数字或文字上端空隙处用蓝字或黑字填写正确的数字或文字，并由更正人员在更正处盖章，以明确责任。例如，记账员将"6 130.90 元"误记为"6 310.90 元"时，应将错误数字全部用红线注销，然后在其上方空白处填写正确的数字"6 130.90"。而不能只将错误的两位数字"31"更正为"13"；对于文字错误，可用红线只划去错字并进行更正,其手续与错误数字的更正方法相同。

2. 红字更正法

红字更正法,亦称红字冲账法。这种方法适用于以下两种情形。

(1) 记账后在当年内发现记账凭证中应借、应贷的记账符号或科目有错误时,可采用红字更正法。更正的方法是:用红字填制一张与原记账凭证完全相同的记账凭证,在摘要栏内写明"冲销某月某日第×号记账凭证错误",并据以用红字登记入账,以示冲销原有记账凭证和相应会计记录;然后用蓝字(或黑字)重新填制一张正确的记账凭证,在摘要栏内写明"订正某月某日第×号记账凭证"或"补记某月某日账",并据以用蓝字(或黑字)登记入账。

【例 2-19】 某单位以现金 896 元购买办公用品,会计人员在填制记账凭证时发生错误并根据错误的记账凭证登记了账簿。错误的会计分录为:

借:管理费用　　　　　　　　　　　　　896
　　贷:银行存款　　　　　　　　　　　　　　896

用红字更正法更正时,应先编制一张与原错误记账凭证内容完全相同而金额为红字的记账凭证:

借:管理费用　　　　　　　　　　　　　896
　　贷:银行存款　　　　　　　　　　　　　　896

然后,再用蓝字(或黑字)编制一张正确的记账凭证:

借:管理费用　　　　　　　　　　　　　896
　　贷:库存现金　　　　　　　　　　　　　　896

最后,根据上述红字记账凭证和正确的记账凭证登记相关账簿。

(2) 记账后在当年内发现记账凭证和账簿记录中应借、应贷会计科目并无错误,只是所记金额大于应记金额,从而引起记账错误,采用红字更正法。更正方法是:按照多记的金额(即正确数与错误数之间的差数)用红字填制一张与原记账凭证应借、应贷会计科目完全相同的记账凭证,在摘要栏内写明"冲销某月某日第×号记账凭证多记金额",以冲销多记金额,并据以用红字登记入账。

【例 2-20】 承上例,如果会计人员填制记账凭证时所使用的会计科目及记账方向没有错误,只是将金额 896 元误记为 986 元,并登记入账,错误的会计分录为:

借:管理费用　　　　　　　　　　　　　986
　　贷:库存现金　　　　　　　　　　　　　　986

用红字更正法编制一张更正错误的记账凭证如下:

借:管理费用　　　　　　　　　　　　　90
　　贷:库存现金　　　　　　　　　　　　　　90

然后根据这张更正错误的记账凭证用红字登记"管理费用"和"库存现

金"总账及库存现金日记账。

3. 补充登记法

记账以后，如果发现记账凭证上应借、应贷的会计科目并无错误，只是所记金额小于应记金额时，采用补充登记法更正。更正的方法是：按照少记的金额用蓝字填制一张与原记账凭证应借、应贷科目完全相同的记账凭证，在摘要栏内写明"补记某月某日第×号记账凭证少记金额"，以补充少记的金额，并据以用蓝字登记入账。

【例 2-21】 仍接【例 2-19】，会计人员填制记账凭证时所使用的会计科目及记账方向没有错误，只是将金额 896 元误记为 689 元，并登记入账，错误的会计分录为：

借：管理费用　　　　　　　　　　　　　　　689
　　贷：库存现金　　　　　　　　　　　　　　　　689

使用补充登记法编制一张蓝字记账凭证如下：

借：管理费用　　　　　　　　　　　　　　　207
　　贷：库存现金　　　　　　　　　　　　　　　　207

然后，根据上述记账凭证登记账簿。

综合上述更正错账的方法，其相关情况列表 2-31 如下。

表 2-31　错账更正方法一览表

适用情况		方法	划线更正法	红字冲销法		补充登记法
				情况(1)	情况(2)	
记账凭证	会计科目		正确	错误	正确	正确
	借贷方向		正确	正确	正确	正确
	金额		正确	正确	大于应计金额	小于应计金额
账簿记录			错误	错误	错误	错误

五、结账技能

结账就是在会计期末（如月末、季末或年末）将本期内所有发生的经济业务事项全部登记入账后，计算出每个账户的本期发生额和期末余额。为了了解某一会计期间（如月末、季末或年末）的经济活动情况，考核经营成果，各个会计主体必须在每一个会计期间终结时进行结账，同时结账工作也是编制会计报表的先决条件。结账具体包括月结、季结和年结。结账的内容通常包括：一是处理各种应计应摊经济业务事项，比如计提固定资产折旧等；二是结清各种损益类账户，并据以计算确定本期的财务成果（即利润或亏损）及其利润分配；三是结清各项资产、负债和所有者权益账户，分别结出本期发生额合计和期末余额；四是结束旧账与更换新账。

1. 结账程序

① 在结账前，应将本期发生的经济业务事项全部登记入账，并保证其正确性。任何单位不得为了赶编会计报表而提前结账，或把本期发生的经济业务事项延至下期登账；也不得先编会计报表后结账。

② 按照会计准则及国家统一会计制度的规定，根据权责发生制的要求，调整有关账项，合理确定本期的收入、成本和费用，并将损益类账户转入"本年利润"账户，结平所有损益类账户。

③ 结算出资产、负债和所有者权益类账户的本期发生额和余额，并结转下期。

上述工作完成后，就可以根据总分类账和明细分类账的本期发生额和余额分别进行试算平衡，并按规定在账簿上办理结账手续。

2. 结账方法

结账时，应当结出每个账户的本期发生额与期末余额，并按结账划线的要求分别划单红线或双红线。结账划线的目的是为了突出各账户的本期发生额合计数及期末余额，表示本会计期间的会计记录已经截止或结束，并将本期与下期的记录明显分开。月结划单红线，年结划双划线，划线应划通栏划线，不应只在本账页中的金额部分划线。通栏单红线称为计算线，通栏双红线称为封账线。年度终了结账时，所有总账账户都应当结出全年发生额和年末余额。当然，由于账户的性质不同，与其相关的结账方法也不相同。具体结账方法如下。

① 序时账和需要按月结计发生额的收入、费用等明细账的结账方法。序时账，包括现金日记账和银行存款日记账，以及需要按月结计发生额的收入、费用等明细账，每月结账时，要在最后一笔经济业务事项记录的下面划通栏单红线，结出本月发生额和余额，在摘要栏内注明"本月合计"字样，并在下面底线划通栏单红线。如果本月只发生了一笔经济业务，由于该笔记录的金额就是本月发生额，结账时只要在此项记录底线上划一划线即可，表示与下月的发生额分开就可以了，不需要另结出"本月合计"数。

② 总账账户的结账方法。总账账户平时只需结计月末余额，不需要结计本月发生额。每月结账时，应将月末余额计算出来并写在本月最后一笔经济业务事项记录的同一行，同时在下面底线划通栏单红线。年终结账时，为了总括反映全年各项资金活动情况的全貌，核对账目，要将所有总账账户结出全年发生额和年末余额，在摘要栏内注明"本年合计"字样，并在"本年合计"行下底线上划通栏双红线。

③ 不需要按月结计发生额的账户的结账方法。对于不需要按月结计发生额账户，如各项应收应付款明细账和各项财产物资明细账等，每次记账后，都要随时结出余额，每月最后一笔业务的余额即是月末余额。月末结账时，只需

要在最后一笔经济业务记录底线上划通栏单红线，无需再结计一次余额。

④需要结计本年累计发生额的某些明细账户的结账方法。对于需要结计本年累计发生额的某些明细账户，在进行月结时，应在"本月合计"行下结出自年初起至本月末止的累计发生额，登记在月份发生额下面，在摘要栏内注明"本年累计"字样，并在下面划通栏单红线；12月末的"本年累计"就是全年累计发生额，全年累计发生额下面应当划通栏双红线。设置为借方多栏、贷方多栏或无借贷方的专栏账页格式的多栏式明细账结账时，为了编制报表取数的需要，如果借贷方都有发生额，应分别结计借方和贷方发生额合计以及期末余额，才能完整清晰地反映实际发生金额和结转金额以及各多栏式明细账的期末余额。如果只有借方或贷方一个方向有发生额，只需结计"本月合计"和"本年累计"即可。

3. 期末余额的填写方法

凡需要结出余额的账户，结出余额后，应当在"借或贷"栏内根据余额方向写明"借"或"贷"字样，然后再写余额。没有余额的账户应当在"借或贷"栏内写"平"字，余额栏的"元位"栏内写"Q"表示。

需要按日、按月累计结计发生额的账户，余额应登记在每日或每月最后一笔经济业务后面的余额栏内，本月合计和本年累计行只填写本月发生额和本年累计发生额，而不再重复填写余额。但在现金日记账、银行存款日记账和其他需要按月结出发生额的账户，如各种收入、支出及费用的明细账账簿，每月结账时，还要将月末余额和本月发生额写在同一行内，在摘要栏内注明"本月合计"字样。这样做，账户记录中的月初余额加减本月发生额等于月末余额，方便于账户记录的稽核。每月结账时，"本月合计"行已写余额的，"本年累计"行就不必再写余额。

结账时，如果余额出现负数，可以在"余额"栏用红字登记，但余额栏前印有"借或贷"余额方向的，则应用蓝黑墨水书写，不能再用红色墨水。

4. 更换新账的方法

会计账簿的更换通常是在新会计年度建账时进行的。总账、日记账和多数明细账应每年更换一次，但有些财产物资明细账和债权债务明细账，由于其品种规格和往来单位较多，更换新账时重抄一遍，工作量很大，因此，可以跨年使用，不必每年更换一次；各种备查账可以连续使用。

会计年度终了时，对有余额的账户，应将其余额结转到下一年度，并在摘要栏注明"结转下年"字样；在下一会计年度新建有关账户的第一行的摘要栏内注明"上年结转"字样，在余额栏内填写上年结转的余额，在此基础上登记新年度的会计事项。有余额的账户，直接将余额记入下年新账余额栏即可，不需要编制记账凭证，也不需要将余额再记入本年账户的借方或贷方，使本年有余额的账户变为零。这样就使年末有余额账户的余额如实地在新年度账户中加以反映，以免混淆有余额的账户和无余额的账户。结账的实例如表 2-32、表 2-33 所示。

表 2-32 总分类账

会计科目：银行存款

2015年		凭证		摘要	借方	贷方	借或贷	余额
月	日	种类	号数					
1	1			上年结转			借	3 650 000
1	5	(略)	(略)		50 000		借	3 700 000
~	~	~	~	~	~	~	~	~
1	31			本月合计	250 000	300 000	借	3 600 000
~	~	~	~	~	~	~	~	~
3	31			本季合计	550 000	450 000	借	3 750 000
~	~	~	~	~	~	~	~	~
12	31			本年累计	2 055 000	1 900 000	借	3 805 000
12	31			结转下年		3 805 000	平	0

表 2-33 总分类账

会计科目：银行存款

2015年		凭证		摘要	借方	贷方	借或贷	余额
月	日	种类	号数					
1	1			上年结转			借	3 805 000

5. 旧账簿的整理归档

账簿在更换新账后除跨年使用的账簿外，其他账簿应按时整理归入会计档案进行保管。归档前应做好以下工作。

① 账簿装订前的工作。首先按账簿启用表标明的使用页数核对账户是否相符，账页是否齐全，序号排列是否连续；然后，按照会计账簿封面、账簿启用表、账户目录和排序整理好的账页顺序装订。

② 活页账装订要求。将账页填写齐全，去除空白页和账夹，加具封面；多栏式活页账、三栏式活页账、数量金额式活页账等不得混装，应按照同类业务、同类账页装订在一起；在装订账页的封面上要填写账簿的种类，编好卷号，由会计主管人员、装订人或经办人签章。

③ 账簿装订的要求。会计账簿应装订地牢固、平整,不得有折角、缺角、错页、掉页、加空白纸等现象;会计账簿的封口要严密。封口处要加盖印章;封面应齐整,并注明所属会计年度及账簿名称、编号,其中编号要一年一编,编号的顺序应为总账、现金日记账、银行存款日记账、明细账;旧账装订完毕后,按照《会计档案管理办法》的要求进行保管。

模块三

村集体经济组织的业务核算

项目一 流动资产的核算

村集体经济组织流动资产是指可以在一年或超过一年的一个营业周期内变现或者耗用的资产,包括现金、银行存款、短期投资、应收款项、存货等。

一、货币资金的核算

货币资金是村集体经济组织资产的重要组成部分,也是流动性最强的资产。根据货币资金存放地点及其用途的不同分为现金、银行存款。

(一)货币资金的管理

货币资金的流动性比较强,最容易发生被盗、贪污、挪用和损失等,因此村集体经济组织应当建立健全内部控制制度,加强对货币资金的日常管理和核算。

1. 村集体经济组织应当加强对现金的管理

① 建立与健全货币资金业务的岗位责任制。明确相关岗位的职责权限,确保办理货币资金业务的不相容岗位相互分离、制约和监督。

② 建立严格的授权审批制度。明确审批人对货币资金业务的授权批准方式、权限、程序、责任和相关控制措施,规定经办人办理货币资金的职责范围和工作要求。审批人应当根据授权批准制度的规定,在授权范围内进行审批,不得超越审批权限;经办人应当在其职责范围内,按照审批人的批准意见办理货币资金业务,对审批人超越授权范围审批的货币资金业务,经办人有权拒绝办理,并及时向审批人的授权部门报告。

③ 坚持钱账分管制度。首先,货币资金一律由出纳人员(或报账员)负责管理,非出纳人员不得经管现金收付和现金保管业务;其次,出纳人员不得兼管稽核、会计档案和收入、费用、债权、债务账目的登记工作;第三,现金

的收付、结算、审核和记账不能由一人单独完成；第四，现任村干部的直系亲属不得担任出纳人员和理财小组成员。

④ 库存现金一律实行限额管理。现金库存限额是指由出纳人员保管的现金数量的上限，具体数额由开户银行进行核定。银行核定现金限额时，一般不应超过村集体经济组织3～5天的日常零用现金量，特殊情况下经开户银行批准可多于5天，但不得超过15天；当库存现金超过限额时应及时填写"现金送存簿"送存银行。

⑤ 严格按照国家规定的开支范围使用现金，超过现金使用范围时，必须通过银行转账支付。现金使用范围主要包括：干部和村民参加统一经营活动的工资、津贴和个人劳务报酬；支付给个人的奖金；村民的各种福利费、社会保险和社会救济支出，如抚恤金、助学金等；因公出差人员必须随身携带的差旅费；村集体经济组织购买各项农业生产资料，但结算金额低于结算起点1 000元；抢险救灾及救命等紧急需要的支付；其他日常零星支出等。

⑥ 村集体经济组织应当按照规定的程序办理货币资金支付业务。货币资金的支付必须经过四个环节。首先是支付申请，有关部门或个人用款时，应当提前向审批人提交货币资金支付申请，注明款项的用途、金额、预算、支付方式等内容，并附有经济合同或相关证明。其次是支付审批，审批人根据其职责、权限和相应的程序对支付申请进行审批，对不符合规定的申请，审批人应当拒绝批准。其中对不合理的开支，经办人有权向民主理财小组或上级主管部门反映。再次是支付复核，复核人应当对批准后的货币资金支付申请的批准范围、权限、程序是否正确，手续及相关单证是否齐备，金额计算是否正确，支付方式是否妥当等进行复核。复核无误后，交由出纳人员办理支付手续。最后是办理支付，出纳人员应当根据复核无误的支付申请，按规定办理货币资金支付手续，并及时登记现金和银行存款日记账。

⑦ 村集体经济组织向单位或农户收取现金时手续要完备，既要使用统一的收款凭证，又要及时入账，不准私设小金库，不准公款私存，不准白条抵库，不准坐支现金，不准挪用公款，不准擅自出借集体资金。

⑧ 村集体经济组织要及时、准确地核算现金收入、支出和结存，做到账款相符；要组织专人定期不定期地清点核对现金。另外村集体经济组织应当定期或不定期对货币资金内部控制制度的实施情况进行监督检查，对发现的薄弱环节，应当及时采取措施，加以纠正和完善。

2. 村集体经济组织应加强对银行存款的管理

① 按规定开设银行结算账户。村集体经济组织应当严格执行《支付结算办法》，并按照《账户管理办法》的规定和结算需要在商业银行、信用社等金融机构开立和使用基本存款账户、一般存款账户、专用存款账户和临时存款账户。其中基本存款账户是村集体经济组织办理日常的转账结算和现金收付需要

开立的银行结算账户,该账户是存款人的主办账户,存款人日常经营活动的资金收付及其工资、奖金和现金的支取,应该通过该账户办理。各个村集体经济组织只能在银行或信用社等金融机构开立一个基本存款账户。一般存款账户是指存款人因借款或其他结算需要,在基本存款账户开户银行以外的其他银行性金融机构开立的银行结算账户,主要办理存款人借款转存、借款归还和其他结算的资金收付,以及现金缴存,但不得办理现金的支取等。村集体经济组织银行结算账户的开立与使用应当遵守相关法律法规,不得利用银行结算账户逃避银行债务、违规支取现金以及其他违法犯罪活动,不得利用银行结算账户套取银行信用,不得将村集体的款项转入个人结算账户。

② 银行存款的收付业务应严格执行银行结算制度的规定。票据和结算凭证是办理支付结算的工具。其中支付结算是指单位、个人在社会经济活动中使用票据、信用卡和汇兑、托收承付、委托收款等结算方式进行货币给付及其货币清算的行为。村集体经济组织办理支付结算时必须遵守恪守信用,履约付款,谁的钱进谁的账、由谁支配,银行不垫款的原则。

③ 加强银行账户管理。村集体经济组织不准出租、出借银行账户,不得利用银行账户替代其他单位或个人套取现金,严禁利用银行账户搞违法活动。

④ 加强支票管理。不准签发空头支票或远期支票;签发支票必须填写日期、收款人、用途和金额,如金额无法确定,必须实行限额管理,以防发生意外而造成不必要的损失;严禁签发空白支票等。

⑤ 严格实行银行预留印鉴分管制度。空白支票、财务专用章、理财小组印章、村主任私章、财务负责人名章、会计名章须分别保管,禁止一人管理。其中支票、银行印鉴等也可以由村和乡(镇)农村财务代理核算中心的相关人员分别妥善保管,实施共同监督。

⑥ 加强银行存款收、付业务的日常管理。主要包括以下环节:根据经济业务的不同,选择适当的结算方式;填制相应票据,办理有关结算手续;出纳人员一方面应审核每份银行存款收付凭证,并在此基础上登记银行存款日记账,做到日清月结;另一方面应定期将银行存款日记账与银行对账单核对,通过编制"银行存款余额调节表"落实银行存款的实有数,从而及时提供银行存款结存额的准确信息。

村集体经济组织要及时、准确地核算货币资金的收入、支出和结存情况,做到日清月结,账款相符。乡(镇)农村财务代理核算中心与村集体经济组织应定期核对现金及存款账。另外乡(镇)农村经营管理站要定期对村集体经济组织的货币资金进行清查盘点,清查盘点次数一年不得少于一次。

在现行制度与政策下,为加强村级财务管理,防止发生账外账,原则上村集体经济组织的财务专用章统一实行由乡(镇)农村财务代理核算中心代为管理。

(二) 现金的核算

现金通常是指存放于村集体经济组织会计部门、由出纳人员经管的货币资金。现金业务包括收入和支出两个方面。村集体经济组织应设置"现金"总账和"现金日记账"对库存现金进行管理和核算。

1. 现金收入的核算

现金收入业务主要包括：从银行提取的现金、收到结算起点以下的零星收入款项、收取对个人的罚款以及无法查明原因的现金长款等。收到现金时，借记"现金"科目，贷记有关科目。

2. 现金支出的核算

村集体经济组织应当严格按照《现金管理暂行条例》的规定，在允许的范围内，办理现金的支付业务。支付现金时，借记有关科目，贷记"现金"科目。

【例3-1】 富民县兴隆街道向阳村的村民王志强因公出差，于2015年4月8日预借差旅费1 000元；4月12日返回报销差旅费980元。

(1) 预借差旅费时：
借：内部往来——王强　　　　　　　　　　　　　　　1 000
　　贷：现金　　　　　　　　　　　　　　　　　　　　1 000

(2) 报销差旅费时：
借：管理费用——差旅费　　　　　　　　　　　　　　980
　　现金　　　　　　　　　　　　　　　　　　　　　20
　　贷：内部往来——王强　　　　　　　　　　　　　1 000

3. 现金清查的核算

每日终了前，出纳人员要进行现金的账款核对，清查小组也要定期不定期地对现金进行清查盘点。清查小组清查时，出纳人员必须在场，清查的内容主要是检查是否有挪用现金、超限额留存现金、白条抵库以及账款是否相符等。对现金清查的结果要编制"现金盘点报告单"，注明现金溢缺的金额，除由出纳员和盘点人员签章外，应及时查明原因，并根据原因进行相应处理：如果有挪用现金、白条抵库情况，必须及时予以纠正；对于超限额留存的现金要及时送存银行；如果账款不符，对有待查明原因的现金短缺或溢余，首先通过"内部往来""应收款"或"应付款"账户进行账项调整，做到账实相符；待查明原因并经批准后再进行结转，计入"其他收入"或"其他支出"账户。

【例3-2】 清查小组进行定期清查时，发现现金长款200元；经查原因不明，报经批准后入账。

(1) 现金盘盈时：

借：现金　　　　　　　　　　　　　　　　　　　　　　　　200
　　贷：应付款——现金长款　　　　　　　　　　　　　　　　　200
（2）批准时：
借：应付款——现金长款　　　　　　　　　　　　　　　　　200
　　贷：其他收入——盘盈收入　　　　　　　　　　　　　　　200

【例3-3】　清查小组进行定期清查时，发现现金短款500元，经调查其中300元属于付款单位少付所致，其余200元原因不明。
（1）盘亏时：
借：应收款——现金短款　　　　　　　　　　　　　　　　　500
　　贷：现金　　　　　　　　　　　　　　　　　　　　　　　500
（2）批准时：
借：其他支出——现金短款　　　　　　　　　　　　　　　　200
　　现金　　　　　　　　　　　　　　　　　　　　　　　　300
　　贷：应收款——现金短款　　　　　　　　　　　　　　　　500

（三）银行存款的核算

银行存款是指村集体经济组织存放在商业银行、信用社或其他金融机构的货币资金。村集体经济组织应设置"银行存款"总账和"银行存款日记账"对银行存款收付业务进行管理和核算，其中银行存款日记账由出纳人员负责登记。

1. 银行存款收付业务的核算

村集体经济组织将款项存入银行、信用社或其他金融机构时，借记"银行存款"科目，贷记有关科目；提取现金或支出存款时，借记"现金"等有关科目，贷记"银行存款"科目。

【例3-4】　收到村民王洪友本年度水库承包费36 000元，存入银行。
借：银行存款　　　　　　　　　　　　　　　　　　　　　36 000
　　贷：发包及上交收入——水库承包费（王洪友）　　　　　 36 000

【例3-5】　填写现金支票，提取现金2 000元，以备零星开支。
借：现金　　　　　　　　　　　　　　　　　　　　　　　2 000
　　贷：银行存款　　　　　　　　　　　　　　　　　　　　2 000

2. 银行存款的清查业务

村集体经济组织应当定期不定期地进行银行存款的清查，清查的方法是将银行存款日记账与开户银行对账单进行核对。双方余额不一致的原因除记账错误外，主要是由未达账项引起的；一般情况下，应通过编制"银行存款余额调节表"落实银行存款实有数。"银行存款余额调节表"的编制方法，请见模块二。需要指出的是银行存款余额调节表只是为了核对账目而使用，不能作为调整银行存款账面余额的原始凭证。

二、应收款项的核算

（一）应收款项的管理

村集体经济组织的应收款项包括两部分，即外部应收款项和内部应收款项。村集体经济组织对发生的各项应收及暂付款项应严格管理与控制。因公借款，应在公务结束后及时结算，多退少补，不得借机挪用公款。对村所属单位或个人的借款，须经村集体经济组织两委联席会议和村集体经济组织（代表）大会讨论通过，方可借款。禁止向外单位或个人借出款项，对私自借出的款项，要及时追回，且加收同期利息，并追究相关责任人的经济责任和法律责任。对于拖欠村集体经济组织的应收款要采取切实可行的措施积极催收，专人负责。对债务单位撤销；或债务人死亡，既无遗产可以清偿，又无义务承担人等情况，造成的确实无法收回的款项，要经村民主理财小组审核，报乡（镇）经营管理站审查，交村集体经济组织成员（村民代表）大会讨论后核销，但由有关责任人造成的损失，应酌情赔偿。另外任何人不得擅自决定应收款项的减免。

（二）外部应收款项的核算

为核算村集体经济组织与外单位和个人发生的各种应收及暂付款项，应设置"应收款"科目，并按照应收款的不同单位或个人设置明细科目，进行明细核算。

村集体经济组织因销售商品、产品或提供劳务等而发生的应收及暂付款项时，借记"应收款"科目，贷记"经营收入""现金""银行存款"等科目；收回款项时，借记"现金""银行存款"等科目，贷记"应收款"科目。对确实无法收回的应收款项，按照规定程序批准核销时，借记"其他支出—坏账损失"科目，贷记"应收款"科目。

（三）内部应收款项的核算

为核算村集体经济组织与所属单位和农户之间发生的经济往来业务，应设置"内部往来"科目，并按照所属单位和农户设置明细科目，进行明细核算。

① 村集体经济组织与所属单位和农户发生应收款项和暂付款项时，借记"内部往来"科目，贷记"现金""银行存款"等科目，收到应收款项和发生应付款项时，借记"现金""银行存款"等科目，贷记"内部往来"科目。

② 村集体经济组织因所属单位和农户承包集体耕地、果园、鱼塘等而发生的应收承包费或村办企业应上交的利润等，年终按照经批准的承包方案结算出本年应交而未交的款项时，借记"内部往来"科目，贷记"发包及上交收入"科目，实际收到款项时，借记"现金""银行存款"等科目，贷记"内部往来"科目。

③ 村集体经济组织因筹集一事一议资金与农户发生的应收款项，在筹资

方案经批准时，按照方案规定的数额，借记"内部往来"科目，贷记"一事一议资金"科目；收到款项时，借记"现金"或"银行存款"等科目，贷记"内部往来"科目。

【例 3-6】 开出转账支票垫付村民有线电视费 6 000 元：

借：内部往来——各农户　　　　　　　　　　　　　　6 000
　　贷：银行存款　　　　　　　　　　　　　　　　　　　　　6 000

【例 3-7】 按照"四议两公开"的程序，村民大会通过硬化街道路面的决议，以"一事一议"方式筹集资金 200 000 元：

借：内部往来——各农户　　　　　　　　　　　　　　200 000
　　贷：一事一议资金——硬化路面　　　　　　　　　　　　　200 000

【例 3-8】 承【例 3-6】、【例 3-7】，上述款项均收到，存入银行：

借：银行存款　　　　　　　　　　　　　　　　　　　206 000
　　贷：内部往来——各农户　　　　　　　　　　　　　　　　206 000

【例 3-9】 2015 年 3 月，村民汪峰与村集体经济组织签订土地承包合同，期限五年，一次性收取承包费 5 000 元，款项存入银行。

第一年：

(1) 签订土地承包合同，按当年的承包费入账时：

借：应收款——应收承包费（汪峰）　　　　　　　　　1 000
　　贷：应付款——承包费结算（汪峰）　　　　　　　　　　　1 000

(2) 收到土地承包款 5 000 元时：

借：银行存款　　　　　　　　　　　　　　　　　　　5 000
　　贷：应收款——预收租金（汪峰）　　　　　　　　　　　　4 000
　　　　应收款——应收承包费（汪峰）　　　　　　　　　　　1 000

(3) 同时结转当年承包费时：

借：应付款——承包费结算（汪峰）　　　　　　　　　1 000
　　贷：发包及上交收入——土地承包收入　　　　　　　　　　1 000

第二年：

(1) 按当年的承包费入账时：

借：应收款——应收承包费（汪峰）　　　　　　　　　1 000
　　贷：应付款——承包费结算（汪峰）　　　　　　　　　　　1 000

(2) 同时办理预收租金的结算时：

借：应收款——预收租金（汪峰）　　　　　　　　　　1 000
　　贷：应收款——应收承包费（汪峰）　　　　　　　　　　　1 000

(3) 同时结转当年承包费时：

借：应付款——承包费结算（汪峰）　　　　　　　　　1 000
　　贷：发包及上交收入——土地承包收入　　　　　　　　　　1 000

第三、四、五年的账务处理与第二年相同，这是实际工作中的通常做法。当然该业务按照账户的性质应通过"内部往来"科目核算，即把涉及的"应收款"和"应付款"科目一律改为"内部往来"科目即可。

三、存货的核算

（一）存货的概述

1. 存货的概念

存货是指在生产经营管理过程中持有的以备出售或者仍然处于生产过程中，或者在生产、提供劳务过程中即将消耗的各种材料或物质等。

村集体经济组织的存货包括种子、化肥、燃料、农药、原材料、机械零配件、低值易耗品、在产品、农产品以及工业产成品等。

2. 存货入账价值的确定

村集体经济组织会计制度规定，存货在取得时，应按照实际成本入账。具体而言：

① 购入的物资，按照买价加运输费、装卸费等费用、运输途中的合理损耗以及相关税金等计价。

② 自制的存货，按照制造过程中所耗用的原材料、工资和有关费用等实际支出，作为实际成本计价。

③ 委托外单位加工完成的存货，以实际耗用的原材料或者半成品以及加工费、运输费、装卸费和保险费等费用以及按规定应计入成本的税金，作为实际成本。

④ 投资者投入的存货，按照投资各方确认的价值作为实际成本。

⑤ 接受捐赠的存货，按以下规定确定其实际成本。捐赠方提供了有关凭据（如发票、报关单、有关协议）的，按凭据上标明的金额加上应支付的相关税费，作为实际成本。捐赠方没有提供有关凭据的，按如下顺序确定其实际成本：第一，同类或类似存货存在活跃市场的，按同类或类似存货的市场价格估计的金额，加上应支付的相关税费，作为实际成本；第二，同类或类似存货不存在活跃市场的，按该接受捐赠的存货的预计未来现金流量现值，作为实际成本。

⑥ 盘盈的存货，按照同类或类似存货的市场价格，作为实际成本。

3. 存货发出的计价方法

为了准确核算村集体经济组织因领用或出售而出库的存货，其计价方法可在"先进先出法""加权平均法"和"个别计价法"等方法中任选一种，但是计价方法一经选定，年度中间不得随意变动。

（1）先进先出法　先进先出法是指根据先入库先发出的原则，存货入库时，在存货明细账中逐笔登记每一批存货的数量、单价和金额；存货出库时，以先入库存货的单价计算发出存货成本的方法。采用这种方法的具体做法是：先按存货的期初余额的单价计算发出的存货的成本，待领发完毕后，再按第一批入库的存货的单价计算，依此从前向后类推，来计算发出存货的成本和库存存货的成本。

采用先进先出法，期末存货按照最接近入库的单位成本计算，比较接近目前的市场价格，因此资产负债表可以较为真实地反映财务状况；但是由于本期发出存货成本是按照较早购入存货的成本进行计算的，所以计入产品成本的直接材料费用因此可能被低估，待到这些产品销售出去就会使利润表在一定程度上虚增。

（2）加权平均法　加权平均法，亦称月末一次加权平均法，是指根据本期期初结存存货的数量和金额与本期收入存货的数量和金额，在期末以此计算本期存货的加权平均单价，并以此作为本期发出存货和期末结存存货的单位成本，一次性计算本期发出存货和期末存货实际成本的一种方法。有关计算公式如下：

加权平均单位成本＝（期初结存存货实际成本＋本期收入存货实际成本）÷（期初结存存货数量＋本期收入存货数量）

期末结存存货成本＝期末结存存货数量×加权平均单位成本

本期发出存货成本＝本期发出存货的数量×加权平均单位成本

【例3-10】　向阳村采用月末一次加权平均法计算发出材料的成本。2015年3月1日结存甲材料200件，单位成本40元；3月15日购入甲材料400件，单位成本35元；3月20日购入甲材料400件，单位成本38元；3月份共发出甲材料800件。请计算向阳村3月份发出甲材料的成本。

【解析】

加权平均单价＝（200×40＋400×35＋400×38）÷（200＋400＋400）
　　　　　　＝37.20（元/件）

本月发出甲材料的成本＝37.20×800＝29 760（元）

月末库存存货成本＝37.20×200＝7 440（元）

实际工作中，考虑到计算出的加权平均单价不一定是整数，往往要小数点后四舍五入，为了保持账面数字之间的平衡关系，一般采用倒挤发出存货成本的方法计算发出存货的成本。即：

本期发出存货的成本＝期初存货成本＋本期收入存货成本－期末存货成本
　　　　　　　　＝200×40＋400×35＋400×38－7 440
　　　　　　　　＝29 760（元）

实际工作中，加权平均法又分为月末一次加权平均法和移动加权平均法，移动加权平均法的原理是，每入库一批存货，就要计算一次平均单位成本，发出存货时根据最近计算的单位成本计算发出存货的实际成本。移动加权平均法计算出来的存货成本比较均衡和准确，但计算起来的工作量大，一般适用于存货品种不多或者前后购进存货的单价幅度相差较大的企业或组织。

（3）个别计价法　个别计价法又称分批认定法，它是以不同单价的存货单独存放为前提，以每批存货取得时的单位实际成本，作为计算该批发出存货和期末库存存货的实际成本的一种方法。在这种方法下，存货的成本流转顺序与实物的流转顺序完全一致。计算公式如下：

每次（批）存货发出成本＝该次（批）存货的单位成本×该次（批）存货发出数量

个别计价法的优点是计算发出存货的成本和期末存货的成本比较合理、准确。缺点为实务操作的工作量繁重，困难较大。这种方法一般适用于容易识别、存货品种数量不多、单位成本较高存货的计价。如果存货品种较多也可以采用，不过要求仓库应足以单独存放各种不同单位成本的存货。

4. 存货的管理

村集体经济组织应当建立健全存货内部控制制度和保管人员的岗位责任制。存货入库时，由会计填写入库单，保管员根据入库单清点验收，核对无误后入库；出库时，由会计填写出库单，主管负责人批准，领用人签名盖章，保管员根据出库单办理存货的发出手续。

村集体经济组织对存货要定期盘点核对，做到账实相符，年度终了前必须进行一次全面的盘点清查。盘盈的存货，按同类或类似存货的市场价格计入其他收入；盘亏、毁损和报废的存货，按规定程序批准后，按实际成本扣除应由责任人或者保险公司赔偿的金额和残料价值后的余额，计入其他支出。

村集体经济组织应当定期或不定期对存货内部控制进行监督检查，对发现的薄弱环节，应当及时采取措施，加以纠正和完善。

（二）存货的核算

为了反映村集体经济组织存货的增减变动及其结存情况，应设置"库存物资"总账科目，并按照库存物资的品名设置明细科目，进行明细核算。

1. 存货增加的核算

村集体经济组织在购买或其他单位及个人投资投入的原材料、农用材料等物资验收入库时，借记"库存物资"科目，贷记"现金""银行存款""应付款""资本"等科目。其中对于物资已收到，发票账单尚未到达的情况，会计人员可办理入库手续、暂不进行账务处理，等发票账单达到后再行处理。如若到月末发票账单仍未达到，应按所购物资的暂估价入账，下月初再用红字凭证冲回。账务处理如下：收到材料物资时，借记"库存物资——××材料"科目，贷记"应付款——暂估应付款"科目；下月初再编制红字转账凭证冲回。

村集体经济组织生产的农产品收获入库或工业产成品完工入库时，按照其计算的实际成本，借记"库存物资"科目，贷记"生产（劳务）成本"科目。

2. 存货减少的核算

仓库发出库存物资时，根据发料单上注明的领料部门或材料的用途，分别借记"生产（劳务）成本""管理费用""应付福利费""在建工程"等科目，贷记"库存物资"科目。

对外销售库存物资时，按实际收到的货币资金，借记"现金""银行存款"等科目，贷记"经营收入"科目；同时按照销售物资的实际成本，借记"经营支出"科目，贷记"库存物资"科目。

【例3-11】 向阳村2015年3月12日发出以下材料：村委办公室领用A材料260元，敬老院领用B材料1 200元。同时销售积压的C材料860元，收到转账支票；其成本为580元。

（1）发出材料时：

借：管理费用——其他（材料费）	260
应付福利费——敬老院	1 200
贷：库存物资——A材料	260
——B材料	1 200

（2）销售C材料，收到货款时：

借：银行存款	860
贷：经营收入——材料销售	860

同时，结转材料成本：

借：经营支出——材料成本	580
贷：库存物资——C材料	580

3. 存货清查的核算

村集体经济组织应定期对库存物资进行清查盘点，发生物资盘盈时，经审核批准后，借记"库存物资"科目，贷记"其他收入"科目；发生盘亏和毁损时，经审核批准后，按照应由责任人或保险公司赔偿的金额，借记"应收款""内部往来"等科目，将扣除责任人或保险公司应赔偿金额后的净损失，借记"其他支出"科目，贷记"库存物资"科目。

【例3-12】 向阳村年终对库存的存货进行清查盘点，发现优质大豆种子霉烂变质200千克，成本为每千克16元，种子已全部缴纳了财产保险。经永安财产保险公司检验，种子霉烂是由于保管员李明的过失所致，经双方协商并经村委会同意，确定损失分别由村集体、保管员李明和保险公司承担20%、30%和50%的责任。

借：其他支出——存货损失	640
内部往来——李明	960
应收款——保险公司（永安）	1 600
贷：库存物资——种子（大豆）	3 200

项目二 农业资产的核算

一、农业资产概述

农业资产是村集体经济组织的一项长期资产。从形态上看,它是指与农业生产相关的有生命力的动物和植物等生物资产,它又可分为消耗性生物资产和生产性生物资产。消耗性生物资产是指为出售而持有的或在将来收获为农产品的生物资产,包括生长中的大田作物、蔬菜、用材林以及待售的牲畜和家禽等。消耗性生物资产通常是一次性消耗并终止其服务能力或未来经济效益,因此在一定程度上具有存货特征,作为存货在资产负债表中列报。生产性生物资产是指为生产农产品、提供劳务或者出租而持有的生物资产,包括经济林、薪炭林、产畜和役畜等。生产性生物资产通常需要生长到一定阶段才开始具备生产的能力,与消耗性生物资产相比,生产性生物资产具有能够在生产经营中长期、反复使用,从而不断产出农产品或者是长期役用的特征。消耗性生物资产收获农产品之后,该资产就不复存在;而生产性生物资产在产出农产品之后,该资产仍然保留,并可在未来期间继续产出农产品。因此,通常认为生产性生物资产在一定程度上具有固定资产的特征,例如果树每年产水果,奶牛每年产奶等。

《村集体经济组织会计制度》所规定的农业资产是指村集体经济组织拥有的牲畜(禽)和林木方面的资源,包括牲畜(禽)资产和林木资产两大部分。

牲畜(禽)资产又可分为产役畜和幼畜及育肥畜。产役畜也即产畜和役畜。其中产畜是指供繁殖、剪毛、产奶及产蛋用牲畜和家禽;役畜是指供劳动役用的产畜和役畜,如牛马驴骡等,在性质上属于劳动资料,因此属于生产性农业资产。幼畜及育肥畜是指未成龄的小畜禽,它们可以直接提供销售。幼畜和育肥畜是牧业和农业生产发展的基础,从性质上讲它们属于消耗性农业资产。

林木资产又可分为经济林和非经济林木。林木资产对村集体经济组织有两项用途。一是林木资产作为生产工具,能够重复地生产出产品,如果树的果实等。这种用于作为村集体经济组织生产工具的林木资产称为经济林木。其特点在于能够重复地生产出相应的产品,因而其成本可以通过不断地从生产出的产品销售中而获得补偿,其性质类似于固定资产,也可将此类林木资产称为生产性林木资产。二是在砍伐后能够出售,实现其成本补偿。这种无法重复地提供某一类农产品,而是只有通过砍伐后售出才能获得其成本补偿的林木资产称为非经济林木,其性质类似于存货,也称为消耗性林木资产。由于两类林木资产的成本补偿方式不一致,在进行会计核算时必须将两类林木资产加以严格区分，单独进行核算。

在农业资产的核算中，应遵循下列计价原则：购入的农业资产应按购买价及相关税费等计价，幼畜及育肥畜的饲养费用、经济林木投产前的培植费用、非经济林木郁闭前的培植费用按实际成本计入相关资产成本。产役畜、经济林木投产后，应将其成本扣除预计残值后的部分在其正常生产周期内采用直线法分期进行摊销，摊销的预计净残值率应按照产役畜、经济林木成本的5%确定；对已提足折耗、但仍继续使用的产役畜、经济林木不再摊销。农业资产死亡或毁损时，必须按规定程序批准之后再按实际成本扣除应由责任人或者保险公司赔偿的金额后的差额，计入其他支出。但在具体核算时需要注意以下问题：一是产役畜的饲养费用以及购入或营造的经济林木投产后发生的管护费均作为期间费用，计入各期的经营支出；非经济林木郁闭后发生的管护费用计入其他支出。二是对已提足折耗但未处理的产役畜、经济林木不再摊销。三是农业资产死亡或毁损时，按规定程序批准后，再按实际成本扣除应由责任人或者保险公司赔偿的金额后的差额计入其他支出。

二、牲畜（禽）资产的核算

村集体经济组织应设置"牲畜（禽）资产"科目核算村集体经济组织购入或培育的牲畜（禽）的成本，并设置"幼畜及育肥畜"和"产役畜"两个二级科目。其借方用来登记因购买、接受投资、接受捐赠等原因而增加的牲畜（禽）资产的成本以及幼畜及育肥畜的饲料费用，贷方登记因出售、对外投资、死亡毁损等原因而减少的牲畜（禽）资产的成本，以及役畜的成本摊销等。

（1）购入幼畜及育肥畜时
借：牲畜（禽）资产——幼畜及育肥畜（购买价及相关税费）
　　贷：现金、银行存款等
（2）发生饲养费用时
借：牲畜（禽）资产——幼畜及育肥畜
　　贷：应付工资、库存物资、现金等
（3）幼畜成龄转作产役畜时，按实际成本结转时
借：牲畜（禽）资产——产役畜
　　贷：牲畜（禽）资产　幼畜及育肥畜
（4）产役畜发生饲养费用时
借：经营支出
　　贷：应付工资、库存物资、现金等科目
（5）产役畜的成本扣除预计残值后的部分应在其正常生产周期内，按照直

线法分期摊销时
　　借：经营支出
　　　　贷：牲畜（禽）资产——产役畜
（6）幼畜及育肥畜和产役畜对外销售时
　　借：现金、银行存款等科目
　　　　贷：经营收入
同时，按照销售牲畜的实际成本：
　　借：经营支出
　　　　贷：牲畜（禽）资产——产役畜
（7）以幼畜及育肥畜和产役畜对外投资时，按照合同、协议确定的价值
　　借：长期投资（协议合同价）
　　　　贷：牲畜（禽）资产（账面价值）
　　　　　　公积公益金
（8）牲畜死亡毁损时，按规定程序批准后
　　借：应收款等科目（按照过失人及保险公司应赔偿的金额）
　　　　其他支出（按照扣除过失人和保险公司应赔偿金额后的净损失额）
　　　　贷：牲畜（禽）资产（按照牲畜资产的账面价值）
　　　　　　其他收入（按照过失人及保险公司应赔偿金额超过账面价值的净收益额）

【例 3-13】 向阳村 2015 年 1 月购入幼马 100 头，单价 480 元，运输等费用 2 000 元；购入 50 头幼牛，价值 30 000 元，全部用银行存款支付。在饲养过程中发生下列业务：

（1）2015 年为饲养幼畜发生的费用如下：养马人员工资 10 000 元，喂马用的饲料为 14 000 元；养牛人员工资 12 000 元，喂牛用的饲料为 18 000 元。

（2）2015 年 12 月 31 日，村集体经济组织当年购买的 100 头幼马经过精心饲养现已经成龄，转为役畜。

（3）2016 年 1 月向阳村饲养役畜（马）发生费用 10 000 元，用银行存款支付。

（4）2016 年 1 月 31 日，向阳村开始摊销役畜马的成本，役畜马预计使用 8 年，制度规定净残值率为成本的 5%。

账务处理如下：
（1）购买幼牛时：
　　借：牲畜（禽）资产——幼畜及育肥畜（马）　　50 000
　　　　　　　　　　　　——幼畜及育肥畜（牛）　　30 000
　　　　贷：银行存款　　　　　　　　　　　　　　　　80 000
（2）支付饲养幼畜及育肥畜费用时：

借：牲畜（禽）资产——幼畜及育肥畜（马）　　　　24 000
　　贷：应付工资　　　　　　　　　　　　　　　　10 000
　　　　库存物资——饲料　　　　　　　　　　　　14 000
借：牲畜（禽）资产——幼畜及育肥畜（牛）　　　　30 000
　　贷：应付工资　　　　　　　　　　　　　　　　12 000
　　　　库存物资——饲料　　　　　　　　　　　　18 000
（3）幼马转为产役畜时：
借：牲畜（禽）资产——产役畜（马）　　　　　　　74 000
　　贷：牲畜（禽）资产——幼畜及育肥畜（马）　　74 000
（4）结转产役畜发生饲养费时：
借：经营支出　　　　　　　　　　　　　　　　　　10 000
　　贷：银行存款　　　　　　　　　　　　　　　　10 000
（5）每月摊销产役畜（马）的成本时：
每年摊销的金额＝74 000×（1－5％）÷8＝8 787.50(元)
每月摊销的金额＝8 787.5÷12＝732.29(元)
借：经营支出　　　　　　　　　　　　　　　　　　732.29
　　贷：牲畜（禽）资产——产役畜（马）　　　　　732.29

三、林木资产的核算

村集体经济组织应设置"林木资产"科目核算其购入或营造的林木的成本。借方登记因购买、营造、接受捐赠等原因而增加的林木资产的成本，以及经济林木投产前、非经济林木郁闭前的培植费用；贷方登记因出售、对外投资、死亡毁损等原因而减少的林木资产的成本，以及非经济林木的成本摊销。同时设置"经济林木"和"非经济林木"两个二级科目进行明细核算。

（1）在购入经济林木时：
借：林木资产——经济林木（按购买价及相关税费）
　　贷：现金、银行存款等科目
（2）购入或营造的经济林木投产前发生培植费用时：
借：林木资产——经济林木
　　贷：应付工资、库存物资等科目
（3）经济林木投产后发生管护等费用时：
借：经营支出——林业生产支出
　　贷：应付工资、库存物资等科目
（4）经济林木投产后，在其正常生产周期内，按照直线法进行摊销时：
借：经营支出——林业生产支出
　　贷：林木资产——经济林木

(5) 购入非经济林木时：

借：林木资产——非经济林木（按购买价及相关税费）
　　贷：现金、银行存款等科目

(6) 支付非经济林木在郁闭前发生的培植费用时：

借：林木资产——非经济林木
　　贷：应付工资、库存物资等科目

(7) 支付非经济林木郁闭后发生管护等费用时：

借：经营支出——林业生产支出
　　贷：应付工资、库存物资等科目

(8) 按规定程序批准后，林木采伐出售时：

借：银行存款等科目
　　贷：经营收入——林业生产收入

同时，按照出售林木的实际成本转账

借：经营支出——林业生产支出
　　贷：林木资产——经济林木

(9) 以林木资产对外投资时：

借：长期投资等科目（投资合同或协议价值）
　　贷：林木资产——经济林木（账面价值）
　　　　公积公益金科目（按合同或协议确定的价值与林木资产账面价值之间的差额）

(10) 林木死亡毁损时，按规定程序批准后：

借：应收款——过失人及保险公司（按过失人及保险公司应赔偿的金额）
　　其他支出（按扣除过失人和保险公司应赔偿金额后的净损失）
　　贷：林木资产——经济林木（按照林木资产的账面价值）
　　　　其他收入（毁损林木资产的净收益）

【例 3-14】　向阳村 2015 年 1 月购入经济林木 50 000 元，投产前发生管护费用 10 000 元；投产后又发生管护费用 5 000 元；预计经营 10 年，假定预计残值率为 5%。2015 年 12 月销售林木一批，款项 100 000 元存入银行。

(1) 购入经济林木时：

借：林木资产——经济林木	50 000	
贷：银行存款		50 000

(2) 支付投产前的管护费用时：

借：林木资产——经济林木	10 000	
贷：银行存款		10 000

(3) 支付投产后的管护费用时：

借：经营支出 5 000
　　贷：银行存款 5 000
(4) 每月进行摊销成本时：
每年摊销额＝60 000×(1－5％)÷10＝5 700(元)
每月摊销额＝5 700÷12＝475（元）
借：经营支出——林业生产支出 475
　　贷：林木资产—经济林木 475
(5) 销售林木时：
借：银行存款 100 000
　　贷：经营收入——林业生产收入 100 000

项目三　对外投资的核算

一、对外投资概述

村集体经济组织可以根据国家相关法律法规的规定，采用货币资金、实物资产等向其他企业进行投资。按照对外投资的目的与期限的不同，可分为短期投资和长期投资，其中短期投资指能够随时变现并且持有时间不准备超过一年（含一年）的有价证券等投资；长期投资指不准备在一年内（不含一年）变现的有价证券等投资，其目的除了获取盈利外，更重要的是为了长远发展战略，借以控制被投资企业。

1. 对外投资应考虑的因素

村集体经济组织在对外投资时，对于不同投资类型的选择要从以下几个方面考虑：

① 投资的目标和预期收益率。投资前首先要明确希望达到的目标，即投资报酬率。一般不应低于同期银行存款的利息率，否则把钱存在银行更安全。

② 风险态度和风险承受力。收益和风险就像是一对孪生姐妹，风险大往往收益高，风险小则收益少；要获得高收益往往要承担高风险。所以，在期望获取高收益时，一定要权衡风险承受能力。相对而言，股票风险最高，债券次之，风险最小的是银行存款。

③ 投资期限长短。投资期限的长短与投资方式的选择有直接关系，期限在一年以上，可选择有预期高收益的实体企业投资、长期债券投资；期限在一年以下，可选择短期的投资，如银行的定期或活期存款，股市行情看好时，可选择股票投资；也可选择流动性好的债券投资。

2. 对外投资的管理

① 村集体经济组织应当建立健全对外投资业务内部控制制度，明确审批人和经办人的权限、程序、责任和相关控制措施。对于审批人超越授权审批的

对外投资业务，经办人有权拒绝办理，并及时向民主理财小组或上级主管部门反映。

② 村集体经济组织的对外投资业务（包括对外投资决策、评估及其收回、转让与核销），应当实行集体决策制度，严禁任何个人擅自决定对外投资或者改变集体决策意见。村集体经济组织应当建立对外投资责任追究制度，对在对外投资中出现重大决策失误、未履行集体审批程序和不按规定执行对外投资业务的人员，应当追究相应的责任。

③ 村集体经济组织应当对对外投资业务各环节设置相应的记录或凭证，并加强对审批文件、投资合同或协议、投资方案书、对外投资有关权益证书、对外投资处置决议等文件资料的管理，明确各种文件资料的取得、归档、保管、调阅等各个环节的管理规定及相关人员的职责权限。

④ 村集体经济组织应当加强投资收益的控制，对外投资获取的利息、股利以及其他收益，均应纳入会计核算，严禁设置账外账。另外还应定期或不定期对对外投资业务内部控制进行监督检查，对发现的薄弱环节，应当及时采取措施，加以纠正和完善。

⑤ 村集体经济组织应加强对各种有价证券的管理。要建立有价证券登记簿，详细记载各种有价证券的名称、券别、购买日期、号码、数量和金额，并且指定专人管理。

3. 对外投资入账价值的确定

① 以现金、银行存款等货币资金方式向其他单位投资的，按照实际支付的价款计价。

② 以实物资产（含牲畜和林木）方式向其他单位投资的，按照评估确认或者合同、协议确定的价值计价。

其中：以实物资产方式对外投资，其评估确认或合同、协议确定的价值必须真实、合理，不得高估或低估资产价值。实物资产重估确认价值与其账面净值之间的差额，计入公积公益金；购买股票或债券时所发生的各项费用，包括经纪人佣金、税金以及手续费等，也应计入投资成本。

一般而言，如果长期投资中含有已经宣告但尚未支付的现金股利，或者已到付息日但尚未领取的债券利息，则应按照长期投资的账面价值减去应收股利或应收利息，加上应支付的相关税费后的金额计价。

③ 村集体经济组织对外投资分得的现金股利或利润、利息等计入投资收益。出售、转让和收回对外投资时，按实际收到的价款与其账面价值的差额，计入投资收益。

二、短期投资的核算

村集体经济组织应设置"短期投资"科目，核算村集体经济组织购入的各种能随时变现并且持有时间不准备超过一年（含一年）的股票、债券等有价证券等投资。进行短期投资时，按照实际支付的价款（包括手续费等相关费用），借记"短期投资"科目，贷记"现金""银行存款"等科目；出售或到期收回有价证券等短期投资时，按实际收回的价款，借记"现金""银行存款"等科目，按原账面价值，贷记"短期投资"科目，实际收回价款与原账面价值的差额借记或贷记"投资收益"科目。"短期投资"科目应按短期投资的种类设置明细科目，进行明细核算。

【例3-15】 向阳村2015年1月1日购入甲上市公司同日发行的债券50 000元作为短期投资进行管理，该债券每半年付息一次、到期还本。票面利率6%，另外发生相关手续费支出500元。

借：短期投资——债券投资　　　　　　　　　　　　　　50 500
　　贷：银行存款　　　　　　　　　　　　　　　　　　　　50 500

【例3-16】 承【例3-15】，向阳村于2015年7月6日收到债券利息1 500元。2015年12月8日在证券交易所出售，所得款项55 000元存入银行。

（1）2015年6月30日计息：
借：应收款——债券利息　　　　　　　　　　　　　　　1 500
　　贷：投资收益　　　　　　　　　　　　　　　　　　　　1 500

（2）2015年7月6日收到利息：
借：银行存款　　　　　　　　　　　　　　　　　　　　1 500
　　贷：应收款——债券利息　　　　　　　　　　　　　　　1 500

（3）2015年12月8日出售债券时：
借：银行存款　　　　　　　　　　　　　　　　　　　　55 000
　　贷：短期投资　　　　　　　　　　　　　　　　　　　　50 500
　　　　投资收益　　　　　　　　　　　　　　　　　　　　4 500

三、长期投资的核算

村集体经济组织应设置"长期投资"科目，核算村集体经济组织不准备在一年内（不含一年）变现的各项投资，同时按长期投资的种类（比如股票投资、债券投资和其他投资等，其中用实物资产对外投资的一律计入"其他投资明细账"）设置明细科目，进行明细核算。当村集体经济组织以现金或实物资产（含牲畜和林木）等方式进行长期投资时，按照实际支付的价款或合同、协议确定的价值，借记"长期投资"科目，贷记"现金""银行存款"等科目，合同或协议约定的实物资产价值与原账面价值之间的差额，借记或贷记"公积公益金"科目。

收回投资时，按实际收回的价款，借记"现金""银行存款"等科目，按投资的账面价值，贷记"长期投资"科目，实际收回价款或价值与原账面价值的差额借记或贷记"投资收益"科目。当被投资单位宣告分配现金股利或利润时，借记"应收款"科目，贷记"投资收益"科目；实际收到现金股利或利润时，借记"现金""银行存款"等科目，贷记"应收款"科目。如果投资发生损失时，应按规定程序批准后：应由责任人赔偿的金额，借记"应收款""内部往来"等科目；按照扣除由责任人赔偿金额后的净损失，借记"投资收益"科目，按照发生损失的投资的账面金额，贷记"长期投资"科目。

村集体经济组织以固定资产对外进行长期投资时，应按照双方协商确定的价值，借记"长期投资——其他投资"科目，按照已计提的折旧，借记"累计折旧"科目，按照投出固定资产的账面原始价值，贷记"固定资产"科目。其差额借记或贷记"公积公益金"科目。

村集体经济组织以土地使用权对外进行长期投资时，由于土地使用权未作资产处理，故投资时，借记"长期投资——其他投资"科目，贷记"公积公益金"科目。如果已做无形资产处理，则投资时，借记"长期投资——其他投资""累计摊销"科目，贷记"无形资产"科目，其差额借记或贷记"公积公益金"科目。

【例3-17】村集体经济组织2015年2月1日购入乙上市公司发行的股票5 000股，准备长期持有，该股票价格为每股8元，同时支付相关税费3 000元，款项已通过存款支付。

借：长期投资——股票投资　　　　　　　　　　　　　　　43 000
　　贷：银行存款　　　　　　　　　　　　　　　　　　　　43 000

【例3-18】承【例3-17】，2015年12月31日，该乙上市公司宣告发放现金股利每股分派0.50元，并于2016年2月1日实际支付。

（1）2015年12月31日该上市公司宣告分派现金股利时：

借：应收款——股票股利　　　　　　　　　　　　　　　　2 500
　　贷：投资收益　　　　　　　　　　　　　　　　　　　　2 500

（2）2016年2月1日实际收到分派的现金股利时：

借：银行存款　　　　　　　　　　　　　　　　　　　　　2 500
　　贷：应收款——股票股利　　　　　　　　　　　　　　　2 500

【例3-19】承【例3-18】，2016年5月1日，村集体经济组织将作为长期投资的乙公司股票3 000股出售，每股售价11元，支付相关税费3 000元，款项已通过银行收讫，该股票的账面价值为24 200元。

借：银行存款　　　　　　　　　　　　　　　　　　　　　30 000
　　贷：长期投资——股票投资　　　　　　　　　　　　　　24 200
　　　　投资收益　　　　　　　　　　　　　　　　　　　　5 800

项目四　固定资产和无形资产的核算

一、固定资产的核算

（一）固定资产概述

村集体经济组织固定资产是指使用期限超过1年、单位价值在规定标准以上，并且在使用过程中能保持原有物质形态的资产，包括房屋建筑物、机器设备、工具器具等劳动资料和村基本建设设施。某些主要生产工具和设备，虽然单位价值低于规定标准的单价标准，但使用期限在1年以上的，也可以列为固定资产。

由于村集体经济组织兼具生产经营和社区管理双重职能，用于社区管理和公益事业的固定资产，如村办小学和敬老院的房屋、建筑物、设备、车辆等，虽然不能给村集体经济组织带来直接的经济利益，但能为村集体经济组织提供服务潜能故列入村集体经济组织的固定资产，也应该按照使用年限计提折旧。因此固定资产可以按其经济用途分为生产经营用固定资产和非生产经营用固定资产两大类：其中生产经营用固定资产指直接用于生产经营或生产服务的各种固定资产，如生产经营用房屋及建筑物、机器、设备、工具、器具及农业基本建设设施等，还包括属于农业基本建设设施的固定资产，如晒场、水渠、道路、桥涵、贮窖、堤坝、水库、鱼池、水塘、蓄水池等。非生产经营用固定资产指不直接用于生产经营或生产服务的各种固定资产。如医务室、广播站、幼儿园、学校、文化活动室等方面的用房、相关设备等。

为保证集体资产的安全、完整和有效使用，村集体经济组织应当加强对固定资产的管理和控制。一般来说，应该做好以下方面的工作：

① 建立固定资产管理制度。建立健全固定资产购买、保管、使用和内部控制制度，明确固定资产的购置审批程序，避免决策失误；固定资产购买、保管、使用落实专人负责，建立岗位责任制，并定期对固定资产进行盘点清查，做到账实相符。

② 设置固定资产管理账册，并及时登记固定资产的变动情况。除建立固定资产明细账外，还要有固定资产实物管理卡片等辅助性的账册，随时登记其变动情况，具体掌握固定资产实际所在地点、价值状况，确保固定资产的安全。

③ 严格履行固定资产处置手续。村集体经济组织发生固定资产需处置时，如报废、出租、转让、对外投资等，应经村集体经济组织成员大会或代表会讨论通过，并进行公示，并严格履行会计手续，及时进行账务处理。

（二）固定资产入账价值的确定

村集体经济组织固定资产取得时的入账价值，应当包括为购建某项固定资产达到预定可使用状态前所发生的一切合理的、必要的支出，这些支出既有直接发生的，如支付的固定资产的价款、运杂费、包装费和安装成本等，也有间接发生的，如应予以资本化的借款利息和外币借款折合差额以及应予以分摊的其他间接费用等。由于固定资产的来源渠道不同，其价值构成的具体内容也有所差异，因此固定资产的入账价值应当根据具体情况分别予以确定。

① 购入的固定资产，不需要安装的，按实际支付的买价加采购费、包装费、运杂费、保险费和交纳的有关税金等计价；需要安装或改装的，还应包括安装费或改装费。

② 新建的房屋及建筑物、农业基本建设设施等固定资产，应按建造该项资产达到预定可使用状态前所发生的全部支出，作为入账价值。

③ 投资者投入的固定资产，按投资各方确认的价值作为入账价值。

④ 在原有固定资产的基础上进行改建、扩建的，按原有固定资产的账面价值加上改建、扩建而使该项固定资产达到预定可使用状态前发生的支出，减去改建、扩建过程中发生的变价收入后的净值作为入账价值。

⑤ 接受捐赠的固定资产，应按以下情况分别确定其入账价值。

a. 捐赠方提供了有关凭据的，按凭据上标明的金额加上应支付的相关税费作为入账价值。b. 捐赠方没有提供有关凭据的，按如下顺序确定其入账价值：同类或类似固定资产存在活跃市场的，按同类或类似固定资产的市场价格估计的金额，加上应支付的相关税费，作为入账价值；同类或类似固定资产不存在活跃市场的，按接受捐赠的固定资产的预计未来现金流量现值，作为入账价值。如果受赠的系旧的固定资产，按照上述方法确认的价值，减去按该项资产的新旧程度估计的价值损耗后的余额，作为入账价值。

⑥ 盘盈的固定资产，按同类或类似固定资产的市场价格，减去按该项资产的新旧程度估计的价值损耗后的余额，作为入账价值。

⑦ 经批准无偿调入的固定资产，按调出单位的账面价值加上调入过程中发生的运输费、安装费等相关费用作为入账价值。

固定资产的入账价值中，还应当包括为取得固定资产而交纳的契税、耕地占用税、车辆购置税等相关税费。

（三）固定资产增加的核算

1. 外购的固定资产

购入不需要安装的固定资产，按原价加采购费、包装费、运杂费、保险费和相关税金等，借记"固定资产"科目，贷记"现金""银行存款"等科目。购入需要安装的固定资产，先通过"在建工程"科目核算，待安装完毕交付使用时，再按照其实际成本，借记"固定资产"科目，贷记"在建工程"科目。

【例3-20】 向阳村于2015年3月1日购入大棚用履带开沟机，价款35 000元通过银行转账支付。

借：固定资产——生产经营用固定资产（大棚用履带开沟机）
　　　　　　　　　　　　　　　　　　　　　　　　35 000
　　贷：银行存款　　　　　　　　　　　　　　　　35 000

【例3-21】　向阳村于2015年5月6日购入需要安装的设备一台，以银行存款支付设备款28 000元，以现金支付安装费2 000元。

（1）支付设备款时：
借：在建工程——安装工程　　　　　　　　　　　28 000
　　贷：银行存款　　　　　　　　　　　　　　　　28 000
（2）支付安装费时：
借：在建工程——安装工程　　　　　　　　　　　 2 000
　　贷：银行存款　　　　　　　　　　　　　　　　 2 000
（3）设备安装完毕，交付使用时：
借：固定资产　　　　　　　　　　　　　　　　　30 000
　　贷：在建工程——安装工程　　　　　　　　　　30 000

2. 自行建造的固定资产

自行建造的固定资产主要包括自营和出包等两种方式。建造过程中发生的全部支出均要通过"在建工程"科目进行核算。工程达到预定可使用状态，即完工并交付使用时，再把"在建工程"科目核算的实际成本转入"固定资产"科目。但对于没有形成固定资产的工程支出，如修路、维修农业基本设施、清理鱼塘、平整学校操场等，应转入"经营支出"或"其他支出"等科目。同时应在"在建工程"总账科目下，根据需要设置"自营工程""出包工程"两个二级科目，并按照工程项目的种类设置明细账户，进行明细核算。

那么，在实际工作中如何判断工程支出是否为固定资产？一般应根据乡（镇）财政部门（或经管站）确定的标准进行确定；如无标准的，也可由村集体经济组织根据项目性质或项目金额的大小确定，比如用于生产经营或金额超过10万元的工程支出为固定资产等。

【例3-22】　2016年4月，向阳村自建敬老院房屋六间，建造过程中发生下列经济业务：

（1）购入建造房屋的建筑材料一批，价税款共计36 000元，以银行存款支付时：
借：库存物资——建筑材料　　　　　　　　　　　36 000
　　贷：银行存款　　　　　　　　　　　　　　　　36 000
（2）工程领用全部建筑材料时：
借：在建工程——自营工程（敬老院）　　　　　　36 000
　　贷：库存物资——建筑材料　　　　　　　　　　36 000
（3）以银行存款支付1 800元的工程水电费时：

借：在建工程——自营工程（敬老院） 1 800
　　　贷：银行存款 1 800
（4）结算工程应负担的劳务费用15 000元，其中8 000元以现金支付，另外7 000元属于"一事一议"的筹资、筹劳用工：
借：在建工程——自营工程（敬老院） 15 000
　　　贷：现金 8 000
　　　　　公积公益金 7 000
（5）房屋完工，验收合格后交付使用时：
借：固定资产——房屋（敬老院） 52 800
　　　贷：在建工程——自营工程（敬老院） 52 800

【例3-23】 2015年6月18日，向阳村为绿化村庄时发生支出18 000元，清理鱼塘时发生支出46 000元。上述款项已用银行存款支付。但两项工程完工后，均未形成固定资产。

（1）支付费用时：
借：在建工程——村庄绿化 18 000
　　　　　　　——清理鱼塘 46 000
　　　贷：银行存款——信用社 64 000
（2）工程完工时：
借：其他支出——绿化村庄 18 000
　　经营支出——清理鱼塘 46 000
　　　贷：在建工程——绿化村庄 18 000
　　　　　　　　　——清理鱼塘 46 000

假设上例清理鱼塘支出为115 000元，以银行存款支付。账务处理如下：
（1）发生费用时：
借：在建工程——清理鱼塘 115 000
　　　贷：银行存款 115 000
（2）工程完工交付使用时：
借：固定资产——鱼塘 115 000
　　　贷：在建工程——清理鱼塘 115 000

3. 改建、扩建的固定资产

村集体经济组织根据生产经营的情况，有时需要对原有固定资产进行改建或扩建。对于在改扩建过程中拆除部分的固定资产价值，从理论上讲应该从原有的固定资产中扣除，但在实际工作中，为了简化核算工作，一般情况下不予扣除。固定资产改建、扩建后的价值应在原有固定资产账面价值的基础上，加上改建扩建工程中发生的支出，减去改建、扩建过程中发生的变价收入后进行确定，如对集体资产进行改造等。根据会计制度规定，改扩建固定资产业务通过"在建工程"科目核算。

在原有固定资产的基础上进行改建扩建，虽然不增加固定资产数量，但其价值有所增加。村集体经济组织进行固定资产的改扩建，可以采用自营方式，也可以采用出包方式。不论采用哪种方式，都需要注意以下问题。

一是有关改扩建后固定资产折旧的计提。固定资产改建扩建后应重新确定其价值和使用年限，在确定的使用年限内根据选用的折旧方法计提折旧。

二是有关改扩建工程的成本结转问题。一是改扩建工程形成固定资产，在改扩建工程完工交付使用时，其成本应转入"固定资产"科目；二是改扩建工程没有形成固定资产，改扩建程项目完成时，其成本应计入"经营支出"或"其他支出"科目。另外，对于改扩建过程中发生报废或者毁损，应按规定程序报批，把在扣除残料价值和过失人及保险公司赔款后的净损失，计入工程成本；如果单项工程报废以及由于自然灾害等非常原因造成的报废或者毁损，其净损失应计入其他支出。

【例3-24】 2015年5月18日，向阳村的办公楼因多年使用需要改建，原值800 000元，已计提折旧500 000元，改建过程中，拆除部分建筑获得残值收入20 000元。改建工程中发生改建支出300 000元，各项收支均通过银行结算。改建完工后，验收合格，投入使用。账务处理如下：

（1）办公楼转入改建工程时：
借：在建工程——办公楼　　　　　　　　　　　　　300 000
　　累计折旧　　　　　　　　　　　　　　　　　　500 000
　　贷：固定资产——办公楼　　　　　　　　　　　　　　800 000

（2）拆除部分建筑，获得残料变价收入时：
借：银行存款　　　　　　　　　　　　　　　　　　20 000
　　贷：在建工程——办公楼　　　　　　　　　　　　　　20 000

（3）支付改建费用时：
借：在建工程——办公楼　　　　　　　　　　　　　300 000
　　贷：银行存款　　　　　　　　　　　　　　　　　　　300 000

（4）完工验收，交付使用时：
借：固定资产——办公楼　　　　　　　　　　　　　580 000
　　贷：在建工程——办公楼　　　　　　　　　　　　　　580 000

4. 通过"一事一议"筹资筹劳方式增加的固定资产

村集体经济组织通过"一事一议"形式筹资和筹劳兴建公益事业，如果形成固定资产，则通过"在建工程"科目核算，待完工交付使用时再转入"固定资产"科目，同时贷记"公积公益金"科目；如果没有形成固定资产则转入"其他支出"科目核算。

5. 投资者投入的固定资产

投资者投入的固定资产，按照投资双方确认的价值，借记"固定资产"科目，根据投资者所持有的投资比例所确定的投资额，贷记"资本"科目；二者之间的差额，借记或贷记"公积公益金"科目。

6. 盘盈的固定资产

村集体经济组织在财产清查中盘盈的固定资产，按照同类设备的市场价格，借记"固定资产"科目，贷记"其他收入——资产盘盈"科目。

（四）固定资产折旧的核算

固定资产折旧，简称折旧，是指在固定资产的使用寿命内，按照确定的方法对应计提折旧总额进行的系统分摊。

其中，使用寿命是指固定资产预期使用的年限；应计提折旧总额是指应当计提折旧的固定资产的原值减去预计残值加上预计清理费用后的余额。

计提固定资产折旧，是对固定资产由于损耗而转移到产品或费用中去的那一部分价值的补偿。固定资产的损耗分为有形损耗和无形损耗，不论何种损耗都会引起固定资产价值的减少，因此从本质上讲，折旧是一种费用。

1. 影响固定资产折旧的因素

一般来讲，影响固定资产折旧的主要因素有以下三个。

（1）固定资产原值。即指固定资产的成本亦称固定资产的折旧基数。在具体计提固定资产折旧时，应以当月月初应计提的固定资产账面原值为依据。对已达到预定可使用状态、但尚未办理竣工决算的固定资产，应当按照估计价值确定其成本，并计提折旧；待办理竣工决算手续后，再按实际成本调整原来的暂估价值，但不需要调整原已计提的折旧额。

（2）固定资产的净残值。是指假定固定资产预计使用寿命已满并处于使用寿命终了时的预期状态，村集体经济组织从目前该项固定资产处置中获得的扣除预计处置费用后的金额。净残值可以根据给定的净残值率进行确定。

（3）固定资产的使用寿命。是指使用固定资产的预计期间或者该固定资产所能生产产品或提供劳务的数量。在确定固定资产使用寿命时，应当考虑下列因素：一是该资产的预计生产能力或实物产量；二是该资产的有形损耗，如设备使用中发生磨损、房屋建筑物受到自然侵蚀等；三是该资产的无形损耗，如因新技术的出现而使现有的资产技术水平相对陈旧、市场需求变化使产品过时等；四是有关法律或类似规定对该项资产使用的限制。具体到某一项固定资产的预计使用寿命，应在考虑上述因素的基础上，结合不同固定资产的性质、消耗方式、所处环境等因素作出判断。在相同环境条件下，对于同样的固定资产的预计使用寿命应具有相同的使用寿命。

2. 计提固定资产折旧的范围

确定固定资产折旧的范围，一是要从空间范围上确定哪些该提，哪些不该提；二是从时间范围上确定应提取折旧的固定资产什么时间开始提，什么时间停止提取折旧。

（1）计提折旧的空间范围　村集体经济组织的下列固定资产应当计提折旧：房屋和建筑物；在用的机器设备、运输车辆以及工具器具；季节性停用、大修理停用的固定资产；以融资租赁方式租入的固定资产以及以经营租赁方式租出的固定资产。

下列固定资产不计提折旧：房屋、建筑物以外的未使用、不需用固定资产；以经营租赁方式租入的固定资产；已经提足折旧仍在继续使用的固定资产以及国家规定不提折旧的其他固定资产。

（2）计提折旧的时间范围　村集体经济组织计提固定资产折旧时，一般按月提取：当月增加的固定资产，当月不提折旧，从下月起计提折旧；当月减少的固定资产，当月照提折旧，从下月起不提折旧。固定资产提足折旧后，不管能否继续使用，均不再提取折旧；提前报废的固定资产，也不再补提折旧。

3. 固定资产可选用的折旧方法

村集体经济组织必须建立固定资产折旧管理制度，按月或按季、按年提取固定资产折旧。计提可根据固定资产性能与特点选择"平均年限法"或者"工作量法"，但是折旧方法一经选定，不得随意变动。

（1）平均年限法　平均年限法，是指将固定资产的应计折旧总额在固定资产整个预计使用年限内平均分摊的一种折旧方法，也称直线法。它是指根据固定资产原值、预计净残值和规定的预计使用年限，平均计算固定资产折旧额的。这种方法最大的特点是，每个会计期间计提的折旧额是相等的和不变的。其计算公式为：

年折旧率＝(1－预计净残值率)÷预计使用年限×100％

＝固定资产的年折旧额÷固定资产原值×100％

月折旧率＝年折旧率÷12

月折旧额＝固定资产原价×月折旧率

或：

$$年折旧额 = \frac{固定资产价值 - 预计净残值}{预计折旧年限}$$

$$= \frac{固定资产价值 \times (1 - 预计净残值率)}{预计折旧年限}$$

月折旧额＝年折旧额÷12

其中，关于固定资产的折旧年限，《企业所得税法实施条例》第六十条规定：除国务院财政、税务主管部门另有规定外，固定资产计算折旧的最低年限如下：

① 房屋、建筑物，为20年；

② 飞机、火车、轮船、机器、机械和其他生产设备，为10年；

③ 与生产经营活动有关的器具、工具、家具等，为5年；

④ 飞机、火车、轮船以外的运输工具，为4年；

⑤ 电子设备，为3年。

【例3-25】 某村集体经济组织有一仓库，原值80 000元，预计可使用20年，预计净残值率为4%。该仓库的年折旧额、年折旧率、月折旧率、月折旧额计算如下：

$$年折旧额 = \frac{80\,000 \times (1-4\%)}{20} = 3\,840(元)$$

$$年折旧率 = \frac{3\,840}{80\,000} \times 100\% = 4.8\%$$

或

$$= \frac{1-4\%}{20} \times 100\% = 4.8\%$$

月折旧率 = 4.8% ÷ 12 = 0.4%

月折旧额 = 80 000 × 0.4% = 320(元)

(2) 工作量法　工作量法，是指将固定资产的应计折旧总额在固定资产预计总工作量中平均分摊的一种方法，它是根据实际工作量计提折旧额的。这种方法可以弥补平均年限法只注重使用寿命，不考虑固定资产使用强度的缺点。其计算公式为：

单位工作量折旧额 = 固定资产原值 × (1 - 预计残值率) ÷ 预计总工作量
　　　　　　　　 = (固定资产原值 + 预计清理费用 - 预计残值) ÷ 预计总工作量

某项固定资产月折旧额 = 该项固定资产当月的实际工作量 × 单位工作量折旧额

【例3-26】 假设某项设备原值为500 000元，预计净残值为15 000元，预计工作量160 000小时。本月工作200小时。

$$单位小时折旧额 = \frac{500\,000 - 15\,000}{160\,000} = 3.03(元)$$

月折旧额 = 200 × 3.03 = 606(元)

4. 固定资产折旧的核算

一般情况下，村集体经济组织是通过编制"固定资产折旧计算表"（如表3-1）按月计提固定资产折旧，并且按照固定资产的用途分别计入相关成本费用科目，其中：生产经营用固定资产计提的折旧，借记"生产（劳务）成本"或"经营支出"科目，管理用固定资产计提的折旧借记"管理费用"科目，公益性用途的固定资产计提的折旧，借记"其他支出"科目，然后贷记"固定资产折旧"科目。

【例3-27】 向阳村2015年8月份，应计提固定资产的折旧额如表3-1所示。

表 3-1 固定资产折旧计算表

使用部门	上月计提的折旧额	上月增加固定资产应计提折旧额	上月减少固定资产应计提折旧额	本月应计提的折旧额
生产用固定资产	40 000	4 000	2 000	42 000
管理用固定资产	8 000	400		8 400
医务室固定资产	10 000	200	600	9 600
租出的固定资产	1 000			1 000
合计	59 000	4 600	2 600	61 000

根据 2015 年 8 月份的固定资产折旧计算表，作如下账务处理：

借：生产（劳务）成本　　　　　　　　　　　42 000
　　管理费用——折旧费　　　　　　　　　　 8 400
　　应付福利费——折旧费　　　　　　　　　 9 600
　　经营支出——折旧费　　　　　　　　　　 1 000
　　贷：累计折旧　　　　　　　　　　　　　　　　61 000

（五）固定资产减少的核算

村集体经济组织固定资产的减少一般是指固定资产的实物形态消失或因所有权发生转移，这时需注销账面原值，保持账实相符的情况。固定资产减少的具体原因和形式主要包括出售、报废或毁坏、对外投资及盘亏等，因此对于各种情况引起的固定资产减少都要按照规定的程序进行审批，及时清理并核算。

固定资产清理的处理步骤是：首先应按一定的程序审批，填写固定资产报废、毁坏等清理单，由资产使用人和保管人签名，并说明报废或毁损的原因，交由村委会按照规定的审批权限审批，然后再根据清理的具体情况及时进行会计核算。

固定资产清理的核算是通过设置"固定资产清理"账户进行的。该账户借方登记转入清理的固定资产净值和发生的清理费用，贷方登记被清理固定资产的变价收入及应由保险公司或过失人承包的损失赔偿。清理完毕，其净收益或净损失应从其借方或贷方分别转入"其他收入"账户的贷方或"其他支出"的账户的借方。期末借方或贷方余额，表示尚未清理完毕的固定资产的净损失或净收益。在"固定资产清理"账户下，按被清理固定资产设置明细账户，进行明细分类核算。

1. 报废或毁损固定资产

村集体经济组织对那些由于使用而不断磨损直至最终报废，或由于技术进步等原因发生提前报废，或由于遭受自然灾害等非正常原因损失的固定资产应及时进行清理。对于报废或毁损的固定资产在账务处理上一般可分为以下几步：注销账面价值；支付相关费用；出售残料和结转损益等。

【例 3-28】 村集体经济组织一台机器设备毁损，其账面原价为 60 000 元，累计已计提折旧 20 000 元，支付清理费用 3 000 元，残料变价收入 8 000 元存入银行，保险公司承担损失 20 000 元。

(1) 注销仓库原价及累计折旧

借：固定资产清理	40 000
累计折旧	20 000
贷：固定资产	60 000

(2) 支付清理费用

借：固定资产清理	3 000
贷：银行存款	3 000

(3) 取得残料变价收入

借：银行存款	8 000
贷：固定资产清理	8 000

(4) 确定保险公司理赔

借：应收款——保险公司	20 000
贷：固定资产清理	20 000

(5) 结转设备毁损损失

借：其他支出	15 000
贷：固定资产清理	15 000

【例 3-29】 承上例，假定该设备已计提折旧 30 000 元，残料变价收入为 16 000 元，那么清理该设备就会取得的净收益 3 000 元。会计处理为：

借：固定资产清理	3 000
贷：其他收入	3 000

2. 盘亏固定资产

对于在财产清查中发现的固定资产盘亏，首先应查明原因，并制定出相应措施，借以确保财产物资的安全完整；然后再根据不同的原因分别进行会计核算。其中过失人和保险公司理赔的部分计入"应收款"科目，其盘亏的净值计入"其他支出"科目。账务处理是：

借：其他支出
　　累计折旧
　　应收款——过失人或保险公司
　　贷：固定资产

（六）固定资产维修及租赁的核算

1. 固定资产维修业务的核算

固定资产在使用过程中，由于各种原因可能会发生局部的毁损。为了保证固定资产能够正常运转，充分发挥其使用效能，就有必要经常或定期地对固定资产进行检修，为此会发生一定的修理费用。为了简化核算手续，对固定资产的维修不再区分为改良性支出还是修理性支出，均作为当期费用并按照固定资产的用途分别处理：生产经营用固定资产的修理支出计入"经营支出"科目；管理用固定资产的修理支出计入"管理费用"科目；公益性固定资产的修理支出计入"其他支出"科目。

2. 固定资产租赁业务的核算

村集体经济组织租入的固定资产按其租赁期满后使用权是否转移为标准分为经营租赁和融资租赁两种方式。由于租赁方式的不同，会计核算方法自然相同。

(1) 经营性租赁　经营性租赁是一种单纯的转让固定资产使用权的租赁业务，其目的主要是为了解决出租人当期固定资产闲置和承租人当期对固定资产临时需要的问题。

村集体经济组织租入的固定资产因为没有取得所有权，故不作为固定资产入账，但必须在备查簿中进行登记，对其所支付的租赁费，则可根据租入固定资产的用途分别计入"经营支出"或"其他支出"科目。对其所发生的正常修理费用，如果约定由承租人负担，则应分别计入"经营支出"或"其他支出"科目。

村集体经济组织的固定资产有一部分可能会出租或者承包给有关单位或农户个人使用，租出的固定资产所有权仍属于村集体经济组织，因此需要对租出的固定资产进行核算。当固定资产使用权租出或者承包转让后，应当按照租赁合同或承包合同规定收取的租赁费或者承包费，计入"经营收入"科目。

(2) 融资租赁　融资租赁是指出租人按承租人的要求出资购买设备，在合同规定期限内长期提供给承租人使用的信用业务。一般情况下，村集体经济组织只有融资租入固定资产业务，对租入的固定资产，应视为自有固定资产处理。

村集体经济组织融资租入的固定资产，应在"固定资产"总账下设置"融资租入固定资产"明细账进行核算。同时将未来的定期付款义务作为负债，在"长期借款及应付款"总账下设置"应付融资租赁费"明细账进行核算。

【例3-30】　向阳村融资租入一台生产经营用设备，价值200 000元。合同约定，价款分5年期付清，每年末等额支付40 000元，余款按10%计付利息，共需支付利息60 000元（五年分别为20 000元、16 000元、12 000元、8 000元和4 000元），全部款项付清后，设备归向阳村所有。

(1) 取得融资租赁设备时：

借：固定资产——融资租入固定资产　　　　　　　　200 000
　　贷：长期借款及应付款——应付融资租赁费　　　　　　200 000

(2) 以银行存款支付第一年租金时：

借：长期借款及应付款——应付融资租赁费 40 000
　　经营支出 20 000
　　　贷：银行存款 60 000
后四年支付租金的会计处理与（2）相同。
（3）第五年年末，付完最后一笔租金并办理产权转移手续时：
借：固定资产——生产经营用固定资产 200 000
　　贷：固定资产——融资租入固定资产 200 000

二、无形资产的核算

（一）无形资产的概述

无形资产是指村集体经济组织拥有的或者控制的没有实物形态的可辨认非货币性资产，包括商标权、专利权、著作权、土地使用权、非专利技术、特许权等。其中专权利必须由国家机关授予或经双方签订契约规定：如发明创造专利权是由国家专利局审查授予，商标权是由国家商标局审核确认等；村集体经济组织购入的不构成相关硬件不可缺少部分的应用软件，应作为无形资产处理。无形资产是村集体经济组织资产的重要组成部分，在开展各项活动中发挥着重要作用。

财政部财会〔2004〕12号《村集体经济组织会计制度》未设置"无形资产"科目。如果村集体经济组织在日常的管理与经营活动中，涉及无形资产业务的，可以自行设置"无形资产"科目，用来核算其无形资产的增减变动情况。"无形资产"科目应按照无形资产的类别、项目等进行明细核算，期末余额在借方，反映村集体经济组织拥有的无形资产的原价。

无形资产是长期资产，其成本应当在有效使用年限内进行系统合理的分摊，分摊的行为称之为无形资产的摊销。无形资产的摊销核算需要考虑的因素，包括无形资产成本、预计残值、摊销方法、摊销期限以及摊销开始月份等。摊销的金额应按照无形资产的用途分别计入"经营支出"或"其他支出"科目，同时设置"累计摊销"科目反映无形资产价值的摊销情况。

（二）无形资产的核算

村集体经济组织的无形资产应在取得时进行初始确认，并在使用寿命内采用直线法进行摊销；根据无形资产的实际状况和有关的政策制定规定，进行处置；处置的方式包括转入、无偿调出、对外捐赠以及对外投资等。

1. 无形资产增加的核算

外购是村集体经济组织取得无形资产的主要方式。外购的无形资产，其成本包括购买价款、相关税费以及可归属于该项资产达到预定用途所发生的其他支出。购入无形资产时，按照确定的无形资产成本，借记"无形资产"科目，贷记"银行存款"等科目。

接受捐赠或无偿调入的无形资产，其成本按照有关凭据注明的金额加上相关税费等确定；没有相关凭据的，其成本比照同类或类似无形资产的市场价格加上相关税费确定；没有相关凭据、同类或类似无形资产的市场价格也无法可靠取得的，该资产可按照名义金额（1元）入账。

2. 无形资产摊销的核算

村集体经济组织应当采用直线法对无形资产进行摊销。无形资产的应摊销金额为其成本。村集体经济组织应按照如下原则取得无形资产的摊销年限：①法律规定有效年限的，以法律规定的有效年限为摊销年限；②合同约定了有效年限的，以合同约定的有效年限为摊销年限；③合同和法律同时规定了有效年限的，则以二者之中较短者为摊销年限；④合同与法律均未规定有效年限的，按照不少于10年的期限摊销。

村集体经济组织应当自无形资产取得的当月起，按月进行摊销，其中以名义金额计量的无形资产不进行摊销。无形资产摊销额的计算公式为：

无形资产的年摊销额＝无形资产应摊销金额÷摊销年限

无形资产的月摊销额＝无形资产年摊销金额÷12

村集体经济组织按月进行无形资产摊销时，按照无形资产的用途和摊销额分别借记"经营支出"或"其他支出"科目，贷记"累计摊销"科目。

3. 无形资产处置的核算

村集体经济组织可将已入账的无形资产转让。无形资产的转让分两种：一是转让所有权，转让时，应将无形资产的摊余价值计入转让成本；二是转让使用权，转让时应将转让过程中发生的费用计入转让成本，无形资产的摊余价值不应计入转让成本。根据会计制度规定：转让或出售无形资产取得的收入（不包括转让土地使用权）应计入"其他收入"科目，转让时所发生的成本和费用应计入"其他支出"。

村集体经济组织也可用入账的无形资产对外投资。对外投资的无形资产应作为长期投资处理，其中投资作价与账面价值的差额计入公积金。

无形资产预期不能再为村集体经济组织带来服务潜力或经济利益的，应当按照规定报经批准后将该无形资产的账面价值予以核销。核销时，借记"经营支出"或"其他支出""累计摊销"等科目，贷记"无形资产"科目。

【例3-31】 向阳村兴建村级开发区支付出让土地的村民款项100万元，兴建完成后对外出租。账务处理如下：

（1）土地转让时：

借：无形资产——土地使用权　　　　　　　　　　　1 000 000

　　贷：银行存款　　　　　　　　　　　　　　　　　　　1 000 000

（2）建造完成，交付使用后进行摊销，每年不少于100 000元：

借：经营支出 100 000
　　其他支出（管理用无形资产）
　　贷：累计摊销 100 000

项目五　负债的核算

　　村集体经济组织的负债是指由过去交易或事项形成的现时义务，履行该义务预期会导致经济利益流出村集体经济组织；它是村集体经济组织筹集资金的主要措施之一。负债按其偿还期限可分为流动负债和长期负债。其中流动负债指偿还期在一年以内（含一年）的债务，包括短期借款、应付款项、应付工资、应付福利费等。长期负债指偿还期超过一年以上（不含一年）的债务，包括长期借款及应付款、一事一议资金等。

一、负债的管理

1. 村集体经济组织举债应遵循的基本要求

　　为了经济有效地筹集资金，村集体经济组织在组织筹资时除严守民主理财和一事一议管理制度外，应着重考虑以下基本要求：

　　（1）合法性　村集体经济组织的筹资活动，涉及相关主体的经济权益。为此，必须遵守国家有关法律法规，依法履行约定的责任，维护有关各方的合法权益，避免非法筹资行为而给村集体及相关主体造成损失。

　　（2）效益性　村集体经济组织筹资与投资在效益上应当相互权衡。要通过投资收益与投资成本的比较，来决定是否要进行筹资。因此，村集体在筹资活动中，一方面要认真论证投资机会，讲究投资效益，避免盲目筹资；另一方面，由于不同筹资方式的成本不同，需要综合研究各种筹资方式，寻求最优的筹资组合，以便降低筹资成本，经济有效地筹集资金。

　　（3）合理性　村集体经济组织筹资必须合理确定所需筹资的规模。不论村集体经济组织通过何种筹资渠道，均根据实际需要筹资。筹资过多会造成浪费；筹资不足会影响到经营活动的开展，另外还必须具有偿债能力。

　　（4）及时性　村集体经济组织筹资必须根据村集体经济投资时间安排予以筹划，使筹资与投资在时间上相协调，避免筹资过早而造成投资前的资金闲置或筹资滞后而贻误投资的有利时机。

　　（5）法制性　村集体经济组织要完善借款制度，首先应建立授权审批制度，明确审批人和经办人的权限，不能由一人办理所有借款业务。其次实行民主决策。凡与村集体经济组织有关的借款业务，均需事先提出计划或方案，交由村民代表大会讨论通过后方可实施，否则不得举债。再次加强借款的管理：规定借款程序、明确借款责任，建立借款的控制制度；各项借款必须专款专用，民主理财小组应加强对借款使用情况的监督，对发现的问题及时协商解决；积极推行财务公开制度，充分发挥村民的监督作用。对于违法违纪行为应坚决制止与处理。

2. 科学合理举债

借款是村集体组织依法取得并依约运行，需要按期偿还的资金，无论村集体经济组织经营效果好坏，均需到期还本并支付利息。因此，村集体经济组织应科学举债：举借短期借款，主要是用于解决村集体组织所遇到的短期资金不足等临时困难；村集体组织在生产经营过程中需要购置固定资产、进行基本建设投资项目，可向银行申请长期款项。长期借款数额较大，相应地将来的还款压力也大，还会在较长时间内对村集体经济组织的经营管理活动产生较大影响，因此就需要事前做好借款的可行性研究，特别是经济效益的测算，一定要经过集体决策和民主理财小组的审核，并对全体村民公示。

3. 严守借款程序

村集体经济组织向银行等金融机构借款，无论短期借款，还是长期借款，借款的程序基本相同。其一般程序如下。

第一，提出借款申请。村集体经济组织要向银行借款，首先要按照银行的借款要求，提出借款申请。目前，服务于农村的金融机构较多，各家银行对提供借款的要求也不尽相同，因此村财务人员应在熟悉拟借款银行的有关规定后再提交借款申请。借款申请一般包括以下内容：借款种类、数量、用途、原因、还款日期、抵押或质押的相关证明等。此外，有的银行还要求借款人提供资产负债表和相关的财务指标，对这些要求，村财务人员应予以积极提供。

第二，接受银行审查。银行接到借款申请后，要对借款人的资信情况和申请书进行审查和了解，主要包括：村集体经济组织的经济状况和信用情况、借款的用途和原因、借款人的经营情况和借款的保证情况、借款人的资本周转等情况。

第三，签订借款合同。借款合同应明确规定借款种类、借款金额、款项发放时间、还款期限、利息率及支付方式、还款方式、违约责任等内容。

第四，银行发放贷款。借款合同签订后，银行按照合同规定向村集体组织划拨借款，村集体组织取得贷款后，要按照合同的要求使用贷款。银行发放贷款后，会进行定期或不定期的检查，主要包括对借款的使用情况、使用效益及偿债能力等。

第五，及时偿还本息。借款到期前，村集体组织应该积极做好还款准备，并按期归还。若由于种种原因导致借款不能按期归还时，村集体经济组织应提前向银行说明情况，提前办理借款展期的有关手续，每笔借款只能展期一次。如果不提前办理借款展期，不仅会影响借款人的信誉，严重者还会影响村集体经济组织正常的经营管理活动。

二、流动负债的核算

1. 短期借款的核算

短期借款是指村集体经济组织为了满足正常生产经营活动的临时需要，向商业银行、信用社等金融机构借入的期限在一年以内（含一年）的各种借款。村集体经济组织应按期偿还借款本息。

村集体经济组织应设置"短期借款"科目，核算短期借款的借入及偿还情况，并应按借款银行设置明细科目，同时按借款种类进行明细核算。当借入各种短期借款时，借记"现金""银行存款"科目，贷记"短期借款"科目；归还借款时，借记"短期借款"科目，贷记"现金""银行存款"科目。其中短期借款利息应按"月"计算，借记"其他支出——利息费用"科目，贷记"现金""银行存款"等科目。

2. 应付款的核算

应付款是村集体经济组织与外单位或个人发生的偿还期在一年以内（含一年）的各种应付及暂收款项等。村集体经济组织应设置"应付款"账户用于核算应付款的发生和结算情况，并按照应付款的债权人设置明细科目，进行明细核算。村集体经济组织因从事生产经营活动而需缴纳的各种税费也通过"应付款"科目核算。

当发生各种应付款项时，借记"现金""银行存款""库存物资"等科目，贷记"应付款"科目；结算各项应付款项时，借记"应付款"科目，贷记"现金""银行存款"等科目。如果发生确实无法支付的应付款项时，则借记"应付款"科目，贷记"其他收入"科目。

【例3-32】2015年6月5日，向阳村接到供电部门通知：5月份该村应付电费5 100元，其中村管理活动用电500元，村办小学电费800元，村属企业电费1 800元，代垫村民电费2 000元。通过银行支付供电站电费共计5 100元；3天后收回为村民垫付的电费。

(1) 接到供电部门电费通知时：

借：管理费用——水电费　　　　　　　　　　　　　　 500
　　其他支出——水电费（村办小学）　　　　　　　　 800
　　应收款——下属企业（水电费）　　　　　　　　 1 800
　　内部往来——垫支村民电费　　　　　　　　　　 2 000
　　　贷：应付款——供电部门　　　　　　　　　　　5 100

(2) 支付电费时：

借：应付款——供电部门　　　　　　　　　　　　　5 100
　　　贷：银行存款　　　　　　　　　　　　　　　　5 100

(3) 收到垫支的村民电费时：

借：现金　　　　　　　　　　　　　　　　　　　　　　　2 000
　　贷：内部往来——村民电费　　　　　　　　　　　　　　　　2 000

【例3-33】　2015年初，向阳村将一幢闲置的房屋租给某个体老板使用。双方于1月8日签订了协议：协议约定租赁期限为2年，每月租金20 000元，按月支付。该房产租赁适用的增值税税率为11％。

（1）每月取得租金时：
　　借：银行存款　　　　　　　　　　　　　　　　　　　　20 000
　　　　贷：经营收入——出租收入　　　　　　　　　　　　　　20 000
（2）计算每月应交增值税时：
每月应交增值税＝20 000×11％＝2 200（元）
　　借：经营支出　　　　　　　　　　　　　　　　　　　　　2 200
　　　　贷：应付款——应交增值税　　　　　　　　　　　　　　2 200
（3）支付税款时：
　　借：应付款——应交增值税　　　　　　　　　　　　　　　2 200
　　　　贷：银行存款　　　　　　　　　　　　　　　　　　　　2 200

【例3-34】　向阳村2015年12月计算本年收益，经村民大会决议，从其收益中提取200 000元用于村民等投资者的分红，分红款通过银行发放。

（1）分配方案通过时：
　　借：收益分配——股份分红　　　　　　　　　　　　　　200 000
　　　　贷：内部往来——应付股利　　　　　　　　　　　　　200 000
同时，
　　借：收益分配——未分配收益　　　　　　　　　　　　　200 000
　　　　贷：收益分配——股份分红　　　　　　　　　　　　　200 000
（2）实际分红时：
　　借：内部往来——应付股利　　　　　　　　　　　　　　200 000
　　　　贷：银行存款　　　　　　　　　　　　　　　　　　200 000

3. 应付工资的核算

应付工资是指村集体经济组织应付给管理人员及固定员工的薪酬总额，包括各种工资、奖金、津贴、福利补助等。应发工资不论是否在当月支付，都应通过"应发工资"科目核算，且应按岗提取、分别核算：其中管理人员工资计入管理费用；生产人员工资计入生产（劳务）成本及相关资产价值；其他人员工资计入其他支出。村集体经济组织应付给临时员工的报酬，不通过"应发工资"科目核算，在"应付款"或"内部往来"科目中核算。

村集体经济组织应设置"应付工资"科目，用于核算应付工资的计算、分配与发放情况，同时设置"应付工资"明细账，按照员工的类别及应付工资的组成内容进行明细核算。按照批准的金额提取工资费用时，应根据人员岗位，分别借记"管理费用""生产(劳务)成本""其他支出""牲畜(禽)资产""林木资产""在建工程"等科目,贷记"应付工资"科目。实际发放工资时,借记"应付工资"科目,贷记"现金"或"银行存款"科目。

【例3-35】 2016年1月末,向阳村经批准提取村管理人员1月份工资报酬22 000元。其中村干部等固定员工报酬19 000元、临时工报酬3 000元。

(1) 计提工资费用时:

借:管理费用——干部报酬　　　　　　　　　　　　　19 000
　　其他支出——其他(临时员工报酬)　　　　　　　　3 000
　　贷:应付工资——固定员工报酬　　　　　　　　　　19 000
　　　　应付款——临时员工报酬　　　　　　　　　　　3 000

(2) 实际发放时:

借:应付工资——村干部工资　　　　　　　　　　　　19 000
　　应付款——临时员工报酬(临时员工)　　　　　　　3 000
　　贷:现金或银行存款　　　　　　　　　　　　　　　22 000

关于村干部报酬的计发问题:各村集体经济组织应按照当地政府制定的《村干部报酬计算办法》的相关规定计算与发放本村干部的报酬。为了确切反映当年的损益,村干部工资应按照权责发生制原则,通过"管理费用——干部报酬"和"应付工资——村干部工资"进行核算。①每月发放村干部工资时,借记"应付工资——村干部工资"科目,贷记"现金"或"银行存款"科目。②年度终了从管理费用中提取村干部工资及奖金时,借记"管理费用——干部报酬"科目,贷记"应付工资——村干部"科目。③年初支付干部报酬时,借记"应付工资——村干部报酬"科目,贷记"现金"或"银行存款"科目。如计提数与实际发放数不一致时,其差额应借记或贷记"管理费用"科目。

【例3-36】 结算村干部2015年度工资。通过乡(镇)政府和财政部门的考核,下达向阳村村干部工资总额为52 366元。经批准的分配方案如下:村书记A工资总额为11 532元,村主任B工资总额为10 217元,副主任C工资总额为10 210元,村会计D工资总额为10 207元,出纳E工资总额为10 200元。村干部工资费用通过银行发放。

借:管理费用——干部报酬　　　　　　　　　　　　　52 366
　　贷:应付工资——村干部工资——A　　　　　　　　11 532
　　　　　　　　　　　　　　　　——B　　　　　　　　10 217
　　　　　　　　　　　　　　　　——C　　　　　　　　10 210
　　　　　　　　　　　　　　　　——D　　　　　　　　10 207
　　　　　　　　　　　　　　　　——E　　　　　　　　10 200

同时,

借：应付工资——村干部工资——A　　　　　　　　11 532
　　　　　　　　　　　　　——B　　　　　　　　10 217
　　　　　　　　　　　　　——C　　　　　　　　10 210
　　　　　　　　　　　　　——D　　　　　　　　10 207
　　　　　　　　　　　　　——E　　　　　　　　10 200
　　贷：应付工资——干部报酬　　　　　　　　　　52 366

4. 应付福利费的核算

应付福利费是指村集体经济组织从收益中按照一定比例提取的，用于集体福利、文教、卫生等方面的福利性支出，主要包括照顾烈军属、五保户、困难户的支出，计划生育支出，农民因公伤亡的医药费、生活补助及抚恤金等，但不包括兴建集体福利等公益设施支出。福利费的管理应坚持先提后用、收支平衡的原则。

村集体经济组织应设置"应付福利费"科目核算应付福利费的提取、使用和结存情况，同时按支出的具体项目设置"计生费用""优抚补助""烈军属补助""文教卫生""治安费用""公共设施维护""路灯费用""其他"和"福利费结存"等明细科目，进行明细核算。

村集体经济组织按照经批准的方案，从收益中提取福利费时，借记"收益分配"科目，贷记"应付福利费"科目；发生上述支出时，借记"应付福利费"科目，贷记"现金""银行存款"等科目。期末贷方余额，反映村集体经济组织已提取但尚未使用的福利费金额；如为借方余额，则反映本年福利费超支数，按规定程序批准后的超支数转入"公积公益金"科目的借方，未经批准的超支数额，仍保留在"应付福利费"科目借方。具体账务处理为：

（1）按照分配方案提取福利费时
借：收益分配——提取福利费
　　贷：应付福利费——福利费结存

（2）经批准，用公积公益金弥补福利费不足时
借：公积公益金——弥补福利费
　　贷：应付福利费——福利费结存

（3）支付各种福利费时
借：应付福利费——福利费各项开支（除福利费结存外的明细科目）
　　贷：现金或银行存款

（4）结转福利费各项开支时
借：应付福利费——福利费结存
　　贷：应付福利费——福利费各项开支

在应付福利费的核算中应注意：一是垃圾费的收支不通过"其他收入"和"其他支出"科目核算，而应计入"应付福利费——环境卫生（垃圾费）"；代

收代支的垃圾费应通过"应收款"或"应付款"科目核算。二是除了"应付福利费——福利费结存"有贷方发生数外，其他明细科目不存在贷方发生数问题。

【例3-37】 2015年度，向阳村发生如下福利费业务：

（1）用现金支付育龄妇女普查补贴580元、对独生子女户的补助1 000元和村民李丹响应国家计划生育政策引产等费用2 600元。

借：应付福利费——计生费用　　　　　　　　　　　　4 180
　　贷：现金　　　　　　　　　　　　　　　　　　　　　　4 180

（2）用现金支付五保户水电费68元、购买电暖气一台500元。

借：应付福利费——优抚补助　　　　　　　　　　　　　568
　　贷：现金　　　　　　　　　　　　　　　　　　　　　　568

（3）支付义务兵王军参军入伍费用（包括体检费、交通费、食宿费、欢送费及其直系亲属误工补贴等）1 200元。

借：应付福利费——军烈属补助　　　　　　　　　　　1 200
　　贷：现金　　　　　　　　　　　　　　　　　　　　　1 200

（4）支付对军烈属、五保户和学校教师等的年终慰问费用分别为200元、300元和800元。

借：应付福利费——军烈属补助　　　　　　　　　　　　200
　　　　　　　　——优抚补助　　　　　　　　　　　　　300
　　　　　　　　——文教卫生　　　　　　　　　　　　　800
　　贷：现金　　　　　　　　　　　　　　　　　　　　　1 300

（5）用现金支付治安费300元和路灯维护费120元

借：应付福利费——治安费用　　　　　　　　　　　　　300
　　　　　　　　——路灯费用　　　　　　　　　　　　　120
　　贷：现金　　　　　　　　　　　　　　　　　　　　　　420

三、长期负债的核算

（一）长期借款及应付款的核算

长期借款及应付款是村集体经济组织从银行、信用社和其他有关单位或个人借入的期限在一年以上（不含一年）的借款及偿还期在一年以上（不含一年）的应付款项。

村集体经济组织为了核算长期负债，应设置"长期借款及应付款"科目，并按借款单位和个人名称设置明细科目，进行明细核算。当发生长期借款及应付款项时，借记"现金""银行存款""库存物资"等科目，贷记"长期借款及应付款"科目；归还和偿付长期借款及应付款项时，借记"长期借款及应付款"科目，贷记"现金""银行存款"科目。发生长期借款的利息支出时，按照借款用途分别借记"经营支出"或"其他支出"科目，贷记"现金""银行存款"等科目。对于发生的确实无法偿还的长期借款及应付款，经批准借记"长期借款及应付款"科目，贷记"其他收入"科目。

关于长期借款利息管理与核算，相关制度规定：村集体经济组织的长期借款的利息一般应按月计提与核算，并应根据其支付方式不同，分别贷记"现金"或"银行存款""应付款""长期借款及应付款"等科目。如果长期借款的利息按季度支付或是在借款到期时一并支付，则应当按月计提计入当期损益：计提利息费用时，按照借款用途分别借记"其他支出——利息支出"科目或"经营支出——利息支出"科目，贷记"应付款——预提利息"（分期付息方式）或"长期借款及应付款——预提利息"（一次还本付息方式）科目，实际支付时，根据已计提的利息，借记"应付款——预提利息"或"长期借款及应付款——预提利息"科目，根据实际支付的利息金额与已经计提的利息金额的差额，即尚未计提的利息部分，借记"其他支出——利息支出"科目或"经营支出——利息支出"科目，按照实际支付的利息金额，贷记"现金"或"银行存款"科目。

【例3-38】 2013年1月1日，向阳村因旧村改造向信用社贷款10万元，并已存入银行账户。贷款合同约定的期限为5年，年利率为6%，每年年末付息一次，到期时偿还本金和剩余利息。编制会计分录为：

（1）取得长期借款时：

借：银行存款　　　　　　　　　　　　　　　　　　100 000
　　贷：长期借款及应付款——某信用社　　　　　　　　100 000

（2）2013—2016年，年末计提借款利息时：

每年应计提的利息为：100 000×6%＝6 000(元)

借：其他支出——利息支出　　　　　　　　　　　　6 000
　　贷：长期借款及应付款——某信用社（预提利息）　　6 000

注：如果贷款合同约定按月付息，村集体经济组织按月计提利息时：

每月应计提利息为：100 000×6%×1/12＝500(元)

借：其他支出——利息支出　　　　　　　　　　　　500
　　贷：长期借款及应付款——某信用社（预提利息）　　500

（3）年末支付贷款利息时：

借：长期借款及应付款——某信用社（预提利息）　　6 000
　　贷：银行存款　　　　　　　　　　　　　　　　　　6 000

（4）贷款到期，归还本金及2017年度利息时：

借：长期借款及应付款——某信用社　　　　　　　　100 000
　　其他支出——利息支出　　　　　　　　　　　　6 000
　　贷：银行存款　　　　　　　　　　　　　　　　　　106 000

(二) 一事一议资金的核算

一事一议资金是指村集体经济组织兴办村民受益的生产、公益事业时，按照国家法规、政策规定，以"一事一议"的形式向村民筹集的专项资金。相关政策规定，除筹资以外还可以筹劳，筹劳则通过劳务用工备查账簿进行登记，实行年末找补。

村集体经济组织应设置"一事一议资金"科目用来核算一事一议资金的筹集、使用和结存情况。在"一事一议资金"总账科目下可按资金来源不同分别设置"村民筹资""村民筹劳""村集体积累投入""社会捐赠""部门帮扶""财政奖补资金"和"资金结余"等二级明细科目，同时还可以在"一事一议资金"总账科目下按照所议项目如"××项目"等设置二级明细科目，用于专项核算某个一事一议项目的资金到位和使用情况。另外必须另设备查账簿，对一事一议资金的筹集和使用情况进行登记。本科目的期末贷方余额，反映村集体经济组织应当用于一事一议专项工程建设的资金；期末借方余额，则反映村集体经济组织一事一议专项工程建设的超支数。村集体经济组织一事一议资金的会计处理如下。

1. 一事一议资金筹集的处理

（1）"一事一议筹资筹劳方案"经过村民大会或村民委员会通过时，按照批准的筹资标准，借记"内部往来——筹资农户"科目；贷记"一事一议资金——农户筹资（或农户筹劳）"科目。

（2）收到农户交来的一事一议专项筹资时，借记"现金""银行存款——一事一议存款"科目，贷记"内部往来——农户筹资"科目。

（3）收到社会捐赠及有关部门帮扶的资金时，借记"银行存款——一事一议存款""库存物资"等科目，贷记"一事一议资金——社会捐赠"或"一事一议资金——部门帮扶"科目。

（4）收到集体弥补一事一议资金不足的资金时，借记"银行存款——一事一议存款"科目，贷记"一事一议资金——集体投入"科目。

（5）收到财政部门拨来的奖补资金时，借记"银行存款——一事一议存款"科目，贷记"一事一议资金——财政奖补"科目。

2. 一事一议资金使用的处理

（1）采购为一事一议项目所需材料或支付出包款项时，借记"库存物资""在建工程"等科目，贷记"银行存款"科目。

（2）采购不需要安装的固定资产时，借记"固定资产"科目，贷记"现金""银行存款——一事一议存款"等科目。同时，借记"一事一议资金"科目，贷记"公积公益金"科目；购入需要安装或建造固定资产的，借记"在建工程"科目，贷记"现金""银行存款——一事一议存款"等科目。

（3）使用筹劳方式进行一事一议项目时，按照当地正常劳务价格标准和使用工时,借记"在建工程"科目,贷记"内部往来——农户筹劳"科目。

(4) 项目完工验收后,结转项目成本:如果形成固定资产,则借记"固定资产"科目、贷记"在建工程"科目,同时,借记"一事一议资金"科目,贷记"公积公益金"科目;如果没有形成固定资产,则按使用一事一议资金的金额,借记"经营支出""其他支出"等科目,贷记"在建工程"科目。同时,借记"一事一议资金"科目,贷记"公积公益金"科目。

需要注意:一事一议项目竣工验收结转一事一议资金时,应以项目决算的总成本为标准,按农户筹资、农户筹劳、财政奖补、社会捐赠、部门帮扶、集体投入的顺序进行结转。当一事一议资金有剩余时,借记"一事一议资金——××项目"科目,贷记"一事一议资金——资金结余"科目。对于结余资金,可以退还农户,也可以留转以后公益项目继续使用。如果退还农户,经讨论决定退还时,借记"一事一议资金——资金结余"科目,贷记"内部往来——农户筹资"科目;实际退还时,借记"内部往来——农户筹资"科目,贷记"银行存款——一事一议存款"等科目。如果不退还农户,则借记"一事一议资金——××项目"科目,贷记"公积公益金"科目。当然筹集的一事一议资金也有不足的时候,如果项目超支,则借记"公积公益金"科目,贷记"一事一议资金——××项目"科目。

【例 3-39】 向阳村 2015 年 2 月按照"四议两公开"程序,经村民大会讨论通过修建幼儿园用房的决议,以"一事一议"方式筹集资金并报经乡(镇)政府批准。房屋总预算金额为 100 000 元,其中农户筹资 40 000 元,财政部门核准的奖补资金为 60 000 元。

(1) 筹资方案通过时:

借:内部往来——筹资农户　　　　　　　　　　　40 000
　　贷:一事一议资金——农户筹资　　　　　　　　　　40 000

(2) 实际收到筹资现款 36 000 元,尚有 4 000 元因村民外出务工故暂时未收到,不过正在与之联系并收取中:

借:现金　　　　　　　　　　　　　　　　　　　36 000
　　贷:内部往来——筹资农户　　　　　　　　　　　　36 000

(3) 将资金送存银行时:

借:银行存款——一事一议存款　　　　　　　　　36 000
　　贷:现金　　　　　　　　　　　　　　　　　　　36 000

(4) 收到财政部门预拨的奖补资金 40 000 元时:

借:银行存款——一事一议存款　　　　　　　　　40 000
　　贷:一事一议资金——财政奖补　　　　　　　　　　40 000

(5) 采购各种砖石、水泥等建造材料 55 300 元,并交付工程使用时:

借：在建工程——幼儿园　　　　　　　　　　　　　55 300
　　　贷：银行存款——一事一议存款　　　　　　　　　　55 300
（6）支付施工人员劳务费用 20 000 元时：
借：在建工程——幼儿园　　　　　　　　　　　　　20 000
　　　贷：银行存款——一事一议存款　　　　　　　　　　20 000
（7）房屋竣工，经验收合格，审核工程总造价 95 000 元。其中材料费 51 200 元，人工费 30 000 元，其他费用 13 800 元，预计使用 30 年，作为固定资产入账。工程虽完工但尚欠供应商的材料费 9 700 元，施工人员的劳务费 10 000 元。

借：在建工程——幼儿园　　　　　　　　　　　　　19 700
　　　贷：应付款——供应商　　　　　　　　　　　　　　9 700
　　　　　　　　——施工队　　　　　　　　　　　　　 10 000
（8）收到财政部门拨来的剩余奖补资金 20 000 元。
借：银行存款——一事一议存款　　　　　　　　　　20 000
　　　贷：一事一议资金——财政奖补　　　　　　　　　　20 000
（9）房屋交付幼儿园使用时：
借：固定资产——幼儿园　　　　　　　　　　　　　95 000
　　　贷：在建工程——幼儿园　　　　　　　　　　　　　95 000
同时办理结余结转：
借：一事一议资金——一事一议筹资　　　　　　　　35 000
　　　　　　　　　——财政奖补　　　　　　　　　　　　60 000
　　　贷：公积公益金　　　　　　　　　　　　　　　　　95 000
借：一事一议资金——农户筹资　　　　　　　　　　 5 000
　　　贷：公积公益金　　　　　　　　　　　　　　　　　 5 000
（10）收到农户所欠一事一议资金款项 4 000 元时：
借：现金　　　　　　　　　　　　　　　　　　　　 4 000
　　　贷：内部往来——筹资农户　　　　　　　　　　　　 4 000
（11）支付所欠材料款和施工人员劳务费 19 700 元时：
借：应付款——供应商　　　　　　　　　　　　　　 9 700
　　　　　　——施工队　　　　　　　　　　　　　　10 000
　　　贷：银行存款——一事一议存款　　　　　　　　　　19 700

3. 加强对"一事一议资金"的管理

按照现行政策规定，"一事一议"筹资方式是村集体经济组织举办生产、公益事业的主要资金来源渠道之一，其主要目的就是为了兴办村内农田水利基本建设、村内道路修建和维护、人畜饮水工程、植树造林、农业综合开发等有关的土地治理项目，以及村民认为需要兴办的集体生产、生活等其他公益事业项目。

　　"一事一议"筹资方式一般有筹资和筹劳两种。但无论是哪种形式，都应该遵循"量力而行、村民受益、民主决策、上限控制"的原则：量力而行就是要考虑本村的经济实力和村民的承受能力；村民受益是指能给村民带来直接的物质精神利益或间接的社会效益；民主决策是指向村民筹资筹劳项目、数额等事项，由村集体经济组织提出预案，提交村民大会或村民代表大会会讨论通过；上限控制是指向村民筹资筹劳要有一定的限度，实行上限控制，所筹资金和劳务每人每年不得超过规定上限标准，并不得强行进行筹资及筹劳。同时，对一些特殊的农户，如五保户、现役军人、在校就读学生等，还可以实行免交的政策。

　　通过"一事一议"方式筹资应严格遵循其基本程序。首先，应由村集体经济组织提出预算方案。实际工作中，预算方案可由村民委员会提出，也可由1/10以上的村民或者1/5以上的村民代表联名提出。对提出的筹资筹劳事项，应进行充分讨论，做好预算，并将情况向村民公告，广泛征求意见。其次，提交村民代表大会或村民大会讨论通过。召开村民代表大会时，应当有代表本村2/3以上农户的代表参加。其中村民会议应当有本村18周岁以上的村民过半数参加，或者有本村2/3以上农户的代表参加。筹资筹劳方案应当经到会人员的过半数通过。村民代表会议表决时，实行一户一票办法。预算方案应当经到会村民代表所代表的户数过半数通过。第三，筹资筹劳预算方案讨论通过后必须向全体村民公示。最后，应经乡（镇）人民政府批准，并报相关监督管理部门备案。

　　加强对"一事一议"资金的使用管理。首先，必须保证专款专用。由于"一事一议"资金事关村民的切身利益，应该专设账户，专门管理，单独核算，更要专款专用；村民主理财小组要负责对筹资筹劳实行事前、事中、事后全程监督，并定期张榜公布，接受村民监督。其次，必须保护好资金的安全完整。加强日常会计核算管理，保护资产安全完整，任何单位或个人不得挪用"一事一议"所筹资金和劳务。第三，必须注重资金使用效果。由于"一事一议"资金是从村民手里筹集的，涉及广大村民的眼前利益，而形成的资产又涉及村集体经济组织和村民的长远利益，为了保证资金的合理使用，对使用过程中的敏感问题，如工程施工单位和设备购买单位的选择等，要按照现行政策进行招投标，避免暗箱操作，并在使用过程中要科学管理，充分发挥好资金的使用效益。

项目六　所有者权益的核算

　　村集体经济组织的所有者权益包括资本、公积公益金、未分配收益等。现行政策规定：村集体经济组织接受捐赠的资产、对外投资中的资产重估确认价值与原账面净值的差额、实际收到的征用土地补偿费以及拍"四荒地"等使用权收入，应计入公积公益金。

一、所有者权益概述

所有者权益是村集体经济组织及其投资者在村集体经济组织资产中享有的经济利益，其金额为村集体经济组织全部资产减去全部负债后的余额。所有者权益包括资本、公积公益金和未分配收益等。

1. 资本

资本是投资者实际投入到村集体经济组织的各种资产的价值，它是进行生产经营活动的前提，也是投资者分享权益和承担义务的依据。相关法律法规规定，村集体经济组织可以采取货币资金、实物资产或无形资产等多种方式筹集资本，并且对所筹集的资本依法享有经营权，投资者除依法转让外，一般不得随意抽走投资。投资者可按照持股比例或投资协议分享收益和分担风险。

按照资本主体的不同，村集体经济组织的资本分为村（组）资本、外单位资本、个人资本和国家资本等形式。

① 村（组）资本是指村（组）以其依法可以支配的资产和劳务投入村集体经济组织形成的资本，包括原生产队积累折股股金和合作化时期形成的股份基金等。

② 外单位资本是指村集体经济组织以外的法人组织以其依法可以支配的资产投入到村集体经济组织而形成的资本。

③ 个人资本是指村集体经济组织内部成员或外部的自然人以个人合法的财产投入到村集体经济组织而形成的资本。

④ 国家资本是指有权代表国家投资的政府部门或者机构以国有资产投入到村集体经济组织而形成的资本。

当然，村集体经济组织还可以吸收国外组织或者个人的投资，从而形成外商投入资本等。

2. 公积公益金

公积公益金是村集体经济组织从收益中提取的或从其他来源取得的用于扩大生产经营、承担经营风险以及兴办集体公益事业的专用基金。公积公益金的来源主要有以下几个方面。

① 从本年收益中提取：村集体经济组织年终进行收益分配时，应按照规定的比例从本年收益中提取一定数量的公积公益金。

② 资本溢价：是指投资者实际缴付的出资额超出其认缴额之间的差额。

③ 接受捐赠的资产：是指村集体经济组织接受捐赠和奖励的财产价值。

④ 资产重估溢价：是指村集体经济组织在对外投资中，资产重估确认的

价值或合同、协议约定的价值与原账面净值之间的差额。

⑤ 转让土地使用权收入：是指村集体经济组织拍卖"四荒地"等土地使用权获得的收入。

⑥ 土地补偿费：是指村集体经济组织收到国家征用集体土地而获得的补偿费。

⑦ 一事一议筹劳筹资转入：是指通过向村民筹集一事一议资金或者劳务用于生产、公益设施建设所形成资产的价值。

公积公益金通过有关规定的程序可用于转增资本或弥补亏损，也可用于集体福利等公益性设施建设，包括兴建学校、医务室、福利院、电影院、幼儿园、图书室等。现行制度规定：公积公益金转增资本、弥补福利费不足以及弥补亏损的数额，可以由村集体经济组织根据实际情况及国家有关规定确定，但必须经村民大会或村民代表大会讨论通过后执行并公布，同时公积公益金经过分配后的余额不得少于当年从收益中提取的公积金和公益金的数额。

3. 未分配收益

未分配收益是指村集体经济组织对当年可分配的收益按照分配方案进行分配后的余额，它可留待以后年度再分配或弥补亏损。账务处理中，如有未弥补的亏损可作为所有者权益的减项在资产负债表中反映。

二、所有者权益的核算

（一）资本的核算

资本是村集体经济组织实际收到的投资者投入的资本。村集体经济组织应设置"资本"科目反映资本的增减变动情况，原生产队积累折股股金及农业合作化时期社员入社的股份基金，也在本科目中核算。同时应按投资的单位和个人设置明细科目，进行明细核算。

村集体经济组织收到以固定资产作为投资时，应按投资各方确认的价值，借记"固定资产"科目，贷记"资本"科目；收到以劳务形式投资时，可按当地劳务价格，借记"在建工程"等科目，贷记"资本"科目；收到以其他形式投资时，借记"银行存款""库存物资"等有关科目，贷记"资本"科目。将公积公益金转增资本时，借记"公积公益金"科目，贷记"资本"科目。结转一事一议资金时，借记"一事一议资金"科目，贷记"公积公益金"科目。经批准向投资者退回投资时，借记"资本"科目，贷记"银行存款""固定资产"等有关科目。

（二）公积公益金的核算

村集体经济组织为了反映和监督公积公益金的提取和使用等增减变动情况，应设置"公积公益金"科目。该科目贷方登记从收益中提取和从其他来源取得的公积公益金的数额，借方登记将公积公益金用于转增资本、弥补福利费不足或弥补亏损而减少的数额，期末贷方余额表示村集体经济组织公积公益金的结余数额。同时为了反映公积公益金的构成及其变动情况，应按公积公益金的不同来源设置明细科目，进行明细核算。

村集体经济组织收到以固定资产作为投资时，应按投资各方确认的价值，借记"固定资产"科目，贷记"资本""公积公益金"科目；收到以劳务形式投资时，按当地劳务价格借记"在建工程"等科目，贷记"公积公益金"科目；收到以其他形式投资时，借记"银行存款""库存物资"等有关科目；贷记"资本""公积公益金"科目。将公积公益金转增资本时，借记"公积公益金"科目；贷记"资本"科目。按照协议规定退回投资者的投资时，借记"公积公益金"科目；贷记"银行存款""固定资产"等有关科目。

在公积公益金的具体核算中，各县市区或乡镇为了更加清晰地了解各村集体经济组织公积公益金的增减变动情况，也可为"公积公益金"科目设置统一的二级科目：比如土地基金、公积金、公益金、弥补福利费、弥补亏损、转增资本、接受捐赠、资本溢价、资产重估、拨款转入、其他（一事一议筹劳）等，其中对"土地基金"还可以固定为三级科目，比如征地补偿费和土地流转收入等。其中公益金款项可用于弥补福利费的不足，公积金、接受捐赠、资本溢价、资产重估、拨款转入等也可用于弥补亏损或转增资本。但使用接受捐赠、资本溢价、资产重估、拨款转入以及其他各项等款项，用于弥补亏损或转增资本时应将这些明细科目先转到"公积公益金"明细下再进行补亏或转增资本的核算。

1. 土地基金的核算

土地基金是核算村集体经济组织发生的土地补偿费和集体建设用地使用权流转收益（集体土地出租除外）的收支业务，经规定程序批准土地基金可用于发展生产、扩大经营。

（1）征地补偿费的账务处理

A：收到征地补偿款时：

借：现金或银行存款

　　贷：公积公益金——土地基金（征地补偿费）

B：同时计提和分配土地补偿费：

现行制度规定：属于农村集体经济组织的土地征用补偿费和建设用地使用权出让、转让的收益，应按照一定的比例纳入公益金管理，主要用于村民的社会保障安排；按照一定的比例纳入公积金管理，主要用于发展农村集体经济；其余部分可以分配到村民个人。

借：公积公益金——土地基金（征地补偿费）

　　贷：公积公益金——公积金

　　　　应付福利费——农村养老保险

　　　　　　　　——农村医疗保险

　　　　　　　　——农村失业保险

　　　　内部往来——应付个人补偿款

C：支付个人补偿时：

借：内部往来——应付个人补偿款

　　贷：银行存款（或现金）

（2）农村集体土地流转（出让、转让）的账务处理

A：收到土地流转（出让）款时：

借：现金或银行存款

　　贷：公积公益金——土地基金（土地流转款）

B：收到长期资产的流转（转让）款时：

借：现金或银行存款

　　贷：固定资产、无形资产

　　　　公积公益金——土地基金（土地流转款）

C：同时计提和分配土地流转（出让、转让）款

借：公积公益金——土地基金（土地流转款）

　　贷：公积公益金——公积金

　　　　应付福利费——农村养老保险

　　　　　　　　——农村医疗保险

　　　　　　　　——农村失业保险

　　　　内部往来——应付个人补偿款

D：支付个人补偿时：

借：内部往来——应付个人补偿款

　　贷：银行存款（或现金）

（3）农村集体土地流转出租的账务处理

A：收到土地流转出租款项时：

借：现金或银行存款

　　贷：经营收入或发包及上交收入

B：对于一次性收取土地流转出租款，必须先通过借记"应收款——预收租金"科目核算，然后再逐年转入"经营收入"或"发包及上交收入"科目核算。

2. 提取公积、公益金的核算

借：收益分配——提取公积公益金（提取公积金）
　　收益分配——提取公积公益金（提取公益金）
　　贷：公积公益金——公积金
　　　　公积公益金——公益金

3. 公积公益金使用的核算

（1）弥补福利费不足

借：公积公益金——弥补福利费
　　贷：应付福利费——福利费结存

同时转账：

借：公积公益金——公益金
　　贷：公积公益金——弥补福利费

（2）弥补亏损

借：公积公益金——弥补亏损
　　贷：收益分配——弥补亏损

同时转账：

借：公积公益金——公积金
　　贷：公积公益金——弥补亏损

（3）转增资本时

① 按规定程序经批准用公积金转增资本时

借：公积公益金——转增资本
　　贷：资本——村（组）资本等

② 结转公积金转增的资本

借：公积公益金——公积金
　　贷：公积公益金——转增资本

4. 接受捐赠的核算

村集体经济组织接受捐赠而导致的资产增加并不是由于生产经营活动所获得的。因此，接受的由地方政府、社会团体、个人等的捐赠而取得的资产，不应作为收入，而应作为所有者权益的增加处理。此外，由于捐赠资产的所有权已经转移，捐赠的单位或个人不是村集体经济组织的所有者，因此捐赠的资产不构成村集体经济组织的资本不应作为资本予以确认。所以，村集体经济组织接受捐赠的资产应作为公共积累的增加，纳入公积公益金管理。

（1）收到捐赠各项非现金财产时

借：固定资产等科目
　　贷：公积公益金——接受捐赠

（2）收到捐赠款时

借：银行存款（或现金）
　　贷：公积公益金——接受捐赠

对于资产重估、资本溢价、其他（一事一议筹劳款）与接受捐赠的处理类同，故不赘述。

项目七　收入、费用和收益的核算

收入、费用和收益既是村集体经济组织会计的三项动态因素，又是构成收益及收益分配表的主要项目。其中收入是村集体经济组织在销售产品、提供劳务以及让渡资产使用权等日常活动中所形成的经济利益总流入和行使管理、服务职能所形成的经济利益的总流入；费用是村集体经济组织进行生产、服务、管理等经营活动及日常管理活动中所发生的各种耗费；收益是村集体经济组织在一定期间（月、季、年）内生产经营、服务和管理活动的财务成果，是村集体经济组织的所有收入减去所有支出后的余额。它们之间的关系是：收入－费用＝收益。

一、收入的核算

（一）收入的概述

村集体经济组织的收入主要包括经营收入、发包及上交收入、农业税附加返还收入（已于 2016 年取消）、补助收入及其他收入等。为第三方或客户代收的款项、"一事一议"筹资收款等，不得在收入中反映。

村集体经济组织应加强对收入的管理，按照及时收足收齐、全额入账的原则，不得隐瞒收入，不准设置账外账和私设"小金库"。一般来说，要抓好以下几方面的工作。

① 建立健全销售与收款业务内部控制制度。明确收款、发货和经办人的职责，明确审批人、经办人的权限、程序和相关控制措施，不得由同一人办理销售与收款业务的全过程，保证货款及时完整地收到并入账，防止收入流失；要按照规定的程序办理销售和发货业务，在销售和发货各环节设置相关的记录、填制相应的凭证，并加强有关单据和凭证的相互核对工作；定期不定期地监督检查销售与收款业务内部控制执行情况，对发现的薄弱环节和问题应当及时采取措施，加以纠正和完善。

② 正确划分收入界限。要分清村集体经济组织收入与承包者收入的界限。村集体经济组织发包给承包者经营，并由承包者独立核算、自负盈亏的项目，所发生收入由承包者核算。村集体经济组织仅将承包者上交的承包费和企业上交的利润纳入收入核算范围。未实行发包所取得的各项生产经营和服务项目所发生的收入，记入村集体经济组织的收入。

③ 村集体经济组织应当加强销售合同、发货凭证、销售发票等文件和凭证的管理,特别是要注意把好合同签订和履约两道关。

(二) 收入的确认

① 经营收入应于产品物资已经发出、劳务已经提供、同时收讫价款或取得收取价款的凭据时,确认经营收入的实现。对于跨年度提供劳务的,按照完工百分比确认收入,如为跨年度提供的建筑工程提供劳务,应当按照本年度完成的工程量同总工程量的百分比来确认本年度劳务收入。

② 发包及上交收入应在收到农户、承包单位上交的承包费及村办企业上交的利润时,确认承包及上交收入的实现。如果在年终有应交未交的承包收入,应在确认收入的同时,将未交数作为应收款处理。

③ 补助收入主要来源于财政部门,村集体经济组织应在实际收到有关部门补助款或取得有关收取款项的凭证时确认补助收入的实现。

财政补助收入是各级财政部门在农村实施税费改革之后,为保障农村基层组织的正常运转,每年按照国家支农惠农政策向各村集体经济组织拨付的财政补助款项,包括财政转移支付资金及其他补助资金。对于财政补助收入都有规定的使用用途。其中,财政转移支付资金只能用于农村干部补贴、日常办公经费和"五保户"补助。其他补助资金,如良种补贴、粮食种植补贴、农业机械购置补贴、退耕还林补助、植树绿化补助、防火护林补助等,都应按国家政策规定的用途使用和支付。

④ 其他收入应在实际收到各种款项时,确认收入的实现。

(三) 收入的核算

1. 经营收入的核算

经营收入是指村集体经济组织进行生产经营活动而取得的各项收入,包括产品物资销售收入、出租收入、劳务收入等。为全面反映村集体经济组织取得的经营收入情况应设置"经营收入"科目对其进行核算,同时按照收入种类或项目分别设置"农(牧、林、渔业等)业生产收入""租赁收入""服务收入""劳务收入"和"其他"等明细科目,进行明细核算。

当经营收入发生时,借记"现金""银行存款"等科目,贷记"经营收入"科目;年度终了时进行转账,借记"经营收入"科目,贷记"本年收益"科目,转账后"经营收入"科目无余额。

2. 发包及上交收入的核算

发包及上交收入包括承包收入和上交收入两部分。其中承包收入是指村集体经济组织通过将集体资产承包给农户或其他单位和个人,按合同规定取得的承包收入。如村集体把耕地、荒地、山林、果园、塘库或其他场所承包给个人而收取的承包费;上交收入是指村办企业上交的利润或其他组织上交款项。村集体经济组织应在收到农户、承包单位上交的承包金及村办企业上交的利润或取得收取款项的凭据时,确认承包及上交收入的实现。

为了全面反映村集体经济组织的发包及上交收入的总体情况,应设置"发包及上交收入"科目对其进行核算,同时按照收入项目分别设置"土地(水面、其他等)发包收入""企业上交利润"等明细科目,进行明细核算。

当收到上交的承包费或利润时,借记"现金""银行存款"等科目,贷记"发包及上交收入"科目。年终村集体经济组织结算本年度应收未收的承包费或利润时,借记"内部往来"或"应收款"科目,贷记"发包及上交收入"科目。年度终了时进行转账,借记"发包及上交收入"科目,贷记"本年收益"科目,转账后"发包及上交收入"科目无余额。

【例3-40】 向阳村2015年12月,收到农户李春华上交的鱼塘承包费12 000元;村办百货商店上交的利润36 000元,现款存入银行。

借:银行存款　　　　　　　　　　　　　　　　48 000
　　贷:发包及上交收入——土地发包收入(鱼塘)　12 000
　　　　　　　　　　——企业上交利润　　　　　36 000

3. 补助收入的核算

补助收入是指村集体经济组织获得的财政等有关部门的补助资金。为了全面反映和监督补助收入情况的总体情况,村集体经济组织应设置"补助收入"科目,同时按照补助项目分别设置"财政转移支付资金"和"其他专项资金"等明细科目,进行明细核算。

当收到各种补助资金时,借记"银行存款"等科目,贷记"补助收入"科目;年度终了时进行转账,借记"补助收入"科目,贷记"本年收益"科目,转账后"补助收入"科目无余额。

【例3-41】 向阳村2015年6月18日收到县财政拨来的"五保户补助"3 800元和新农村建设补助款80 000元。

借:银行存款　　　　　　　　　　　　　　　　　83 800
　　贷:补助收入——财政转移支付资金(五保户补助)　3 800
　　　　　　　——其他专项资金(新农村建设补助)　80 000

4. 其他收入的核算

其他收入是指除经营收入、发包及上交收入和补助收入以外的收入,主要包括罚款收入、利息收入、固定资产及库存物资的盘盈收入等。

为了全面反映村和监督其他收入的总体情况,村集体经济组织应设置"其他收入"科目,同时按照其他收入的种类分别设置"利息收入"、"交乡镇代管款利息收入"、"罚没收入"和"其他"等明细科目,进行明细核算。

当实际收到各项其他收入时,借记"现金"、"银行存款"等科目,贷记"其他收入"科目;年度终了时进行转账,借记"其他收入"科目,贷记"本年收益"科目,转账后"其他收入"科目无余额。

【例3-42】 向阳村2015年6月26日，收到村民李明交来的罚款120元。
借：现金　　　　　　　　　　　　　　　　　　120
　　贷：其他收入——罚没收入　　　　　　　　　　120

二、费用的核算

（一）费用的概述

费用是指村集体经济组织进行生产经营和管理活动所发生的各种耗费的总和，包括经营支出、管理费用和其他支出等。费用作为会计要素之一，是与收入相对应而存在的。另外，费用和成本是两个并行使用的概念，成本是按照一定对象所归集的费用，是对象化了的费用，它与产品或劳务有关；而费用则是资产的耗费，它与一定的会计期间有关，而与生产哪一种产品或提供某种劳务无关，成本则与一定种类和数量的产品或劳务相联系，而不论发生在哪一个会计期间。各村集体经济组织为了进一步提高经济效益，就必须加强对各项费用支出的管理。

（二）费用的核算

村集体经济组织的费用分为两大类：一类是经营性支出，是指与生产、服务等直接经营活动有关的支出，如经营支出；另一类是非经营性支出，是指与生产经营活动没有直接关系的支出，如管理费用、其他支出等。为了全面反映和监督村集体经济组织费用开支情况，必须设置"经营支出""管理费用"和"其他支出"科目，对各项支出业务进行核算。

1. 经营支出的核算

经营支出是指村集体经济组织因销售商品、农产品、对外提供劳务等活动而发生的各种耗费，包括销售商品或农产品的成本、销售牲畜或林木的成本、对外提供劳务的成本、维修费、运输费、保险费以及用于产仔和农副业生产的牲畜饲养费用及其成本摊销、经济林木投产后的管护费用及其成本摊销等。

为了全面反映村集体经济组织因出售商品、农产品、对外提供劳务等活动发生的实际支出，应设置"经营支出"科目，同时按照经营项目分别设置"农（林、牧、渔等）业生产支出""服务支出"和"劳务支出"等明细科目，进行明细核算。

当发生经营支出时，应借记"经营支出"科目，贷记"库存物资""生产（劳务）成本""应付工资""内部往来""应付款""牲畜（禽）资产""林木资产"等科目。年度终了时，应将"经营支出"科目的余额转入"本年收益"科目，借记"本年收益"科目，贷记"经营支出"科目；"经营支出"科目结转后应无余额。

村集体经济组织在对外销售产品时，应根据实际情况，分别采用先进先出法、加权平均法和个别计价法等方法，确定其销售的商品、农产品等销售成本：借记"经营支出"科目，贷记"库存物资"科目。结转商品、农产品成本的方法一经选定，不得随意变更。

2. 管理费用的核算

管理费用是指村集体经济组织在从事管理活动中发生的与生产经营活动没有直接关系的各项支出，包括管理人员工资、办公费、差旅费以及管理用固定资产的折旧和维修费等，具体包括：①村组干部工资与补助；②办公费；③会议费；④差旅费；⑤报刊费；⑥修缮费；⑦招待费；⑧救济扶贫支出；⑨选举费；⑩管理用固定资产折旧费；⑪公益事业支出；⑫村民会议或村民大会通过的其他项目支出等。

为了全面反映村集体经济组织因管理等活动发生的实际支出，应设置"管理费用"科目，同时按照费用项目分别设置"干部报酬""报刊杂志费""办公费""差旅费""培训费""选举费""招待费"和"其他"等明细科目，进行明细核算。

当发生各项管理费用时，借记"管理费用"科目，贷记"应付工资""现金""银行存款""库存物资""累计折旧"等科目。年度终了时，应将"管理费用"科目的余额转入"本年收益"科目，借记"本年收益"科目，贷记"管理费用"科目，"管理费用"科目结转后应无余额。

【例 3-43】 向阳村 2015 年 6 月 30 日，结算并支付上半年 3 个村民组长李晨、李向阳和陈宏误工补贴每人 300 元。

借：管理费用——其他（误工补贴）　　　　　　　900
　　贷：内部往来——1 组李晨　　　　　　　　　300
　　　　　　　——2 组李向阳　　　　　　　　　300
　　　　　　　——3 组陈宏　　　　　　　　　　300

同时，

借：内部往来——1 组李晨　　　　　　　　　　　300
　　　　　——2 组李向阳　　　　　　　　　　　300
　　　　　——3 组陈宏　　　　　　　　　　　　300
　　贷：现金　　　　　　　　　　　　　　　　　900

【例 3-44】 向阳村 2015 年 6 月 30 日支付村委会第二季度电费 186 元，同时报销大学生村官李美丽参加培训的差旅费 320 元。

借：管理费用——办公费（电费）　　　　　　　　186
　　　　　——差旅费（李美丽）　　　　　　　　320
　　贷：现金　　　　　　　　　　　　　　　　　506

3. 其他支出的核算

其他支出主要是指村集体经济组织发生的除经营支出和管理费用之外的各

项支出，包括公益性固定资产折旧费、利息支出、农业资产的死亡和毁损净支出、固定资产及库存物资的盘亏和损失、防汛抢险支出、无法收回的应收账款以及罚款支出等。

为了全面反映村集体经济组织其他支出的实际情况，应设置"其他支出"科目，同时按照其他支出的类别分别设置"利息支出""折旧修理费""资产损失""坏账损失"和"其他"等明细科目，进行明细核算。

当发生其他支出时，借记"其他支出"科目，贷记"累计折旧""现金""银行存款""库存物资""应付款"等科目。年度终了时，应将"其他支出"科目的余额转入"本年收益"科目，借记"本年收益"科目，贷记"其他支出"科目，"其他支出"科目结转后应无余额。

【例3-45】 向阳村2015年7月5日，支付村民树苗补助现金1 560元。

借：其他支出——其他杂支　　　　　　　　　　1 560
　　贷：现金　　　　　　　　　　　　　　　　　　　1 560

【例3-46】 向阳村2015年7月8日，支付村办小学教学设备修理费138元。

借：其他支出——折旧修理费　　　　　　　　　　138
　　贷：现金　　　　　　　　　　　　　　　　　　　138

（三）费用的管理

虽然经营支出、管理费用和其他支出都是村集体经济组织在履行其职责过程中所发生的支出，但它们之间有着本质的区别：经营支出与生产经营活动直接相关，管理费用和其他支出则与生产经营活动无直接关系。经营支出属于生产经营活动的成本，应与业务量的大小成正比例关系，如果成正比增减是正常的，不成比例增减则是不正常的，需要查明原因；管理费用则是相对固定的，不会与业务量成正比例关系，如果成比例增减则需要查明原因。因此村集体经济组织应加强对各项费用的管理。首先，应严格控制管理费用和其他支出等非生产性支出。对招待费以及村干部的通信、交通等非生产性支出要实行限额控制，具体标准应由村集体经济组织根据财政部门的规定并结合本村实际制定。其次，对发生的各项支出原则上应取得合法、规范的支出凭证，不得使用无据的支出凭证进行报销。对确因客观情况无法取得合法、规范的凭证且金额较小的，可由收款方出具能够反映经济业务实际情况的证明，并注明经营人的地址及其身份证号码，经审核报销。再次，对支出的凭证，必须注明用途并由经手人签名、证明人签证，会计和村民理财小组审核签章后，出纳才能付款。如果支出是实行乡镇、街道集中核算或代理记账的，应上报乡镇、街道财务服务中心审核，审核合格后，再由代理会计登记入账。对真实、合法而不符合要求的，应及时退回补办手续；支出凭证原则上应在同一个会计期间内报销，对于跨年度的，没有注明原因的凭证，不得报销。

三、成本的核算

1. 生产（劳务）成本的概念

生产（劳务）成本是指村集体经济组织直接组织产品生产或对外提供劳务等活动所发生的各项生产费用或劳务成本。

2. 生产（劳务）成本项目

成本项目是指村集体经济组织生产农产品、工业产品和对外提供劳务发生各种耗费的项目，既包括为生产产品或提供劳务而发生的直接费用，也包括为生产产品或提供劳务而发生的间接费用和其他费用。

（1）农产品成本项目的内容

① 直接材料，是指生产中消耗的自产或者外购的种子、种苗、肥料、地膜、农药等。

② 直接人工，是指直接从事种植业生产工人的工资、工资性津贴、奖金和福利费等。

③ 其他直接费用，是指除直接材料、直接人工外的其他直接支出。包括机械作业费、灌溉费、田间运输管理费等。

④ 间接费用，是指应摊销或经分配计入各产品的间接生产费用。包括为组织和管理生产而发生的管理人员工资、折旧费、修理费、水电费、办公费等。

（2）工业产品成本项目的内容

① 直接材料，是指生产过程中实际消耗的原材料及主要材料、辅助材料、半成品、燃料和动力、包装物以及其他直接材料。

② 直接工资，是指直接从事产品生产人员的工资及福利费等。

③ 制造费用，是指为组织和管理生产所发生的各种费用，包括生产车间管理人员的薪酬、机器设备的折旧费、修理费、机物料消耗，季节性修理期间的停工损失费以及其他费用，比如废品损失等。

④ 其他支出，是指不属于上述各个要素但应计入产品成本的其他各项直接支出，比如水电费等。

3. 成本核算的要求

在成本核算工作中，应遵循以下各项要求：

（1）算管结合，算为管用 算管结合，算为管用就是成本核算应当与加强企业经营管理相结合，所提供的成本信息应当满足企业经营管理和决策的需要。

（2）正确划分各种费用界限 为了正确地进行成本核算，正确地计算产品成本和期间费用，必须正确划分以下五个方面的费用界限：①正确划分应否计入生产费用、期间费用的界限；②正确划分生产费用与期间费用的界限；③正确划分各月份的生产费用和期间费用界限；④正确划分各种产品的生产费用界限；⑤正确划分完工产品与在产品的生产费用界限。以上五个方面费用界限的划分过程，也就是产品生产成本的计算和各项期间费用的归集过程。在这一过程中，应贯彻受益原则，即何者受益何者负担费用，何时受益何时负担费用；负担费用的多少应与受益程度的大小成正比。

（3）正确确定财产物资的计价和价值结转方法　财产物资计价和价值结转方法主要包括：固定资产原值的计算方法、折旧方法、折旧率的种类和高低，固定资产修理费用是否采用待摊或预提方法以及摊提期限的长短；固定资产与低值易耗品的划分标准；材料成本的组成内容、材料按实际成本进行核算时发出材料单位成本的计算方法、材料按计划成本进行核算时材料成本差异率的种类、采用分类差异时材料类距的大小等；低值易耗品和包装物价值的摊销方法、摊销率的高低及摊销期限的长短等。为了正确计算成本，对于各种财产物资的计价和价值的结转，应严格执行国家统一的会计制度。各种方法一经确定，应保持相对稳定，不能随意改变，以保证成本信息的可比性。

（4）做好各项基础工作　主要包括：①做好各项材料人工消耗定额的制定和修订工作；②建立和健全材料物资的计量、收发、领退和盘点制度；③建立和健全原始记录工作；④做好厂内计划价格的制定和修订工作等。

（5）适应生产特点和管理要求，采用适当的成本计算方法，比如品种法、分步法、分批法等。

4. 成本核算的一般程序

成本核算程序是指从生产费用发生开始，直至计算出完工产品总成本和单位成本为止的整个成本计算的步骤。成本核算程序一般分为以下几个步骤：

（1）生产费用支出的审核　对发生的各项生产费用支出，应根据国家、上级主管部门和本企业（或本村）的有关制度与规定进行严格的审核，以便对不符合制度和规定的费用以及各种浪费、损失等加以制止或追究经济责任。

（2）确定成本计算对象和成本项目，开设产品成本明细账　企业的生产类型不同，对成本管理的要求不同，成本计算对象和成本项目也就有所不同，应根据企业生产类型的特点和对成本管理的要求，确定成本计算对象和成本项目，并根据确定的成本计算对象开设产品成本明细账。

（3）进行要素费用的分配　对发生的各项要素费用进行汇总，编制各种要素费用分配表，按其用途分配计入有关的生产成本明细账。对能确认某一成本计算对象耗用的费用，如直接材料、直接工资，应直接记入"生产成本——基本生产成本"账户及其有关的产品成本明细账；对于不能确认某一费用，则应按其发生的地点或用途进行归集分配，分别记入"制造费用""生产成本——辅助生产成本"等综合费用账户。

（4）进行综合费用的分配　对记入"制造费用""生产成本——辅助生产

成本"等账户的综合费用，月终采用一定的分配方法进行分配，分配结果计入"生产成本——基本生产成本"以及有关的产品成本明细账。

（5）正确划分完工产品成本与在产品成本 通过要素费用和综合费用的分配，各种产品或劳务所发生的各项生产费用均已归集在"生产成本——基本生产成本"账户及有关的产品本明细账中。在没有在产品的情况下，产品成本明细账所归集的生产费用即为完工产品总成本；在存在在产品的情况下，就需将产品成本明细账所归集的生产费用按一定的方法在完工产品和月末在产品之间进行划分，从而计算出完工产品成本和月末在产品成本。

（6）计算产品的总成本和单位成本 在品种法、分批法下，产品成本明细账中计算出的完工产品成本即为产品的总成本；在分步法下，则需根据各生产步骤成本明细账进行顺序逐步结转或平行结转，才能计算出产品的总成本。再以产品的总成本除以完工产品的数量，即为完工产品的单位成本。

5. 农产品的核算方法

由于农产品生产周期较长、收获期比较集中、各项费用发生不均匀，因此农产品的成本通常应按照生产周期计算。当发生各种生产费用和劳务成本时，能够分清属于哪种农产品负担的，直接计入该农产品的成本；不能直接分清的，可采用一定的分配标准分配计入农产品成本，分配标准可选用种植面积、作业面积、产量等。最后将耗用的直接费用和间接费用直接或间接地通过分配计入各该农产品的生产成本：借记"生产（劳务）成本"科目，贷记"库存物资""应付工资""内部往来""应付款""现金"等科目。农产品收获且验收入库时，按照成本核算对象归集的生产费用和劳务成本，借记"库存物资"科目，贷记"生产（劳务）成本"科目。

【例3-47】假设向阳村统一经营耕种5亩小麦和3亩大蒜，生产过程中投入种子分别为1 000元和2 400元。施用化肥分别为1 000元和1 200元，支付临时生产人员劳务费1 500元和900元，支付农机作业费1 600元，其中小麦1 000元。两种作物应承担管理人员工资1 600元。当年收获小麦3 000千克、大蒜3 000千克。

（1）投入种子时：

借：生产（劳务）成本——小麦　　　　　　　　　　1 000
　　　　　　　　　　　——大蒜　　　　　　　　　　2 400
　　贷：库存物资——种子——小麦　　　　　　　　　1 000
　　　　　　　　　　　　——大蒜　　　　　　　　　2 400

（2）施用化肥时：

借：生产（劳务）成本——小麦　　　　　　　　　　1 000
　　　　　　　　　　　——大蒜　　　　　　　　　　1 200
　　贷：库存物资——化肥　　　　　　　　　　　　　2 200

(3) 支付临时生产人员劳务费时：
借：生产（劳务）成本——小麦　　　　　　　　　　　1 500
　　　　　　　　　　——大蒜　　　　　　　　　　　　900
　　贷：现金　　　　　　　　　　　　　　　　　　　2 400
(4) 支付农机作业费时：
借：生产（劳务）成本——小麦　　　　　　　　　　　1 000
　　　　　　　　　　——大蒜　　　　　　　　　　　　600
　　贷：现金　　　　　　　　　　　　　　　　　　　1 600
(5) 计算与分摊管理人员的工资时：
管理人员的工资应按照产品种植面积进行分配。分配率＝1 600÷8＝200（元/亩）
小麦应分摊管理人员的工资＝200×5＝1 000（元）
蒜应分摊管理人员的工资＝200×3＝600（元）
账务处理为：
借：生产（劳务）成本——小麦　　　　　　　　　　　1 000
　　　　　　　　　　——大蒜　　　　　　　　　　　　600
　　贷：现金　　　　　　　　　　　　　　　　　　　1 600
(6) 农产品入库时：
借：库存物资——小麦　　　　　　　　　　　　　　　5 500
　　　　　　——大蒜　　　　　　　　　　　　　　　5 700
　　贷：生产（劳务）成本——小麦　　　　　　　　　5 500
　　　　　　　　　　　　——大蒜　　　　　　　　　5 700
其中：
小麦的单位成本＝5 500÷3 000＝1.83（元/千克）
大蒜的单位成本＝5 700÷3 000＝1.90（元/千克）

6. 工业产品的核算方法

按照《村集体经济组织会计制度》和成本核算的要求，各村集体经济组织应根据产品的生产特点，选用成本计算方法。当发生各项生产费用时，借记"生产（劳务）成本"科目，贷记"库存物资""应付工资""内部往来""应付款""现金"等科目。产品完工时，按照成本核算对象分别归集的生产费用和劳务成本，借记"库存物资"科目，贷记"生产（劳务）成本"科目。

7. 劳务成本的核算方法

村集体经济组织在对外提供劳务时，应按照成本对象（即各项劳务）归集成本费用，直接或间接地分配计入劳务成本：借记"生产（劳务）成本"科目，贷记"库存物资""应付工资""内部往来""应付款""现金"等科目。当对外提供的劳务收入实现时，根据所收取的款项，借记"银行存款"等科目，贷记"经营收入"科目，同时结转劳务成本：借记"经营支出"科目，贷记"生产（劳务）成本"科目。

四、收益的计算与核算

（一）收益总额的计算

收益是指村集体经济组织在一定期间（月、季、年）内生产经营、服务和管理活动所取得的净收入，它是已经实现的收入与之相对应的成本费用之间的差额，即收入和支出对比的结果。收益反映了村集体经济组织在一定期间的财务成果，同时还是反映和考核村集体经济组织生产经营和服务活动质量的一项综合性财务指标。村集体经济组织全年的收益总额应按照下列公式计算：

收益总额＝经营收益＋补助收入＋其他收入－其他支出

其中：

经营收益＝经营收入＋发包及上交收入＋投资收益－经营支出－管理费用

投资收益是指村集体经济组织因投资而取得的收益扣除发生的投资损失后的净额。投资收益包括对外投资分得的利润、现金股利和债券利息以及收回投资时实得款大于账面价值的差额等。投资损失包括到期收回或者转让取得的款项小于账面价值的差额。

（二）收益的核算

1. 投资收益的核算

为了全面反映和监督对外投资取得的收益或发生的损失，村集体经济组织应设置"投资收益"科目，同时按照投资的种类分别设置明细科目，进行明细核算。

村集体经济组织取得投资收益时，借记"现金""银行存款"等科目，贷记"投资收益"科目；转让、收回投资或出售有价证券时，按实际取得的价款，借记"现金""银行存款"等科目，按原账面价值，贷记"短期投资""长期投资"科目，按实际取得价款和原账面价值的差额，借记或贷记"投资收益"科目。年度终了时，应将"投资收益"科目的余额转入"本年收益"科目，借记"本年收益"科目，贷记"投资收益"科目，"投资收益"科目结转后应无余额。

2. 本年收益的核算

本年收益是指村集体经济组织本年度实现的收益，它是村集体经济组织本年度各项收支对比的结果。

本年收益的核算一般集中在年末通过收支转账的方式进行。结转各项收入、收益时，借记"经营收入""发包及上交收入""补助收入""其他收入""投资收益"等科目，贷记"本年收益"科目；同时结转各项费用支出，借记

"经营支出""其他支出""管理费用"等科目，贷记"本年收益"科目。收支相抵后"本年收益"科目的贷方余额，表示当年实现了净收益，则借记"本年收益"科目，贷记"收益分配"科目；若"本年收益"科目为借方余额，表示当年发生了净亏损，则应借记"收益分配"科目，贷记"本年收益"科目。结转后"本年收益"科目应无余额。

五、收益分配的核算

（一）收益分配程序

村集体经济组织的收益分配，是指把当年已经确定的收益总额连同以前年度的未分配收益按照一定的标准进行的合理分配。收益分配是村集体经济组织财务管理和会计核算的重要环节，关系到国家、集体、农户及所有者等各方面的利益，具有很强的政策性。因此，村集体经济组织必须严格遵守财务会计制度等有关规定，按照规定的程序和要求，搞好收益分配工作。村集体经济组织在进行收益分配前，首先应科学地编制收益分配方案，在编制分配方案时，应当认真贯彻收支平衡、利益相关和生产要素的比重等原则，根据现行政策精神，详细确定各个分配项目及其分配比例；收益分配方案必须报乡（镇）经管站审查，并经村民大会或村民代表大会讨论通过后才能执行。其次，应做好收益分配前的各项准备工作，包括准确地核算全年的收入和支出，清理有关资产和各项债权、债务，搞好承包合同的结算和兑现工作，确保分配工作的顺利完成。村集体经济组织在计算当年净收益的基础上，按照以下顺序进行分配。

（1）按照税法相关规定及时、足额地缴纳各种税金。

（2）提取公积金和公益金：公积金是用于发展生产、转增资本和弥补亏损的资金，是壮大集体经济、增强综合服务功能的重要资金来源，也是集体资产的一个重要组成部分。公益金主要用于集体福利等公益性设施建设，包括兴建学校、医疗站、福利院、电影院、幼儿园、自来水设施等。每年按比例提取后，要做到有计划地使用，专款专用。提取比例也由各村根据实际情况自行确定，原则上不低于当年税后收益总额的20％。

（3）提取福利费：福利费主要用于集体福利、文教、卫生等方面的支出，包括照顾军烈属、"五保户"支出、困难户支出、计划生育支出、农民因公伤亡的医药费、生活补助及抚恤金等。福利费可用于村民个人福利和救济，不能用于构建公益性设施，不能和公益金相混淆，应保证专款专用。福利费的提取比例原则上不低于当年税后收益总额的20％。

（4）向投资者分配：向投资者分利，应体现互惠互利的原则，按照投资合同或协议、章程规定的持股比例和经营情况进行。

（5）向农户分配：农户是村集体经济组织的主体，为了提高村民的积极性，体现合作共赢的原则，在进行上述分配之后，还应对农户进行分配。村集体经济组织当年实现的收益应归全体村民所有，对收益在缴纳国家税金，提取公共积累后，经全体村民同意，可向农户进行分配，至于分配的数额和分配采取的形式，可由村集体经济组织自主确定。

(6) 其他分配：其他收益分配是指上述分配未包括的事项。如村集体经济组织可以实行"以工补农"的办法，即按收益的一定比例建立补贴农业基金，专门用于农业设施建设和农业生产补贴。

经上述收益分配后，剩余的收益即为本年的未分配收益，可留待下一年度分配。

（二）收益分配的核算

村集体经济组织为了全面反映和监督收益分配情况，应设置"收益分配"科目，用于核算村集体经济组织收益的分配或亏损的弥补情况以及历年分配（或弥补亏损）后的结存余额，同时设置"损溢调整""弥补亏损""各项分配"和"未分配收益"等明细科目，进行明细核算。

(1) 村集体经济组织用公积公益金弥补亏损时，借记"公积公益金"科目，贷记"收益分配——未分配收益"科目。

(2) 按规定提取公积公益金、提取应付福利费、外来投资分利、进行农户分配等时，借记"收益分配——各项分配"科目，贷记"公积公益金""应付福利费""应付款""内部往来"等科目。

(3) 年终，应将全年实现的收益总额，自"本年收益"科目转入"收益分配"科目：借记"本年收益"科目，贷记"收益分配——未分配收益"科目；如当年发生净亏损则作相反会计分录。同时，将"收益分配"科目下的"各项分配"明细科目的余额转入"未分配收益"明细科目，借记"收益分配——未分配收益"科目，贷记"收益分配——各项分配"科目。年度终了时，"收益分配"科目的"各项分配"明细科目应无余额，"未分配收益"明细科目的贷方余额表示未分配的收益，若为借方余额则表示未弥补的亏损数额。

(4) 年终结账后，如发现以前年度收益计算不准确，或有未反映的会计业务，需要调整增加或减少本年收益的，也在"收益分配——未分配收益"科目核算。其中调整增加本年收益时，借记有关科目，贷记"收益分配——未分配收益"科目；调整减少本年收益时，借记"收益分配——未分配收益"科目，贷记有关科目。账务处理如下。

① 若发生以前年度损益调整事项，如计提以前年度的借款利息、补提以前年度的固定资产折旧及上年度干部效益工资等应通过"收益分配——损益调整"科目处理，然后结转到"收益分配——未分配收益"，其调增调减之间的差额计入"收益及收益分配表"的"其他转入"栏内。

【例3-48】 2016年1月某村委补提上年漏计的生产经营用固定资产累计

折旧 10 000 元。

补提时：

借：收益分配——损益调整　　　　　　　　　　　　10 000
　　贷：累计折旧　　　　　　　　　　　　　　　　　　10 000

结转损益时：

借：收益分配——未分配收益　　　　　　　　　　　10 000
　　贷：收益分配——损益调整　　　　　　　　　　　　10 000

【例 3-49】 2016 年 1 月某村委发现上年度漏记了其他收入 500 元。

补记时：

借：应付款——现金长款　　　　　　　　　　　　　　500
　　贷：收益分配——损益调整　　　　　　　　　　　　　500

结转损益时：

借：收益分配——损益调整　　　　　　　　　　　　　500
　　贷：收益分配——未分配收益　　　　　　　　　　　　500

② 按规定程序批准同意用公积金弥补亏损时：

借：公积公益金——弥补亏损
　　贷：收益分配——弥补亏损

同时转账：

借：收益分配——弥补亏损
　　贷：收益分配——未分配收益

③ 结转本年度实现的净收益时：

借：本年收益
　　贷：收益分配——未分配收益

④ 各项分配必须按如下顺序进行：

第一步，提取公积金时：

借：收益分配——提取公积公益金（提取公积金）
　　贷：公积公益金——公积金

第二步，提取公益金时：

借：收益分配——提取公积公益金（提取公益金）
　　贷：公积公益金——公益金

第三步，提取福利费时：

借：收益分配——提取福利费
　　贷：应付福利费——福利费结存

第四步，向投资分利时：

借：收益分配——外来投资分利
　　贷：应付款——有关单位或个人

第五步，向农户分配（股份分红）时：
借：收益分配——股份分红
　　贷：应付款——应付股红（各农户名单）
⑤ 结转"收益分配"各明细账余额
借：收益分配——未分配收益
　　贷：收益分配——提取公积公益金
　　　　　　　　——提取福利费
　　　　　　　　——外来投资分利
　　　　　　　　——应付股红

【例3-50】 2015年12月31日，向阳村通过会计核算，本年度共实现收益1 200 000元。根据相关政策规定，经村民大会讨论通过，把以前年度滚存的300 000元一并进行分配，且分配方案如下：按50%提取公积公益金，按15%提取应付福利费，按10%进行投资分利，按10%分配给农户。

(1) 借：本年收益　　　　　　　　　　　　　　　　1 200 000
　　　贷：收益分配——未分配收益　　　　　　　　　　　 1 200 000
(2) 借：收益分配——各项分配——提取公积公益金　　 750 000
　　　　　　　　　　　　　　——提取福利费　　　　 225 000
　　　　　　　　　　　　　　——投资分利　　　　　 15 000
　　　　　　　　　　　　　　——提农户分配　　　　 15 000
　　　贷：公积公益金　　　　　　　　　　　　　　　　750 000
　　　　　应付福利费　　　　　　　　　　　　　　　　225 000
　　　　　应付款——投资者　　　　　　　　　　　　　 15 000
　　　　　内部往来——各农户　　　　　　　　　　　　 15 000
(3) 借：收益分配——未分配收益　　　　　　　　　1 275 000
　　　贷：收益分配——各项分配　　　　　　　　　　　1 275 000

经过上述账务处理后，"收益分配——未分配收益"账户余额为225 000元（1 200 000元＋300 000元－1 275 000元），即为向阳村2015年度的未分配收益。

项目八　会计报表的编制

会计报表是反映村集体经济组织一定时期内经济活动情况的书面报告。村集体经济组织应按规定准确、及时、完整地编报会计报表，定期向乡（镇）财政部门或农村经营管理部门上报，并向全体成员公布。

一、会计报表的种类

按照《村集体经济组织会计制度》的规定，村集体经济组织的会计报表一般分为月（季）报和年报。

（1）月报表或季报表　村集体经济组织的月（季）报是按月（季）编报的、以简明扼要的形式反映某一月（季）财务状况和收支情况的会计报表，包括科目余额表和收支明细表。

① 科目余额表是反映村集体经济组织所设会计科目各个月末或者季末余额的会计报表。它既是月（季）末的试算平衡表，又是编制资产负债表和收益及收益分配表的依据。通过科目余额表，既可以了解与分析村集体经济组织的财务状况和收支情况；同时还可利用其借贷平衡关系检查账户记录是否准确：如果借贷方数额不平衡，说明记账过程肯定有错误；如果借贷方数额平衡，只能说明记账簿记录基本正确，而不能断定记账完全没有错误，因为科目余额表不能检查出记账过程的所有错误，比如重记、漏记业务，或借贷方向记反，这些错误都不会影响借贷平衡。

科目余额表应在每月（季）结账后，根据各总账科目的期初借方余额或贷方余额、本期借方发生额或贷方发生额、期末借方余额或贷方余额逐项填列在本表的"期初余额"、"本期发生额"、"期末余额"栏目内。其中"内部往来"栏目数字应按照往来明细账户，分别汇总借方余额和贷方余额的合计数，填入"期初余额"和"期末余额"的借方和贷方栏内；"累计折旧"科目作为固定资产的备抵科目，其贷方余额应用"－"列示在"固定资产"科目的下方，而不作为负债类科目填列在该科目的贷方。另外每年的12月份，村集体经济组织除正常编制一张12月份和第四季度的科目余额表外，还应于决算后再编制一张年终科目余额表，作为结转有关账户年终余额的依据。科目余额表的格式如表3-2所示。

表3-2　科目余额表

填报单位：　　　　　　　　　　　年　月　日　　　　　　　　　　　单位：元

科目	科目名称	期初余额		本期发生额		期末余额	
		借方	贷方	借方	贷方	借方	贷方
101	现金						
102	银行存款						
111	短期投资						
112	应收款						
113	内部往来						
121	库存物资						
131	牲畜（禽）资产						
132	林木资产						
141	长期投资						

续表

科目编号	科目名称	期初余额		本期发生额		期末余额	
		借方	贷方	借方	贷方	借方	贷方
151	固定资产						
152	累计折旧						
153	固定资产清理						
154	在建工程						
201	短期借款						
202	应付款						
211	应付工资						
212	应付福利费						
221	长期借款及应付款						
231	一事一议资金						
241	专项应付款						
301	资本						
311	公积公益金						
321	本年收益						
322	收益分配						
401	生产(劳务)成本						
501	经营收入						
502	经营支出						
511	发包及上交收入						
521	农业税附加返还收入						
522	补助收入						
531	其他收入						
541	管理费用						
551	其他支出						
561	投资收益						
	合计						

② 收支明细表是反映村集体经济组织每月及年度内至每个月末累计发生的各项收入和各项支出情况的会计报表，它由收入和支出两大部分组成。其中各项收入合计减去各支出合计的差额，即为每个月及年度内至每月末累计实现的收益额（或亏损额）。收支明细表各项目的"本月数"和"本年累计数"应分别根据各损益类账户及其所属明细账户的本月发生额和月末余额以及相应的账务处理记录分析填列。收支明细表的格式如表3-3所示。

表 3-3 收支明细表

填报单位：向阳村（公章）　　　　2015 年 12 月 31 日　　　　　　　　　　　　单位：元

项目	行次	本月数	本年累计数	项目	行次	本月数	本年累计数
一、经营收入	1		527 857.80	一、经营支出	35		2 549 868.50
1. 105 工程款	2		193 077.80	1. 农业支出	36		738 969.95
2. 摊位费	3		174 780.00	2. 工程支出	37		498 864.59
3 小肥羊酒店工程款	4		160 000.00	3. 杂工工资	38		277 794.00
二、发包及上交收入	5			4. 水电费	39		460 247.23
1.……	6			5. 生产性维修	40		499 889.73
2.……	7	0		6. 其他	41		74 103.00
三、农业税附加返还收入	8			二、管理费用	42		5 845 282.43
四、补助收入	9		212 484.90	1. 工资及补助	43		838 628.60
1. 党组织运转经费	10		33 000.00	2. 福利费支出	44		4 395 952.36
2. 村级保洁员补助	11		34 200.00	3. 办公用品	45		144 855.66
3. 秸秆焚烧	12		2 284.90	4. 差旅费	46		22 134.05
4. 环境卫生补助	13		60 000.00	5. 电信费	47		1 520.00
五、其他收入	14		67 974 832.57	6. 报刊费	48		17 544.20
1. 利息收入	15		6 384 845.86	7. 维修费	49		49 750.00
2. 青苗补助	16		3 792 302.99	8. 招待费	50		121 096.30
3. 计生违约金	17		84 100.00	9. 培训费	51		116 671.50
4. 赔补偿收入	18		56 280 645.79	10. 生活困难补助费	52		6 975.00
5. 租地款	19		775 309.40	11. 村党组织运转经费	53		1 118.00
6. 零星工程款	20		610 000.00	12. 代理费	54		33 073.84
7. 其他	21		47 628.53	13. 杂工工资	55		49 160.00
六、投资收益	22		7 000 000.00	14. 其他	56		46 802.92
1. 理财利息	23		5 500 000.00	三、其他支出	57		25 003 105.98
2. 国库券利息	24		1 500 000.00	1. 党员培训支出	58		55 457.00
	25			2. 赔补偿支出	59		22 777 052.69
	26			3. 河道整理支出	60		234 377.14
	27			4. 偿债支出	61		359 489.38
	28			5. 环境卫生支出	62		1 111 058.20
	29			6. 杂工工资	63		215 242.45
	30			7. 计生支出	64		21 610.00
	31			8. 整修街道	65		112 453.67
	32			9. 集体福利支出	66		41 989.60
	33			10. 其他	67		74 375.85
收入合计	34		75 715 175.27	支出合计	68		33 398 256.91

(2) 年度报表　年报是全面反映村集体经济组织全年的经济活动、财务收支和财务成果的报表，包括资产负债表和收益及收益分配表。村集体经济组织的年报应按会计年度编制并报送给乡（镇）财政部门或农村经营管理部门；各级农村经营管理部门，应对所辖地区报送的村集体经济组织的会计报表进行审查，然后逐级汇总上报。各省、自治区、直辖市农村经营管理部门年终应汇总年度的资产负债表和收益及收益分配表，同时附送财务状况说明书，按规定时间报农业部。资产负债表和收益及收益分配表的格式分别如表 3-4 和表 3-5 所示。

二、会计报表的编制要求

（1）真实可靠　会计报表指标应如实反映村集体经济组织的财务状况、经营成果和现金流量。为了保证会计报表的真实可靠需做好以下准备工作：①在编制年度会计报告前，应当按照规定，全面清查资产、核实债务；②核对各会计账簿记录与会计凭证的内容、金额等是否一致，记账方向是否相符；③依照规定的结账日进行结账，结出有关账簿的余额和发生额，并进行核对；④检查相关的会计核算是否按照国家统一的会计制度的规定进行；⑤对于国家统一的会计制度没有规定统一核算方法的交易或事项，检查其是否按照会计核算的一般原则进行确认和计量以及相关账务处理是否合理；⑥检查是否存在因会计差错、会计政策变更等原因需要调整前期或者本期的相关项目。如果发现问题，应按照国家统一会计制度的规定进行处理。

（2）全面完整　会计报表应当反映一定时期生产经营活动的全貌及其财务状况、经营成果和现金流量。为了保证会计报表的全面完整，村集体经济组织应当按照规定的会计报表的格式和内容编制会计报表。对于要求填报的有关指标和项目，应按照有关规定填列齐全。

（3）编报及时　村集体经济组织应根据有关规定，按月、按季、按年及时向财政或农村经营管理部门报送会计报表，并向全体村民公布。关于会计报表的报送期限，《企业财务报告条例》规定：①月报应于月度终了后 6 天内（节假日顺延，下同）对外提供；②季报应于季度终了后 15 天内对外提供；③半年度报应于年度中期结束后 60 天内（相当于两个连续的月份）对外提供；④年报应于年度终了后 4 个月内对外提供。

（4）便于理解　便于理解是指财务会计报告所提供的会计信息应当清晰明了，便于使用者理解和利用。

三、资产负债表的编制

1. 资产负债表概述

资产负债表是反映村集体经济组织年末全部资产、负债、所有者权益状况的会计报表。

通过资产负债表，会计信息使用者可以了解以下方面的信息：一是村集体经济组织在年末所掌握的经济资源以及这些资源的分布结构与状况；二是村集体经济组织年末负债总额及其构成情况；三是村集体经济组织净资产的构成及其现状；四是通过资产负债表相关指标的分析，可以了解村集体经济组织的财务状况以及偿债能力、支付能力等。

2. 资产负债表的格式

村集体经济组织的资产负债表采用"账户式"结构。账户式资产负债表分左右两方，左方为资产项目，右方为负债与所有者权益项目（亦称权益项目），表中各项目均按一定的标准与顺序排列，其中资产项目按照资产的流动性大小排列，流动性强、易变现的资产如"货币资金""短期投资"等排在前面，流动性弱、不易变现的资产如"长期投资""固定资产"等排在后面；负债项目按照负债的偿还期限长短的顺序排列，清偿时间较短的"短期借款""应付款"等需要在一年以内或者长于一年的一个正常营业周期内偿还的流动负债排在前面，"长期借款及应付款""一事一议资金"等需在一年以上才偿还的非流动负债排在最后。所有者权益项目按其重要性顺序排列。资产各项目合计等于负债和所有者权益各项目的合计。

正是因为资产负债表中的资产各项目的合计等于负债和所有者权益各项目的合计，即资产负债表左方和右方平衡，因此，通过资产负债表，可以全面反映村集体经济组织的财务状况，而且还可反映三项静态会计要素之间的内在关系，即"资产＝负债＋所有者权益"。

3. 资产负债表的编制方法

资产负债表"年初数"栏中的各项数据应根据上年末资产负债表"年末数"栏内所示数字填列。其中如若遇到本年度资产负债表规定的各个项目的名称和内容同上年度不相一致的情况，则应对上年末资产负债表各项目的名称和数字按照本年度的规定进行调整，调整后的相关数字填入"年初数"栏内。

资产负债表"年末数"栏中的各项目内容和填列方法如下。

（1）"货币资金"项目：反映村集体经济组织库存现金、银行存款等货币资金的合计数。本项目应根据"现金""银行存款"科目的年末余额合计填列。

（2）"短期投资"项目：反映村集体经济组织购入的各种能随时变现并且持有时间不超过一年（含一年）的有价证券等投资。本项目应根据"短期投资"科目的年末余额填列。

（3）"应收款项"项目：反映村集体经济组织应收而未收回和暂付的各种款项。本项目应根据"应收款"科目年末余额和"内部往来"各明细科目年末借方余额合计数合计填列。

（4）"存货"项目：反映村集体经济组织年末在库、在途和在加工中的各项存货的价值，包括各种原材料、农用材料、农产品、工业产成品等物资、在产品等。本项目应根据"库存物资""生产（劳务）成本"科目年末余额合计填列。

（5）"牲畜（禽）资产"项目：反映村集体经济组织购入或培育的幼畜及育肥畜和产役畜的账面余额。本项目应根据"牲畜（禽）资产"科目的年末余额填列。

（6）"林木资产"项目：反映村集体经济组织购入或营造的林木的账面余额。本项目应根据"林木资产"科目的年末余额填列。

（7）"长期投资"项目：反映村集体经济组织不准备在一年内（不含一年）变现的投资。本项目应根据"长期投资"科目的年末余额填列。

（8）"固定资产原价"项目和"累计折旧"项目：反映村集体经济组织各种固定资产原价及累计折旧。这两个项目应根据"固定资产"科目和"累计折旧"科目的年末余额填列。

（9）"固定资产清理"项目：反映村集体经济组织因出售、报废、毁损等原因转入清理但尚未清理完毕的固定资产的账面净值以及固定资产清理过程中所发生的清理费用和变价收入等各项金额的差额。本项目应根据"固定资产清理"科目的年末借方余额填列；如为贷方余额，本项目数字应以"－"号表示。

（10）"在建工程"项目：反映村集体经济组织各项尚未完工或虽已完工但尚未办理竣工决算的工程项目实际成本。本项目应根据"在建工程"科目的年末余额填列。

（11）"短期借款"项目：反映村集体经济组织借入尚未归还的一年期以下（含一年）的借款。本项目应根据"短期借款"科目的年末余额填列。

（12）"应付款项"项目：反映村集体经济组织应付而未付及暂收的各种款项。本项目应根据"应付款"科目年末余额和"内部往来"各明细科目年末贷方余额合计数合计填列。

（13）"应付工资"项目：反映村集体经济组织已提取但尚未支付的职工工资。本项目应根据"应付工资"科目年末余额填列。

（14）"应付福利费"项目：反映村集体经济组织已提取但尚未使用的福利费金额。本项目应根据"应付福利费"科目年末贷方余额填列；如为借方余额，本项目数字应以"－"号表示。

（15）"长期借款及应付款"项目：反映村集体经济组织借入尚未归还的一年期以上（不含一年）的借款以及偿还期在一年以上（不含一年）的应付未付款项。本项目应根据"长期借款及应付款"科目年末余额填列。

（16）"一事一议资金"项目：反映村集体经济组织应当用于一事一议专项工程建设的资金数额。本项目应根据"一事一议资金"科目年末贷方余额填列；如为借方余额，本项目数字应以"—"号表示。

(17)"资本"项目：反映村集体经济组织实际收到的资本总额。本项目应根据"资本"科目的年末余额填列。

(18)"公积公益金"项目：反映村集体经济组织公积公益金的年末余额。本项目应根据"公积公益金"科目的年末贷方余额填列。

(19)"未分配收益"项目：反映村集体经济组织尚未分配的收益。本项目应根据"本年收益"科目和"收益分配"科目的余额计算填列；如有未弥补的亏损，在本项目内数字以"—"号表示。

年末，村集体经济组织根据总账及其所属明细账的期初余额、本期借贷方发生额和期末余额，分别编制12月的科目余额表、第四季度的科目余额表和年度科目余额表；最后根据科目余额表编制资产负债表。资产负债表如表3-4所示。

表3-4 资产负债表

编制单位：向阳村（公章） 2015年12月 单位：元

资产	行次	年初数	年末数	负债及所有者权益	行次	年初数	年末数
流动资产：				流动负债：			
货币资金	1	39 856 598.22	3 611 868.58	短期借款	35		
短期投资	2			应付款项	36	15 631.00	
应收款项	5	226 963.81	3 050 869.59	应付工资	37		
存货	8			应付福利费	38	1 085 253.80	
流动资产合计	9	40 083 562.03	6 662 738.17	流动负债合计	41	1 100 884.80	
农业资产：				长期负债：			
牲畜(禽)资产	10			长期借款及应付款	42	95 000.00	95 000.00
林木资产	11		27 430.00	一事一议资金	43		
农业资产合计	15		27 430.00	长期负债合计	46	95 000.00	95 000.00
长期资产：				负债合计	49	1 195 884.80	95 000.00
长期投资	16		71 500 000.00				
固定资产：							
固定资产原价	19	2 116 643.03	5 048 259.69				
减：累计折旧	20	100 792.53	240 393.32	所有者权益：			
固定资产净值	21	2 015 850.50	4 807 866.37	资本	50	1 585 630.76	1 585 630.76
固定资产清理	22			公积公益金	51	39 317 896.97	83 114 315.14
在建工程	23		317 411.55	未分配收益	52		−1 479 499.81
固定资产合计	26	2 015 850.50	5 125 277.92	所有者权益合计	53	40 903 527.87	83 220 446.09
资产总计	32	42 099 412.53	83 315 446.09	负债和所有者权益总计	56	42 099 412.53	83 315 446.09

另外，对于已经发生损失但尚未批准核销的各项资产，应在资产负债表补充资料中予以披露。这些资产包括：①无法收回、尚未批准核销的短期投资；②确实无法收回、尚未批准核销的应收款项；③盘亏、毁损和报废、尚未批准核销的存货；④死亡毁损、尚未批准核销的农业资产；⑤无法收回、尚未批准核销的长期投资；⑥盘亏和毁损、尚未批准核销的固定资产；⑦毁损和报废、尚未批准核销的在建工程等。

四、收益及收益分配表的编制

1. 收益及收益分配表概述

收益及收益分配表是反映村集体经济组织年度内收益实现及其分配实际情况的会计报表。

收益及收益分配表反映了村集体经济组织在一定时期收益的形成、分配及年末未分配收益结余的情况。通过收益及收益分配表，可以评价村集体经济组织的经营成果和获利能力；通过对该表的分析，可以为村集体经济组织的经营与管理决策提供参考依据，同时还可以预测未来发展趋势。

2. 收益及收益分配表的格式

村集体经济组织的收益及收益分配表由本年收益和收益分配两大部分组成。左方为"本年收益"栏，反映本年度收益的形成情况；右方为"收益分配"栏，反映村集体经济组织的收益分配及其结余情况。其中：

经营收益＝经营收入＋发包及上交收入＋投资收益－经营支出－管理费用

本年收益＝经营收益＋补助收入＋其他收入－其他支出

年末未分配收益＝本年收益＋年初未分配收益＋其他转入－可分配收益

3. 收益及收益分配表编制方法

收益及收益分配表反映村集体经济组织年度内收益的实现及其分配的实际情况。其中村办企业和承包农户的数字不在此列。本表主要项目的内容及其填列方法如下。

(1)"经营收入"项目：反映村集体经济组织进行各项生产、服务等经营活动取得的实际收入。本项目应根据"经营收入"科目的本年发生额分析填列。

(2)"发包及上交收入"项目：反映村集体经济组织取得的农户和其他单位上交的承包金及村（组）办企业上交的利润等。本项目应根据"发包及上交收入"科目的本年发生额分析填列。

(3)"投资收益"项目：反映村集体经济组织对外投资取得的收益。本项目应根据"投资收益"科目的本年发生额分析填列；如为投资损失，以"一"号填列。

（4）"经营支出"项目：反映村集体经济组织因销售商品、农产品、对外提供劳务等活动而发生的支出。本项目应根据"经营支出"科目的本年发生额分析填列。

（5）"管理费用"项目：反映村集体经济组织管理活动发生的各项支出。本项目应根据"管理费用"科目的本年发生额分析填列。

（6）"经营收益"项目：反映村集体经济组织本年通过生产经营活动实现的收益。如为净亏损，本项目数字以"一"号填列。

（7）"农业税附加返还收入"项目：反映村集体经济组织按有关规定收到的财税部门返还的农业税附加、牧业税附加等资金。本项目应根据"农业税附加返还收入"科目的本年度实际发生额分析填列。

（8）"补助收入"项目：反映村集体经济组织获得的财政等有关部门的补助资金。本项目应根据"补助收入"科目的本年发生额分析填列。

（9）"其他收入"项目和"其他支出"项目：反映村集体经济组织与经营管理活动无直接关系的各项收入和支出。这两个项目应分别根据"其他收入"科目和"其他支出"科目的本年发生额分析填列。

（10）"本年收益"项目：反映村集体经济组织本年实现的收益总额。如为亏损总额，本项目数字以"一"号填列。

（11）"年初未分配收益"项目：反映村集体经济组织上年度未分配的收益。本项目应根据上年度收益及收益分配表中的"年末未分配收益"数额填列。如为未弥补的亏损，本项目数字以"一"号填列。

（12）"其他转入"项目：反映村集体经济组织按规定用公积公益金弥补亏损等转入的数额。

（13）"可分配收益"项目：反映村集体经济组织年末可分配的收益总额。本项目应根据"本年收益"项目、"年初未分配收益"项目和"其他转入"项目的合计数填列。

（14）"年末未分配收益"项目：反映村集体经济组织年末累计未分配的收益。本项目应根据"可分配收益"项目扣除各项分配数额的差额填列。如为未弥补的亏损，本项目数字以"一"号填列。

年末，村集体经济组织根据有关政策规定，制定收益分配方案，经过村民大会批准后，再根据《科目余额表》和《收支明细表》的相关资料编制本年度收益及收益分配表，对收益进行分配。收益及收益分配表如表 3-5 所示。

表 3-5　收益及收益分配表

编制单位：向阳村（章）　　　　　　2015 年 12 月　　　　　　　　　　　　单位：元

项目	行次	金额	项目	行次	金额
本年收益			收益分配		
一、经营收入	1	527 857.80	四、本年收益	21	42 316 918.36
加：发包及上交收入	2		加：年初未分配收益	22	0
投资收益	3	7 000 000.00	其他转入	23	
减：经营支出	6	2 549 868.50	五、可分配收益	26	42 316 918.36
管理费用	7	5 845 282.43	减：1. 提取公积公益金	27	21 158 459.18
二、经营收益	10	−867 293.13	2. 提取应付福利费	28	6 347 537.75
加：农业税附加返还收入	11		3. 外来投资分利	29	4 231 691.84
补助收入	12	212 484.90	4. 农户分配	30	6 347 537.75
其他收入	13	67 974 832.57	5. 其他	31	
减：其他支出	16	25 003 105.98			
三、本年收益	20	42 316 918.36	六、年末未分配收益	35	4 231 691.84

【例 3-51】　会计报表编制实例。2015 年度向阳村有关会计资料如下：

（一）村级财务情况

1. 资产情况：截止到 2015 年 12 月 31 日，向阳村资产总额为 83 315 446.09 元。其中：(1) 货币资金期末余额为 3 611 868.58 元，系××县××街信用社的存款。(2) 应收账款期末余额为 3 050 869.59 元，明细如下：甲建筑公司 1 500 000.00 元；乙物业服务有限公司 1 000 000.00 元；丙棉纺织厂 452 275.59 元，八里庙管区 4 250.00 元。(3) 林木资产期末余额 27 430.00 元，系经济林木（法桐）。(4) 长期投资期末余额 71 500 000.元，明细如下：国库券 70 000 000.00 元；甲建筑公司 500 000.00 元；乙物业服务有限公司 1 000 000.00 元。(5) 固定资产期末余额合计为 5 048 259.69 元，计提折旧 240 393.32 元，净值为 4 807 866.37 元，明细如下：房屋建筑物 2 271 486.15 元；生产经营性固定资产 242 786.32.00 元；道路 314 557.00 元；办公设备及家具 840.00 元；其他 2 218 590.22 元。(6) 在建工程期末余额 317 411.55 元，明细如下：幸福桥梁 29 800.00 元，便民服务大厅 287 611.55 元。

2. 村级负债情况：截止到 2015 年 12 月 31 日，向阳村负债总额为 95 000.00 元。其中：农行 25 000 元；信用社 70 000.00 元。

3. 所有者权益情况：截止到 2015 年 12 月 31 日，向阳村所有者权益合计为 83 220 446.09 元。其中：(1) 资本 1 585 630.76 元；(2) 公积公益金 83 114 315.14 元；(3) 未分配利润 -1479 499.81 元。

4. 村级收入情况：截止到 2015 年 12 月 31 日，向阳村收入总额为 75 715 175.27 元。其中：(1) 经营收入 527 857.80 元，明细如下：105 国道工程款193 077.80元；摊位费174 780.00元；小肥羊酒店工程款160 000.00元。(2) 补助收入212 484.90元，明细如下：党组织运转经费33 000.00元；村级保洁员补助34 200.00元；秸秆焚烧补助2 284.90元；环卫补助60 000.00元；其他补助83 000.00元。(3) 其他收入67 974 832.57元，明细如下：利息收入6 384 845.86元；青苗补助3 792 302.99元；计生违约金84 100.00元；赔补偿收入56 280 645.79元；租地款775 309.40元；零星工程款610 000.00元；其他47 628.53元。(4) 投资收益7 000 000.00元，明细如下：理财利息5 500.00元；国库券利息1 500 000.00元。

5. 村级支出情况：截止到2015年12月31日，向阳村支出合计为33 398 256.91元。其中：(1) 经营性支出2 549 868.50元，明细如下：农业支出738 969.95元；工程款498 864.59元；杂工工资277 794.00元；水电费460 247.23元；生产性维修费499 889.73元；其他74 103.00元。(2) 其他支出25 003 105.98元，明细如下：党员培训支出55 457.00元；赔补偿支出22 777 052.69元；河道整治234 377.14元；还老账359 489.38元；环卫支出1 111 058.20元；杂工工资215 242.45元；计生支出21 610.00元；整修街道112 453.67元；集体福利支出41 989.60元；其他74 375.85元。(3) 管理费用5 845 282.43元，明细如下：工资及补助838 628.60元；福利费支出4 395 952.36元；办公用品144 855.66元；差旅费22 134.05元；电信费1 520.00元；报刊费17 544.20元；维修费49 750.00元；招待费121 096.30元；培训学习费116 671.50元；生活困难补助费6 975.00元；村党组织运转经费1 118.00元；代理费33 073.84元；杂工工资49 160.00元；其他46 802.92元。

6. 年末，会计人员计算出本年度共实现收益42 316 918.36元，"两委"根据现行政策的有关规定，制定了收益分配方案，并经过了成员大会批准。具体的收益分配方案如下：按50%提取公积公益金，按15%提取应付福利费，按10%进行投资分利，按15%分配农户。会计人员根据收益分配方案进行分配和会计核算。

（二）会计报表的编制顺序如下：首先根据总账及其所属明细账的期初余额、本期借贷方发生额和期末余额，分别编制12月的科目余额表、第四季度的科目余额表和年度科目余额表及收支明细表；其次根据科目余额表编制资产负债表，然后再根据收益分配方案编制2015年度收益及收益分配表。

五、会计报表分析

（一）会计报表分析的意义

会计报表分析是根据会计报表提供的资料，结合村集体经济组织发展计划、财务预算及其他资料，通过对比、解剖等方法，对村集体经济组织的财务管理和经营管理状况进行全面分析和评价，借以总结经验，找出差距，查明原因，提出改进措施。会计报表分析是会计记账、编制报表的继续，是村集体经济组织财务管理不可缺少的重要环节。

（二）会计报表分析的内容

村集体经济组织会计报表分析的内容，主要包括财务计划的编制与执行、资产使用、收入支出状况等。概括起来有以下几个方面：

1. 分析财务计划的编制和执行情况

主要分析财务计划的编制是否符合国家的"三农"政策和财务制度规定、事业发展计划和工作任务的要求，是否贯彻了量力而行、尽力而为的原则；财务计划编制的依据是否充分可靠；计划执行过程中，则要分析计划执行进度和事业计划进度是否一致，与以前各期相比，有无特殊变化及其变化的原因等。

2. 分析资产、负债及资产使用情况

主要分析村集体经济组织的资产构成是否合理，固定资产的保管和使用是否恰当，账实是否相符，各种存货有无超定额储备，有无资产流失等问题；分析房屋建筑物和设备等固定资产的利用情况以及流动资产周转情况；分析负债来源是否符合规定，负债水平是否合理及负债的构成情况等。通过分析，及时发现存在的问题，以便采取针对性措施，保证资产的合理有效使用。

3. 分析收入、支出情况

对收入、支出情况的分析包括两个方面：一方面，要了解和掌握村集体经济组织所取得的各项收入是否符合有关规定，是否完成了年初制定的收入计划，超收或短收的主客观因素有哪些；另一方面，要了解和掌握各项支出的安排是否按计划进行，是否按规定的用途、标准使用，支出的结构是否合理等，通过分析，找出支出管理中存在的问题，借以提出加强管理收支的措施，增收节支，提高资金使用效益。

4. 分析财务管理情况

主要分析村集体经济组织各项财务管理制度是否健全，各项管理措施是否符合国家有关规定和本村实际情况，措施落实情况如何？通过分析找出存在的问题，针对存在的问题提出进一步健全和完善财务管理的措施，借以提高财务管理水平。

（三）会计报表分析的方法

对会计报表进行比较分析通常采用的主要方法有两种。

1. 比较分析法

比较分析法是将两个或两个以上相关指标（可比指标）进行对比，测算出相互间的差异，从而进行分析、比较，并找出产生差异的主要原因的一种方法。其内容如下：

（1）本期实际执行与本期计划、预算进行比较。即将村集体经济组织的实际完成情况，同本村的计划任务、财务计划进行比较，通过对比，发现问题，妥善解决问题。这种方法一般可以按照下列公式进行：

绝对数比较：实际数较计划数的增减额＝本期实际完成数－本期的计划（预算）数

相对数比较：计划（预算）完成的百分比＝本期实际完成数÷本期的计划（预算）数

（2）本期实际与历史同期进行比较。通过比较，可以了解本期与过去时期的增减变化情况，研究其发展趋势，分析原因，明确改进工作的办法。

（3）本期实际执行数与同类先进单位进行比较。即将本村与先进村的有关指标的完成情况进行对比，以便找出差距，挖潜力、学先进，搞好本村的工作。

假如向阳村收益及收益分配表中反映 2013 年的净收益为 50 万元，2014 年的净收益为 100 万元，2015 年的净利润为 160 万元。

绝对值分析：2014 年较 2013 年相比，净收益增长了 100－50＝50（万元）；2015 年较 2014 年相比，净收益增长了 160－100＝60（万元），说明 2015 年的效益增长好于 2014 年。

相对值分析：2014 年较 2013 年相比净收益增长率为：（100－50）÷50×100％＝100％；2015 年较 2014 年相比净收益增长率为：（160－100）÷100×100％＝60％。则说明 2015 年的收益增长明显不及 2014 年。此时应进一步查找与分析收益率下降的原因，提出改进措施。

2. 连环替代法

连环替代法，又称因素分析法。它是根据因素之间的内在依存关系，依次测定各因素变动对经济指标差异影响的一种分析方法。连环替代法的主要作用在于分析计算综合经济指标变动的原因及其各因素的影响程度。连环替代法是比较分析法的完善和发展。

分析时，一般是将其中的一个因素定为可变量，而其他因素暂定为不变量且按序进行置换，以测定每个因素对该指标的影响程度，然后根据构成指标诸因素的依存关系再逐一测定各因素的影响及其程度。

连环替代法的一般程序如下。

① 找到与经济指标有因果关系的构成因素。

② 确定各因素在后续计算中的替换顺序。替换很重要，因为替换的顺序不一样则计算结果就有可能不一样。确定替换顺序的原则是：先换量的因素，再换质的因素，并按照影响指标的重要性程度来安排各因素的替换顺序，先换主要的因素，后换次要的因素。

③ 在基期的水平上进行连续替换，每次只替换一个因素，而且这个过程

要严格地按照各因素的替换顺序依次进行。这里有一个重要的假定，即在整个替换的过程中，当替换某个因素时，排在它前面的因素要保持报告期的水平，排在它后面的因素要保持基期水平。

④ 计算每个因素单独变动对差额的影响。

⑤ 将各因素单独变动对差额的影响数进行汇总，把相加后的合计数与"报告期的数字－基期数字"的差额进行验证，若相等则分析工作结束。

模块四

农村专业合作社的业务核算

项目一 设立与登记的核算

一、农民专业合作社的设立

1. 合作社的由来

"合作社"这个概念起源于著名的空想主义者罗伯特·欧文（Robert Owen，1771—1858）。世界上第一个公认的成功合作社是"罗虚代尔公平先锋合作社"。

1995年国际合作社联盟第31届代表大会，对合作社做出了如下定义：合作社是人们自愿联合、通过共同所有和民主控制的企业，来满足社员经济、社会和文化方面的共同需求和渴望的自治组织。国际合作社联盟规定合作社具有七个原则：①会员资格自愿开放；②成员民主管理；③成员经济参与；④独立性与自主性；⑤教育与宣传；⑥合作社间的合作；⑦关注社区。

2. 农民专业合作社的概念

根据《中华人民共和国农民专业合作社法》（以下简称《合作社法》）第2条之规定，"农民专业合作社是在农村家庭承包经营基础上，同类农产品的生产经营者或者同类农业生产经营服务的提供者、利用者，自愿联合、民主管理的互助性经济组织。"农民专业合作社以其成员为主要服务对象，提供农业生产资料的购买，农产品的销售、加工、运输、贮藏以及与农业生产经营有关的技术、信息等服务。

3. 农民专业合作社设立的条件

根据《合作社法》第10条，设立农民专业合作社，应当具备下列条件：
① 有五名以上符合《合作社法》有关规定的成员；
② 有符合《合作社法》规定的章程；
③ 有符合《合作社法》规定的组织机构；

④ 有符合法律、行政法规规定的名称和章程确定的住所；

⑤ 有符合章程规定的成员出资。

4. 农民专业合作社会计核算的特殊要求

农民专业合作社的会计记账方法和企业一样也采用借贷记账法。但是，作为独立的市场主体，农民专业合作社在成员构成，业务往来，资金运动、盈余分配和公积金量化等财务活动方面有其独特性。

（1）合作社与成员和非成员的交易分别核算制度

① 以成员为主要服务对象，是合作社区别于其他经济组织的根本特征。比如一个草莓合作社，它成立的主要目的是销售成员生产的草莓，而一个草莓公司的成立目的是通过销售草莓赚钱，为了赚钱可以销售任何人的草莓。

② 将合作社与成员和非成员的交易分别核算也是为了向成员返还盈余的需要。《农民专业合作社法》第三十七条规定，合作社可分配盈余应当按成员与本社的交易量（额）比例返还，返还总额不得低于可分配盈余的百分之六十。返还的依据是成员与合作社的交易量（额）比例。在确定比例时，首先要确定所有成员与合作社交易量（额），然后才能计算出每个成员所占的比例。

③ 将合作社与成员和非成员的交易分别核算，也是合作社为成员提供优质服务的需要。由于合作社是成员之间的互助性经济组织，因此成员与合作社交易时的价格、交易方式往往与非成员不同。将两类交易分别核算也是合作社正常经营的需要。比如成员购买成产资料时的价格要低于非成员，只有这两类交易分开核算，才能更准确地反映合作社的经济活动。

（2）设立成员账户制度

① 成员账户的概念及核算内容　成员账户是农民专业合作社用来记录与合作社交易情况以及在合作社中所拥有份额的会计账户，也是确定成员参与合作社盈余分配、财产分配的重要依据。农民专业合作社为每个成员设立单独账户进行核算，可以很清晰反映出该成员对本社的出资，量化为该成员的合作社份额以及该成员与本社的交易量（额）情况。《农民专业合作社法》第三十六条规定，成员账户主要记载三项内容：记录成员出资情况；记录成员与合作社交易情况；记录成员的变化情况。

② 成员账户的主要作用

第一，通过成员账户，可以分别核算成员与合作社的交易量（额），为成员参与盈余分配提供依据。

第二，通过成员账户，可以分别核算成员的出资额和公积金变化情况，为成员承担责任提供依据。《农民专业合作社法》第五条规定，农民专业合作社成员以其账户内记载的出资额和公积金份额为限对农民合作社承担责任。在合作社因各种原因解散清算时，成员如何分担合作社的债务，都需要根据其成员账户的记载情况确定。

第三，通过成员账户，可以为处理成员退社时的财务问题提供依据。

（3）特殊的盈余分配制度　盈余分配是农民做好合作社财务会计工作的核心。对于合作社而言，其盈余的形成既有成员出资的贡献，也有成员与合作社之间交易的贡献，因此，盈余分配的关键，是要合理确定按交易量（额）返还与按照出资额分配的界限。具体的盈余公积核算见本模块项目四。

二、农民专业合作社账簿体系

根据《农民专业合作社财务会计制度》中的规定，会计账簿是记录经济业务的簿籍，是编制会计报表的依据。合作社应设置现金日记账和银行存款日记账、总分类账和各种必要的明细分类账。

① 现金日记账和银行存款日记账，应由出纳人员根据收、付款凭证，按有关经济业务完成时间的先后顺序进行登记，一律采用订本账。

② 总分类账按照总账科目设置，对全部经济业务进行总括分类登记，总分类账可用订本账或活页账。但年度终了，必须装订成册，加具封面。

③ 明细分类账按明细科目设置，对有关经济业务进行明细分类登记，明细分类账可用活页账或卡片账。

④ 对于不能在日记账和分类账中记录的，而又需要查考的经济事项，合作社必须另设备查账簿进行账外登记。

账簿登记要做到数字正确、摘要清楚、登记及时。各种账簿的记录，应定期核对，做到账证相符、账实相符、账款相符、账账相符和账表相符。启用新账，必须填写账簿启用表，并编制目录。旧账结清后，及时整理，装订成册，归档保管。

三、筹资的核算

筹资，筹集资金的简称，是所有合作社进行生产经营活动的前提条件。农民专业合作社的筹资主要包括：股金、借款、盈余公积、政府扶持资金、接受社会捐赠等。

1. 股金的核算

为了反映投资人实际投入的股金以及股金的增减变化情况，应设置"股金"账户。该账户属所有者权益类账户，贷方登记实际收到的股金金额以及用资本公积转增的股金数额，借方登记按规定程序减少的股金数额，期末贷方余额反映合作社实际拥有的股金总额。该账户应按合作社成员设置明细账户进行明细核算。

（1）合作社收到成员以货币资金投入的股金，按实际收到的金额，借记"库存现金""银行存款"科目。按成员应享有合作社注册资本的份额计算的金额，贷记"股金"科目，按两者之间的差额，贷记"资本公积"科目。

【例4-1】 根据合作社和某外单位签订的投资协议,该单位向合作社投资25 000元,款存银行。协议约定入股份额占合作社股份的20%,合作社原有股金60 000元。

该单位投入到合作社的资金25 000元中,能够作为股金入账的数额是:60 000×20%=12 000元,其余的13 000元,只能作为股金溢价,记入"资本公积"账户。

借:银行存款　　　　　　　　　　　　　　　　25 000
　　贷:股金——法人股金　　　　　　　　　　　　12 000
　　　　资本公积　　　　　　　　　　　　　　　　13 000

(2) 合作社收到成员投资入股的非货币资产,按投资评估价格或各方确认的价值,借记"产品物资""固定资产""无形资产"等科目,贷记"股金"科目,按成员应享有合作社注册资本的份额计算的金额,贷记"股金"科目,按两者之间的差额,贷记或借记"资本公积"科目。

【例4-2】 合作社收到成员投入材料一批。评估确认价13 000元。

借:产品物资——××材料　　　　　　　　　　13 000
　　贷:股金——个人股金　　　　　　　　　　　　13 000

(3) 合作社按照法定程序减少注册资本或成员退股时,借记"股金"科目,贷记"库存现金""银行存款""固定资产""产品物资"等科目,并在有关明细账及备查簿中详细记录股金发生的变动情况。

【例4-3】 合作社付给某农户退股5 000元。其中:库存现金支付1 000元,从开户行存款支付4 000元。

借:股金——个人股金　　　　　　　　　　　　5 000
　　贷:现金　　　　　　　　　　　　　　　　　　1 000
　　　　银行存款　　　　　　　　　　　　　　　　4 000

【例4-4】 合作社退出成员投入的材料一批,评估确认价3 000元。

借:股金——个人股金　　　　　　　　　　　　3 000
　　贷:产品物资——××材料　　　　　　　　　　3 000

2. 借款的核算

(1) 短期借款的核算　短期借款是指合作社从银行、信用社以及外部单位和个人借入的期限在一年以内(含一年)的各种借款。短期借款一般是合作社为满足日常生产经营活动和为成员提供服务或为偿还各项债务的需要,从银行、信用社以及外部单位和个人借入的款项。

合作社应设置"短期借款"账户,该账户属于负债类账户,贷方登记发生的短期借款,借方登记归还的短期借款,期末余额在贷方,表示尚未归还的短期借款本金。合作社借入各种短期借款时,按实际借入的金额借记"现金""银行存款"科目,贷记"短期借款"科目。

【例 4-5】 合作社向信用社贷款 10 000 元，办完贷款手续后直接领取了现金。贷款合同约定，贷款期限为 6 个月，贷款年利率为 5.7%。

借：库存现金　　　　　　　　　　　　　　　　　　10 000
　　贷：短期借款——信用社　　　　　　　　　　　　　　10 000

合作社归还短期借款时，按实际归还的本金借记"短期借款"账户，按实际归还的短期借款利息借记"其他支出"账户，按实际归还的本息总额贷记"库存现金"或"银行存款"账户。

【例 4-6】 接上例，6 个月到期时，合作社用银行存款偿还该项贷款本息。利息金额为 10 000×5.7%×(6÷12)=285 元。

借：短期借款　　　　　　　　　　　　　　　　　　10 000
　　其他支出　　　　　　　　　　　　　　　　　　　 285
　　贷：银行存款　　　　　　　　　　　　　　　　　　10 285

(2) 长期借款的核算　长期借款是指合作社从银行、信用社及外部单位和个人借入的期限在一年以上（不含一年）的各种借款。

合作社应设置"长期借款"账户，该账户属于负债类账户，贷方登记发生的长期借款，借方登记归还的长期借款，期末贷方余额，反映合作社尚未偿还的长期借款本金。合作社借入长期借款时，借记"库存现金""银行存款"科目，贷记"长期借款"科目。

【例 4-7】 合作社向信用社贷款 60 000 元，期限 3 年，年利率 5%，款项已存入银行。

借：银行存款　　　　　　　　　　　　　　　　　　60 000
　　贷：长期借款　　　　　　　　　　　　　　　　　　60 000

合作社长期借款利息应按期计提，借记"其他支出"科目，贷记"应付款"科目。

【例 4-8】 接上例，合作社在以后三年内每个月应计提的利息金额为 60 000×5%÷12=250 元。

借：其他支出　　　　　　　　　　　　　　　　　　　 250
　　贷：应付款　　　　　　　　　　　　　　　　　　　 250

合作社偿还长期借款时，借记本科目，贷记"库存现金""银行存款"科目。支付长期借款利息时，借记"应付款"科目，贷记"库存现金""银行存款"科目。

【例 4-9】 接【例 4-7】，该项长期借款到期还本付息，以银行存款支付。合作社在三年内每个月计提 250 元利息，"应付款"账户贷方发生额合计为 250×12×3=9 000 元。

借：长期借款　　　　　　　　　　　　　　　　　　60 000
　　应付款　　　　　　　　　　　　　　　　　　　　 9 000
　　贷：银行存款　　　　　　　　　　　　　　　　　　69 000

(3) 应付款的核算　应付款是指合作社与非成员之间发生的各种应付及暂收款项，包括因购买产品物资和接受劳务、服务等应付的款项以及应付的赔款、利息等。应付款是合作社为满足日常生产经营活动和为成员提供服务需要而形成的。一般在合作社取得赊购非成员产品物资的所有权、接受劳务服务和应付赔款、保证金、利息等时，确认应付款实现并入账核算。

为反映应付款的形成、偿还、结余及管理情况，合作社应设置"应付款"账户，该账户属于负债类账户。贷方登记合作社与非成员之间发生的各种应付及暂收款项，借方登记偿还和已经核销的应付款，期末余额在贷方，反映合作社应付未付及暂收款项的总额。该账户应按发生应付款的非成员单位和个人设置明细账户，进行明细核算。

【例 4-10】　合作社赊购非成员农户王某苹果 2 000 公斤，价款为 2 000 元。

　　借：产品物资——苹果　　　　　　　　　　　　　　　　2 000
　　　　贷：应付款——王某　　　　　　　　　　　　　　　　　2 000

【例 4-11】　合作社有一笔应付款 800 元，因原债权单位撤销确实无法支付，经批准核销。

　　借：应付款　　　　　　　　　　　　　　　　　　　　　　800
　　　　贷：其他收入　　　　　　　　　　　　　　　　　　　　　800

3. 盈余公积的核算

按照财务制度规定，合作社从当年盈余中按一定比例提取盈余公积。盈余公积是合作社的公共积累。根据章程规定和经成员大会讨论决定，盈余公积可用于转增股金，弥补亏损等。

为核算合作社从盈余中提取的盈余公积，合作社应设置"盈余公积"账户。合作社提取盈余公积时，借记"盈余分配"科目，贷记"盈余公积"科目；合作社用盈余公积转增股金或弥补亏损等时，借记"盈余公积"科目，贷记"股金""盈余分配"等科目；期末贷方余额，反映合作社实有的盈余公积数额。"盈余公积"科目应按用途设置明细科目，进行明细核算。

(1) 合作社从本年盈余中提取盈余公积的核算　合作社年终进行盈余分配时，应按一定比例从本年盈余中提取盈余公积。合作社年终从本年盈余中提取盈余公积时，借记"盈余分配——各项分配"科目，贷记"盈余公积"科目。

【例 4-12】　年终，合作社从当年盈余中提取盈余公积 15 000 元。

　　借：盈余分配——各项分配　　　　　　　　　　　　　15 000
　　　　贷：盈余公积　　　　　　　　　　　　　　　　　　　15 000

(2) 合作社以盈余公积转增股金的核算　合作社用盈余公积中的公积金转增股金或弥补亏损等时，借记"盈余公积"科目，贷记"股金""盈余分配"等科目。

【例 4-13】　合作社经社员大会讨论决定，用以前年度积累的盈余公积 20 000 元转增股金。

借：盈余公积　　　　　　　　　　　　　　　　　　　20 000
　　贷：股金　　　　　　　　　　　　　　　　　　　　　　20 000

4. 政府资金及接受社会捐赠的核算

政府资金，狭义上又称政府补贴资金、政府扶持资金、政府扶持项目、政府专项等，通常指的是我国政府使用财政手段通过政府与企事业、院所等单位的共同投资，促进特定领域研发投入、加速产业化成型、带动相关产业快速发展，进而实现国家层面上的宏观经济目标、科研目标甚至国防目标等。

为对政府资金进行核实，合作社需设置"专项基金"账户。"专项基金"科目核算合作社通过国家财政直接补助转入和他人捐赠形成的专项基金。期末贷方余额，反映合作社实有的专项基金数额。本科目应按专项基金的来源设置明细科目，进行明细核算。合作社使用国家财政直接补助资金取得固定资产、农业资产和无形资产等时，按实际使用国家财政直接补助资金的数额，借记"专项应付款"科目，贷记"专项基金"科目。

【例 4-14】合作社使用国家财政专项补助 50 000 元建成水果保鲜库房一间，全部支出总计 50 000 元，工程验收完成交付使用。

借：固定资产　　　　　　　　　　　　　　　　　　　50 000
　　贷：在建工程　　　　　　　　　　　　　　　　　　　　50 000
借：专项应付款　　　　　　　　　　　　　　　　　　　50 000
　　贷：专项基金　　　　　　　　　　　　　　　　　　　　50 000

合作社实际收到他人捐赠的货币资金时，借记"库存现金""银行存款"科目，贷记本科目。合作社收到他人捐赠的非货币资产时，按照所附发票记载金额加上应支付的相关税费，借记"固定资产""产品物资"等科目，贷记"专项基金"科目；无所附发票的，按照经过批准的评估价值，借记"固定资产""产品物资"等科目，贷记"专项基金"科目。

【例 4-15】合作社收到县农业局干部职工捐赠现金 8 000 元。

借：库存现金　　　　　　　　　　　　　　　　　　　　8 000
　　贷：专项基金　　　　　　　　　　　　　　　　　　　　　8 000

【例 4-16】合作社收到某品牌汽车 4S 店捐赠轿车一辆，经评估该汽车价值 150 000 元。

借：固定资产　　　　　　　　　　　　　　　　　　　150 000
　　贷：专项基金　　　　　　　　　　　　　　　　　　　　150 000

项目二　资产的核算

一、货币资金的核算

货币资金是合作社资产中的重要组成部分，是合作社资产中流动性最强的资产。根据货币资金存放地点及其用途不同,货币资金分为库存现金、银行存款(含其他货币资金)。

1. 现金的核算

为对合作社现金进行核算,合作社应设置"库存现金"账户。该科目属于资产类,借方登记增加的现金,贷方登记减少的现金,期末余额在借方,表示期末实有的现金数额。

为了全面、系统、连续、详细地反映有关现金的收支情况和库存余额,合作社还应设置"现金日记账",有外币业务的还应按外币币种单设"现金日记账"。明细分类核算时,由合作社出纳人员根据审核无误的收付款凭证,按照业务发生的先后顺序逐日逐笔登记,每日终了时计算现金结余金额,并将结余金额与实际库存现金金额进行核对,保证账款相符。如果发现账款不符,应及时查明原因,并进行处理。月度终了,将"现金日记账"的余额与"现金"总账的余额进行核对,保证账账相符。

(1) 现金收入的核算　合作社收入现金主要途径有:从银行提取现金,收取转账起点以下的零星收入款,职工交回的剩余差旅费款,收取对个人的罚款,无法查明原因的现金溢余等。收到现金时,借记"库存现金"账户,贷记有关账户。

【例 4-17】　合作社从开户信用社提取现金 3 000 元备用。

借:库存现金　　　　　　　　　　　　　　　　　　3 000
　　贷:银行存款　　　　　　　　　　　　　　　　　　3 000

(2) 现金支出的核算　按照现金开支范围的规定支付现金时,借记有关账户,贷记"库存现金"账户。

【例 4-18】　合作社临时工张军出差时借款 1 000 元,以现金付讫。

借:应收款——张军　　　　　　　　　　　　　　　1 000
　　贷:库存现金　　　　　　　　　　　　　　　　　　1 000

2. 银行存款的核算

(1) 银行存款的总分类核算　合作社银行存款的收付及其结存情况通过"银行存款"账户进行会计核算,该账户的借方登记银行存款的增加,贷方登记银行存款的减少,期末余额在借方,反映合作社期末银行存款的余额。合作社应当严格按照有关制度的规定进行银行存款的核算和管理,将款项存入银行或其他金融机构时,借记"银行存款"账户,贷记"库存现金"等有关账户;提取或支付在银行或其他金融机构中的存款时,借记"库存现金"等有关账户,贷记"银行存款"账户。

【例 4-19】　合作社将 800 元现款存入银行。

借:银行存款　　　　　　　　　　　　　　　　　　　800
　　贷:库存现金　　　　　　　　　　　　　　　　　　　800

【例 4-20】　合作社购买转账支票、现金支票各一本,共计 40 元,价款以银行存款支付。

借：管理费用——办公费　　　　　　　　　　　　　40
　　贷：银行存款　　　　　　　　　　　　　　　　　　　40

(2) 银行存款的明细分类核算　为反映有关银行存款收支的情况，合作社应当按照开户银行和其他金融机构等，分别设置"银行存款日记账"，由出纳人员根据审核无误的银行存款收付款凭证，按照业务发生的先后顺序逐日逐笔登记。每日终了时应计算银行存款收入合计、银行存款支出合计及结余数，"银行存款日记账"应定期与银行转来的对账单核对相符，至少每月核对一次。

有外币业务的合作社，应在"银行存款"账户下分别以人民币和各种外币设置"银行存款日记账"进行明细分类核算。

二、应收款项的核算

合作社的应收款项划分为两类：一是合作社与外部单位和个人发生的应收及暂付款项，为外部应收款，以"应收款"科目核算；二是合作社与所属单位和社员发生的应收及暂付款项，为内部应收款，以"成员往来"科目核算。

1. 外部应收款项核算

外部应收款项是指合作社与外部单位和外部个人发生的各种应收及暂付款项。合作社外部应收款项通过"应收款"账户进行会计核算。该账户借方登记合作社应收及暂付外部单位和个人的各种款项，贷方登记已经收回的或已转销的应收及暂付款项，余额在借方，反映尚未收回的应收款项。

在"应收款"科目下，应按不同的外部单位和个人设置明细账，详细反映各种应收款项的情况。

【例4-21】禽业合作社销售一批鸡蛋到某超市，成本20 000元，售价23 000元，货款尚未收到。会计分录为两笔：一是应收款增加，经营收入增加；另外结转成本，经营支出增加，产品物资减少。

借：应收款——某超市　　　　　　　　　　　　23 000
　　贷：经营收入　　　　　　　　　　　　　　　　　　23 000
同时结转成本
借：经营支出　　　　　　　　　　　　　　　　20 000
　　贷：产品物资——鸡蛋　　　　　　　　　　　　　　20 000

2. 内部应收款项核算

内部应收款项是指合作社与社员发生的各种应收及暂付款项。合作社内部应收款项通过"成员往来"账户进行核算。"成员往来"是一个双重性质的账户，凡是合作社与所属单位和社员发生的经济往来业务，都通过本账户进行会计核算。也就是说，它既核算合作社与所属单位和社员发生的各种应收及暂付款项业务，也核算各种应付及暂收款项业务。该账户借方登记合作社与所属单位和社员发生的各种应收及暂付款项和偿还的各种应付及暂收款项,贷方登记合作社与所属单位和社员发生的各种应付及暂收款项和收回的各种应收及暂付款项。该账户各明细账户的期末借方余额合计数反映合作社所属单位和社员尚欠合作社的款项总额,各明细账户的期末贷方余额合计数反映合作社尚欠所属单位和社员的款项总额。

为详细反映成员往来业务情况,合作社应按社员设置"成员往来"明细账户,进行明细核算。各明细账户年末借方余额合计数应在资产负债表的"应收款项"项目内反映,各明细账户年末贷方余额合计数应在资产负债表的"应付款项"项目内反映。

有关成员往来业务核算举例如下。

【例 4-22】 某生猪合作社向社员企业华丰生猪公司按协议提供饲料 10 吨,成本 14 000 元,售价 14 500 元,价款暂未收到。

销售商品是合作社正常经营活动,该业务同时导致经营收入增加,同时应收款(成员往来借方)增加。

借:成员往来——华丰公司　　　　　　　　　　14 500
　　贷:经营收入　　　　　　　　　　　　　　　　　14 500

同时结转成本

借:经营成本　　　　　　　　　　　　　　　　14 000
　　贷:产品物资　　　　　　　　　　　　　　　　　14 000

【例 4-23】 社员华丰生猪公司向合作社借款 20 000 元,用于周转,合作社从银行转账支付。

借:成员往来——华丰公司　　　　　　　　　　20 000
　　贷:银行存款　　　　　　　　　　　　　　　　　20 000

【例 4-24】 年终,按成员大会决议,华丰生猪公司在合作社盈余分配时,按交易额比例可分 12 000 元,按股本分配可分 8 000 元。

借:盈余分配——未分配盈余　　　　　　　　　20 000
　　贷:应付盈余返还——华丰公司　　　　　　　　　12 000
　　　　应付剩余盈余——华丰公司　　　　　　　　　 8 000

将所有成员账户应收、应付款项转入成员往来科目。

借:应付盈余返还——华丰公司　　　　　　　　12 000
　　应付剩余盈余——华丰公司　　　　　　　　　 8 000
　　贷:成员往来——华丰公司　　　　　　　　　　　20 000

三、存货的核算

1. 存货的概念

合作社的存货是指在生产经营过程中持有以备出售,或者仍然处于生产过程中，或者在生产或提供劳务过程中将消耗的各种材料或物资等。具体来讲，合作社存货包括各种材料、燃料、机械零配件、包装物、种子、化肥、农药、农产品、在产品、半成品、产成品等。包括"产品物资""委托加工物资""委托代销商品""受托代购商品""受托代销商品"5个会计账户。

2. 存货的入账价值

合作社应按以下原则对存货进行计价。

（1）购入的存货，其实际成本包括：买价（购入存货发票上所列示的货款金额），运杂费（包括运输费、装卸费、保险费等），运输途中的合理损耗，入库前的挑选整理费用（包括挑选整理过程中发生的工、费支出和挑选整理过程中所发生的数量损耗，并扣除回收的下脚料价值）以及按规定应记入成本的税金和其他费用。

（2）自制的存货，按自制过程中发生的材料费、工资、加工费等各项实际支出计价。

（3）委托外单位加工的存货，按实际耗用的原材料或半成品的实际成本以及发生的往返运输费、装卸费、保险费、加工费和缴纳的税金等计价。

（4）生产入库的农产品，按生产过程中发生的实际支出计价。

（5）投资者投入的存货，按照投资各方确认的价值计价。

（6）盘盈的存货，按同类或类似存货的市场价格计价。

（7）接受捐赠的存货，如果捐赠方提供了有关凭据的，按凭据上标明的金额加上合作社支付的运输费、保险费、缴纳的税金等相关税费作为实际成本计价；如果捐赠方没有提供有关凭据的，应当参照同类或类似存货的市场价格，估计出该存货的金额，加上为接受该项捐赠所支付的相关税费作为实际成本计价。

3. 产品物资的核算

（1）产品物资的总分类核算 合作社出入库的材料、商品、包装物和低值易耗品，以及验收入库的农产品，通过"产品物资"账户进行核算。包装物如果使用频繁、数量大，也可增设为一级科目。该账户借方登记外购、自制生产、委托加工完成、盘盈等原因而增加的物资的实际成本，贷方登记发出、领用、对外销售、盘亏、毁损等原因而减少的物资的实际成本，余额在借方，反映期末产品物资的实际成本。

（2）材料的核算

① 外购材料的核算。合作社外购材料，验收入库后，根据发票账单，确定材料生产成本，借记"产品物资——材料"按支付的款项记，贷记"银行存款"或"应付款""成员往来"等科目。

【例4-25】 某蜂业合作社为加工蜂蜜，购进辅助材料一批，发票注明价款5 000元，货款已用银行存款支付。

借：产品物资——材料 5 000
　　贷：银行存款 5 000

② 自制材料的核算。自制并验收入库的材料，按生产过程中发生的实际成本，借记"产品物资"科目，贷记"生产成本"科目。

【例 4-26】 合作社自制的 A 材料验收入库，自制成本 10 000 元。
借：产品物资——材料——A 材料 10 000
　　贷：生产成本 10 000

③ 投资者投入材料核算。投资者投入的材料，按投资各方协商确认的价值，借记"产品物资——材料"，贷记"股金"科目。

【例 4-27】 大米加工合作社接受社员以稻谷作为入社投资，双方协议作价 5 000 元。
借：产品物资——材料——稻谷 5 000
　　贷：股金 5 000

④ 生产领用材料。合作社在生产经营过程中领用材料，按实际成本，借记"生产成本""管理费用"，贷记"产品物资"科目。

【例 4-28】 蜂业合作社加工蜂蜜饮料，领用蜂蜜 1 000 公斤，单价 15 元。
借：生产成本 15 000
　　贷：产品物资——材料（蜂蜜） 15 000

⑤ 直接出售材料。合作社出售材料，按已收或应收价格，借记"银行存款""应收款"，按实现销售收入贷记"经营收入"科目。期末，按材料实际成本借记"经营支出"，贷记"产品物资"科目。

【例 4-29】 合作社出售材料一批，价格 10 000 元，已收银行。成本 9 000 元。
借：银行存款 10 000
　　贷：经营收入 10 000
期末结转成本
借：经营支出 9 000
　　贷：产品物资 9 000

四、农业资产的核算

1. 农业资产概述

合作社会计制度将农产品和收获后加工而得的产品列为流动资产中的存货，将生物资产中的牲畜（禽）和林木列为合作社的农业资产，主要包括幼畜及育肥畜、产畜及役畜（包括禽、特种水产等，以下相同）、经济林木和非经济林木等。

2. 农业资产的计价基础

合作社农业资产价值构成与其他资产的价值构成有明显差别，主要体现在生物的成长期间增加了农业资产价值。农业资产一般按以下三种方法计价。

（1）原始价值。指购入农业资产的买价及相关税费的总额，是实际发生并有支付凭证的支出。如果是自产幼畜，则为相关期间的生产成本。

（2）饲养价值、管护价值和培植价值。饲养价值是指幼畜及育肥畜成龄前发生的饲养费用；管护价值是指经济林木投产后发生的管护费用；培植价值是指经济林木投产前及非经济林木郁闭前发生的培植费用。

（3）摊余价值。指农业资产的原始价值加饲养价值或培植价值减去农业资产的累计摊销后的余额。摊余价值反映农业资产的现有价值。

3. 农业资产计价原则

农业资产具有特殊的生物性，其价值随着生物的出生、成长、衰老、死亡等自然规律和生产经营活动不断变化。适应这一特点，合作社会计制度规定了农业资产的以下计价原则。

（1）购入的农业资产按照买价及相关的税费等计价。

（2）幼畜及育肥畜的饲养费用、经济林木投产前的管护费用和非经济林木郁闭前的培植费用按实际成本计价。

（3）产役畜、经济林木投产后，应将其成本扣除预计残值后的部分在其正常生产周期内按直线法分期摊销，预计净残值率按照其成本的5%确定。

（4）已提足折耗但未处理仍然继续使用的产役畜、经济林木不再摊销。

（5）农业资产死亡毁损时，按规定程序批准后，依实际成本扣除应由责任人或者保险公司赔偿的金额后的余额，计入其他支出。

4. 牲畜（禽）资产的核算

牲畜（禽）资产是指合作社农业资产中的动物资产。主要有幼畜及育肥畜、产畜及役畜等（包括特种水产）。为全面反映和监督合作社牲畜（禽）资产的情况，合作社应设置"牲畜（禽）资产"账户进行核算。该账户的借方登记因自产、购买、接受投资、接受捐赠等原因而增加的牲畜（禽）资产的成本，以及幼畜及育肥畜的饲养费用；贷方登记因出售、对外投资、死亡毁损等原因而减产的牲畜（禽）资产的成本，以及产役畜的成本摊销；期末余额在借方，反映合作社幼畜及育肥畜和产役畜的账面余额。本账户应设置"幼畜及育肥畜""产役畜"两个二级账户，并按牲畜（禽）的种类设置明细账户，进行明细核算。

（1）牲畜（禽）资产增加的核算

① 购入的牲畜（禽）资产

【例4-30】 合作社2015年1月赊购幼牛5头，每头幼牛600元。

　　借：牲畜（禽）资产——幼畜及育肥畜——幼畜——牛　3 000
　　　　贷：应付款——×××　　　　　　　　　　　　　　　3 000

② 投资者投入的牲畜（禽）资产

【例 4-31】 合作社 2015 年 2 月接受光明乳业集团公司投资投入的奶牛 6 头，双方协议确定，每头牛定价为 4 000 元，预计仍可产奶 8 年。

借：牲畜（禽）资产——产役畜——产畜——奶牛　　24 000
　　贷：股金——光明乳业集团公司　　　　　　　　　　　24 000

③ 接受捐赠的牲畜（禽）资产

【例 4-32】 合作社 2015 年 3 月收到南山牧场捐赠已经产毛的绵羊 10 只，所附发票列明价格为 5 000 元，预计仍可产羊毛 5 年。

借：牲畜（禽）资产——产役畜——产畜——羊　　　5 000
　　贷：专项基金　　　　　　　　　　　　　　　　　　　5 000

④ 自产的牲畜（禽）资产

【例 4-33】 生猪合作社饲养母猪 2015 年 2 月产仔 10 头。其整个生产期间饲养工资 200 元，饲料费用 600 元。新生产小猪防疫等费用 500 元，已现金支付。作两笔会计分录为：

借：经营支出　　　　　　　　　　　　　　　　　　　800
　　贷：产品物资　　　　　　　　　　　　　　　　　　　600
　　　　应付工资　　　　　　　　　　　　　　　　　　　200
借：牲畜（禽）资产——幼畜——猪　　　　　　　　　500
　　贷：库存现金　　　　　　　　　　　　　　　　　　　500

（2）牲畜（禽）资产饲养费用的核算　《合作社财务会计制度》规定，牲畜（禽）资产的饲养费用要分以下两种处理方法：一是幼畜及育肥畜的饲养费用资本化，增加牲畜（禽）资产价值；二是产役畜的饲养费用作为当期费用，记入经营支出。

① 幼畜及育肥畜的饲养费用

【例 4-34】 合作社 2015 年 1 月饲养幼牛费用如下：应付养牛人员工资 2 400 元，喂牛用饲料 3 600 元。

借：牲畜（禽）资产——幼畜及育肥畜——幼畜——牛
　　　　　　　　　　　　　　　　　　　　　　　　　6 000
　　贷：应付工资（明细到人）　　　　　　　　　　　　2 400
　　　　产品物资——饲料　　　　　　　　　　　　　　3 600

② 产役畜的饲养费用

【例 4-35】 奶牛合作社 2015 年 2 月发生奶牛饲养工资 2 000 元，饲料 5 000 元，其他费用 1 000 元，其他费用已用现金支付。

借：经营支出　　　　　　　　　　　　　　　　　　8 000
　　贷：应付工资　　　　　　　　　　　　　　　　　　2 000
　　　　产品物资——饲料　　　　　　　　　　　　　　5 000
　　　　库存现金　　　　　　　　　　　　　　　　　　1 000

(3)牲畜(禽)资产转换的核算 现行制度规定,幼畜成龄前,确定为牲畜(禽)资产中的幼畜及育肥畜;幼畜成龄后,要转为牲畜(禽)资产中的产役畜,通过"牲畜(禽)资产"账户进行明细核算。

【例4-36】 2015年1月31日,养牛合作社10头幼牛已成龄,转为役畜,预计可使用10年,幼牛买价6 000元,饲养费用6 000元。

幼牛的成本=6 000+6 000=12 000(元)

借:牲畜(禽)资产——产役畜——役畜——牛   12 000
　　贷:牲畜(禽)资产——幼畜及育肥畜——幼畜——牛 12 000

幼畜转为产役畜后发生的饲养费用,不再资本化,作为当期费用。

(4)产役畜成本摊销的核算 合作社产役畜的成本扣除预计残值后的部分,应在其正常生产周期内按直线法摊销,预计净残值率按照产役畜成本的5%确定。

【例4-37】 2015年2月,合作社开始摊销成龄奶牛的成本,此时奶牛成本12 000元,预计可使用8年。

奶牛成本的月摊销额计算:

每年应摊销的金额=12 000×(1-5%)÷8=1 425(元)

每月应摊销的金额=1 425÷12=118.75(元)

借:经营支出   118.75
　　贷:牲畜(禽)资产——产役畜——产畜——奶牛   118.75

(5)牲畜(禽)资产处置的核算

① 牲畜(禽)资产出售的核算

【例4-38】 2015年1月合作社将育成的50头仔猪出售给昌都肉品厂,每头售价500元,货款暂欠,该批仔猪购买成本10 000元,饲养费用12 000元。

借:应收款——昌都肉品厂   25 000
　　贷:经营收入   25 000

同时结转成本:

育肥畜(猪)的成本=10 000+12 000=22 000(元)

借:经营支出   22 000
　　贷:牲畜(禽)资产——幼畜及育肥畜——育肥畜——猪
                                                    22 000

② 牲畜(禽)资产对外投资的核算

【例4-39】 2015年2月1日,合作社用10头役牛向阳光生态旅游区投资,双方已协商同意并签订了合同,该批役牛是2015年1月1日由幼畜转役畜,成本12 000元,预计可使用8年,其中,净残率为5%。

首先计算投资时10头役牛的账面价值:

每年应摊销成本＝12 000×(1－5％)÷8＝1 425 每个月摊销成本为：1 425÷12＝118.75(元)

役牛成本＝12 000－118.75＝11 881.25(元)

若双方协议每头役牛1 300元，则：

借：对外投资——阳光生态旅游区　　　　　　　　　13 000
　　贷：牲畜（禽）资产——产役畜——役畜——牛　　11 881.25
　　　　资本公积　　　　　　　　　　　　　　　　　1 118.75

若双方协议每头牛1 100元，则：

借：对外投资——阳光生态旅游区　　　　　　　　　11 000
　　资本公积　　　　　　　　　　　　　　　　　　　　881.25
　　贷：牲畜（禽）资产——产役畜——役畜——牛　　11 881.25

若双方协议役牛的价格为11 881.25元，则：

借：对外投资——阳光生态旅游区　　　　　　　　　11 881.25
　　贷：牲畜（禽）资产——产役畜——役畜——牛　　11 881.25

③ 牲畜（禽）资产死亡毁损的核算

【例4-40】 某生猪合作社因饲养人员疏忽，致使一头母猪死亡，母猪账面价值为1 500元，按规定保险公司应赔偿700元，经批准，由饲养人员赔偿400元，其他列支出。作两笔会计分录：

借：应收款——保险公司　　　　　　　　　　　　　　700
　　成员往来——饲养人　　　　　　　　　　　　　　400
　　其他支出　　　　　　　　　　　　　　　　　　　400
　　贷：牲畜资产——产役畜——猪　　　　　　　　1 500

收到保险公司赔付款项时。

借：银行存款　　　　　　　　　　　　　　　　　　　700
　　贷：应收款——保险公司　　　　　　　　　　　　700

5. 林木资产的核算

林木资产是指合作社农业资产中的植物资产，主要包括经济林木和非经济林木，其会计核算与牲畜（禽）资产的会计核算基本相似。

为全面反映和监督合作社林木资产的情况，合作社应设置"林木资产"账户进行核算。该账户的借方登记因购买、营造、接受捐赠等原因而增加的林木资产的成本，以及经济林木投产前、非经济林木郁闭前的培植费用；贷方登记因出售、对外投资、死亡毁损等原因而减产的林木资产的成本，以及经济林木的成本摊销；期末余额在借方，反映合作社购入或营造的林木资产的账面余额。本账户应设置"经济林木""非经济林木"两个二级账户，并按林木的种类设置明细账户，进行明细核算。

现行制度规定，购入或营造的经济林木投产前、非经济林木郁闭前发生的培植费用，予以资本化，增加受益林木资产的成本价值；合作社经济林木投产之后发生的管护费用，按收入费用配比原则，不再记入"林木资产"账户，而是记入"经营支出"账户借方，同时记入"应付工资""产品物资"等账户贷方。非经济林木郁闭后发生的管护费用，为避免过度资本化积累风险，记入"其他支出"借方。

合作社的经济林木投产后，其成本扣除预计残值后的部分应在其正常生产周期内按直线法摊销，预计净残值率按照经济林木成本的5%确定。当期摊销的金额记入"经营支出"账户借方，同时记入"林木资产"账户的贷方。非经济林木不进行摊销。

五、固定资产的核算

1. 固定资产的概念和计量

（1）固定资产的概念　合作社的房屋、建筑物、机器、设备、工具、器具和农业基本建设设施等劳动资料，凡使用年限在一年以上，单位价值在500元以上的列为固定资产。有些主要生产工具和设备，单位价值虽低于规定标准，但使用年限在一年以上的也可列为固定资产。

（2）固定资产的计量　合作社固定资产的取得方式包括购入、自行建造、接受捐赠、扩建改造、投资者投入和盘盈等。取得的方式不同，其成本的具体确定方法也不尽相同，按照《农民专业合作社财务会计制度》的规定：

① 购入的固定资产，不需要安装的，按实际支付的买价加采购费、包装费、运杂费、保险费和交纳的有关税金等计价；需要安装或改装的，还应加上安装费或改装费。

② 新建的房屋及建筑物、农业基本建设设施等固定资产，按竣工验收的决算价计价。

③ 接受捐赠全新的固定资产，应按发票所列金额加上实际发生的运输费、保险费、安装调试费和应支付的相关税金等计价；无所附凭据的，按同类设备的市价加上应支付的相关税费计价。接受捐赠旧的固定资产，按照经过批准的评估价值或双方确认的价值入账。

④ 在原有固定资产基础上进行改造、扩建的，按原有固定资产的价值，加上改造、扩建工程而增加的支出，减去改造、扩建工程中发生的变价收入计价。

⑤ 投资者投入的固定资产，按照投资各方确认的价值计价。

2. 固定资产取得的核算

（1）购入的固定资产　购入不需要安装的固定资产，按实际支付的买价加采购费、包装费、运杂费、保险费和交纳的有关税金等，借记"固定资产"科目，贷记"银行存款""应付款"等科目；购入需要安装的固定资产，要先通过"在建工程"科目核算其实际购置和安装成本，待安装完毕交付使用时再转入"固定资产"科目。

【例 4-41】 合作社购入需要安装的设备一台，以银行存款支付购置费 60 000 元，以现金支付运输费用 1 000 元、安装费用 4 000 元。

支付设备价款、运输费用、安装费用合计 65 000 元。

借：在建工程　　　　　　　　　　　　　　　65 000
　　贷：银行存款　　　　　　　　　　　　　　　60 000
　　　　库存现金　　　　　　　　　　　　　　　 5 000

安装完工、验收合格交付使用后，按实际成本转账。

借：固定资产——×设备　　　　　　　　　　　65 000
　　贷：在建工程　　　　　　　　　　　　　　　65 000

(2) 自行建造的固定资产　合作社自营工程主要通过"在建工程"科目进行核算，"在建工程"科目主要核算合作社为工程所发生的实际支出，以及改扩建工程等转入的固定资产净值。

【例 4-42】 大华养猪合作社新建猪栏 10 幢，购入红砖、钢筋、水泥等建筑材料一批，支付价款共计 600 000 元，全部用银行存款支付，建设过程中领用建筑材料 500 000 元，为猪栏建设支付劳务费用 50 000 元，尚未付款，另支付工程水电费 7 000 元，现金支付。工程完工，验收并交付使用。大华养猪合作社的相关会计处理如下：

购入工程用建筑材料时：
借：库存物资　　　　　　　　　　　　　　　60 000
　　贷：银行存款　　　　　　　　　　　　　　600 000

工程开工，领用建筑材料时：
借：在建工程——自营工程　　　　　　　　　 5 000
　　贷：库存物资　　　　　　　　　　　　　　500 000

应付建设工程劳务费用：
借：在建工程——自营工程　　　　　　　　　50 000
　　贷：应付款　　　　　　　　　　　　　　　50 000

支付工程水电费时：
借：在建工程——自营工程　　　　　　　　　 7 000
　　贷：库存现金　　　　　　　　　　　　　　 7 000

房屋工程完工，验收合格后交付使用时：
借：固定资产——猪栏　　　　　　　　　　　557 000
　　贷：在建工程——自营工程　　　　　　　　557 000

(3) 改建、扩建的固定资产　合作社由于生产经营的需要，有时需对原有固定资产进行改建或扩建。对于在改建扩建过程中拆除部分的固定资产价值，应该从原有的固定资产价值中扣除，但在实际工作中，为了简化核算工作，一般情况下不予扣除。改建扩建后的价值按原有固定资产的账面原值，加上由于改建扩建而增加的支出，减去改建扩建过程中发生的变价收入后的余额作为固定资产的原值。在原有固定资产的基础上进行改建扩建，不增加固定资产数量，只增加其价值。合作社进行固定资产的改建扩建，可以自营，也可以采取发包方式进行。

【例 4-43】 合作社为了扩大生产规模，决定对原有食品加工车间进行扩建，该车间的原值为 700 000 元，已提折旧 200 000 元，以银行存款支付拆除费用 50 000 元，收回材料变价收入 10 000 元存入银行。该车间扩建承包给某建筑公司，合同规定一次性支付其扩建材料、人工及管理费等价款共计 500 000 元。

将原车间转入扩建：

借：在建工程　　　　　　　　　　　　　　500 000
　　累计折旧　　　　　　　　　　　　　　200 000
　　贷：固定资产　　　　　　　　　　　　　　700 000

支付拆除费用时：

借：在建工程——出包工程　　　　　　　50 000
　　贷：银行存款　　　　　　　　　　　　　　50 000

以银行存款支付承包单位承包费用时：

借：在建工程——出包工程　　　　　　　500 000
　　贷：银行存款　　　　　　　　　　　　　500 000

扩建工程完工验收合格，车间厂房交付使用时：

借：固定资产——车间厂房　　　　　　1 050 000
　　贷：在建工程——出包工程　　　　　　1 050 000

（4）投资者投入的固定资产　投资者作为资本投入新的固定资产，按照投资各方确认的价值，借记本科目，按照经过批准的投资者所应拥有以合作社注册资本份额计算的资本金额，贷记"股金"科目，按照两者之间的差额，借记或贷记"资本公积"科目。投入旧的固定资产，按照投资各方确认的固定资产价值净额，借记"固定资产"科目。按照经过批准的投资者所应拥有以合作社注册资本份额计算的资本金额，贷记"股金"科目，按照两者之间的差额，借记或贷记"资本公积"科目。

【例 4-44】 合作社收到成员王一投入全新的设备一台，确认价格为 1 000 元，经过成员大会批准，王一拥有以合作社注册资本份额计算的资本金额 800 元。

借：固定资产——某设备　　　　　　　　　　　　　　　1 000
　　贷：股金　　　　　　　　　　　　　　　　　　　　　　800
　　　　资本公积　　　　　　　　　　　　　　　　　　　　200

(5) 接受捐赠的固定资产　合作社接受捐赠的固定资产，按照所附发票所列金额加上应支付的相关税费，借记"固定资产"科目，贷记"专项基金"科目；如果捐赠方未提供有关凭据，则按其市价或同类、类似固定资产的市场价格估计的金额，加上由合作社负担的运输费、保险费、安装调试费等作为固定资产成本，借记"固定资产"科目，贷记"专项基金"科目。

【例 4-45】　合作社接受某单位捐赠已使用过的地磅一台，原价 4 500 元，目前市场同类产品估价 3 500 元，合作社负担运费 200 元。

计算合作社接受捐赠产品成本，以市场同类产品估价加上由合作社负担的各项费用合计：3 500＋200＝3 700（元）

借：固定资产——地磅　　　　　　　　　　　　　　　3 700
　　贷：专项基金　　　　　　　　　　　　　　　　　　　3 500
　　　　库存现金　　　　　　　　　　　　　　　　　　　　200

(6) 国家财政直接补助资金形成固定资产　合作社用其接受的国家财政直接补助资金，建造固定资产。在接受财政补助资金时，借记"银行存款"科目，贷记"专项应付款"科目；固定资产建造过程中发生的支出通过"在建工程"科目核算，待固定资产建造完成，交付使用时，将"在建工程"转入"固定资产"科目，同时，借记"专项应付款"科目，贷记"专项基金"科目。

【例 4-46】　合作社接受国家补助资金项目 100 000 元，项目规定该项资金全部用于建造冷库，合作社购买建设冷库用建筑材料 50 000 元，制冷设备 80 000 元，建设冷库过程中，领用建筑材料金额总计 50 000 元，直接支付建筑工人劳务费 20 000 元，冷库建设后期，领用制冷设备进行安装，并支付安装费用 10 000 元，全部工程支付水电费 5 000 元，冷库建设完毕验收合格，投入使用。

收到国家补助资金时：
借：银行存款　　　　　　　　　　　　　　　　　　100 000
　　贷：专项应付款　　　　　　　　　　　　　　　　　100 000
购买建筑材料时：
借：产品物资——建筑材料　　　　　　　　　　　　　50 000
　　贷：银行存款　　　　　　　　　　　　　　　　　　50 000
购买制冷设备时：
借：产品物资——制冷设备　　　　　　　　　　　　　80 000
　　贷：银行存款　　　　　　　　　　　　　　　　　　80 000
建设冷库，领用建筑材料时：

借：在建工程　　　　　　　　　　　　　　　　　　50 000
　　贷：产品物资——建筑材料　　　　　　　　　　　　50 000
支付工人劳务费时：
借：在建工程　　　　　　　　　　　　　　　　　　20 000
　　贷：银行存款　　　　　　　　　　　　　　　　　20 000
领用并安装制冷设备时：
借：在建工程　　　　　　　　　　　　　　　　　　90 000
　　贷：产品物资——制冷设备　　　　　　　　　　　80 000
　　　　银行存款　　　　　　　　　　　　　　　　 10 000
支付工程水电费时：
借：在建工程　　　　　　　　　　　　　　　　　　 5 000
　　贷：银行存款　　　　　　　　　　　　　　　　　 5 000
工程完工，交付使用时：
借：固定资产——冷库及设备　　　　　　　　　　　165 000
　　贷：在建工程　　　　　　　　　　　　　　　　　165 000
借：专项应付款　　　　　　　　　　　　　　　　　100 000
　　贷：专项基金　　　　　　　　　　　　　　　　　100 000

3. 固定资产折旧核算

固定资产折旧是指在固定资产使用寿命内，按照确定的方法对应计提折旧额进行系统分摊。《农民专业合作社财务会计制度》规定，合作社必须建立固定资产折旧制度，按年或按季、按月提取固定资产折旧。一般来说，经济业务少的，可按年提取折旧；经济业务较多的，可按季或按月提取折旧。不论怎么计算，其所提折旧费应保证对固定资产损耗价值的补偿。

（1）固定资产折旧的范围

① 合作社应计提折旧的固定资产主要包括：房屋和建筑物（不论是否使用）；在用的机械、机器设备、运输车辆、工具器具；季节性停用和大修理停用的固定资产。其中，季节性使用的固定资产，要在使用期内提足全年折旧；融资租入和以经营租赁方式租出的固定资产。

② 不计提折旧的固定资产主要包括：房屋和建筑物以外的未使用、不需用的固定资产；以经营租赁方式租入和以融资租赁方式租出的固定资产；已提足折旧继续使用的固定资产；国家规定不提折旧的其他固定资产。

固定资产应当按月计提折旧，并根据用途分别计入相关资产成本或当期费用。合作社在实际计提固定资产折旧时，当月增加的固定资产，当月不提折旧，从下月起计提折旧；当月减少的固定资产，当月仍提折旧，从下月起停止计提折旧。固定资产提足折旧后，不论能否继续使用，均不再提取折旧；提前报废的固定资产，也不再补提折旧。

处于更新改造过程中而停止使用的固定资产，因已经转入在建工程，不计提折旧，待更新改造项目达到预计可使用状态转为固定资产后。再按重新确定的折旧方法和尚可使用的年限计提折旧。

（2）固定资产折旧的计算方法　按照《农民专业合作社财务会计制度》规定，固定资产的折旧方法可在"平均年限法""工作量法"等方法中任选一种。折旧方法一经选定，不得随意变动。提取折旧时，可以采用个别折旧率，也可以采用分类折旧率或综合折旧率计提。

（3）固定资产折旧的账务处理　合作社的固定资产，不论采用哪种折旧方法、按哪种折旧率计提折旧，到月末或季末、年末，都应该按其用途和使用地点，计入有关的支出项目，以便使固定资产损耗价值得到及时补偿。合作社生产经营用固定资产计提的折旧，记入"生产成本"科目；管理用固定资产计提的折旧，记入"管理费用"科目；公益性用途等固定资产计提的折旧，记入"其他支出"科目。借记"生产成本""管理费用""其他支出"科目，贷记"累计折旧"科目。

【例 4-47】　合作社本年应计提固定资产折旧 29 600 元，其中生产经营用固定资产折旧 21 600 元，管理用固定资产折旧 3 000 元，公益性固定资产折旧 5 000 元。

借：生产成本　　　　　　　　　　　　　　　　21 600
　　管理费用　　　　　　　　　　　　　　　　 3 000
　　其他支出　　　　　　　　　　　　　　　　 5 000
　　贷：累计折旧　　　　　　　　　　　　　　29 600

4. 固定资产减少的核算

固定资产减少是指因实物形态消失或因所有权发生转移，而需注销账面原值，保持账实相符的情况。合作社在生产经营过程中，对不适用或不需用的固定资产，通过对外出售的方式进行处置；对由于使用而不断磨损直到最终报废，或由于技术进步等原因发生提前报废，或由于遭受自然灾害等非正常损失发生毁损的固定资产及时进行清理，都会造成固定资产的减少。另外，合作社以固定资产对外投资、发生固定资产盘亏等也会造成固定资产的减少。合作社对各种情况下的固定资产减少都要及时进行核算，加强管理。

（1）出售、报废和毁损固定资产的核算

【例 4-48】　合作社将一台不需用的载货汽车对外出售。其账面原值为 60 000 元。累计已提折旧 2 400 元，协议价 40 000 元，收到价款转存银行，另以现金支付设备运杂费用 500 元。

固定资产转入清理，注销原价及累计折旧时：

```
借：固定资产清理                    36 000
    累计折旧                        24 000
    贷：固定资产                              60 000
发生清理费用时：
借：固定资产清理                       500
    贷：库存现金                                500
出售汽车收入时：
借：银行存款                        40 000
    贷：固定资产清理                        40 000
结转该机器清理净收益时：
借：固定资产清理                     3 500
    贷：其他收入                              3 500
```

（2）投资或捐赠转出固定资产的核算　对外投资转出固定资产时，应按评估确认或合同、协议约定的价值借记"对外投资"科目，按已提折旧数额借记"累计折旧"科目，按投资转出的固定资产账面原值贷记"固定资产"科目，评估确认的价值或合同、协议约定价值与净值之间的差额贷记或借记"资本公积"科目。合作社将现有固定资产捐赠转出时，应首先通过"固定资产清理"科目，对捐出固定资产的账面价值、发生的清理费用及应交纳的相关税费等进行核算，捐赠项目完成后，再将"固定资产清理"科目的余额转入"其他支出"科目，借记"其他支出"科目，贷记"固定资产清理"科目。

（3）盘亏固定资产的核算　合作社在财产清查中盘亏的固定资产，应查明原因。按已提折旧额借记"累计折旧"科目，按其原价贷记"固定资产"科目，按其原价扣除累计折旧、过失人及保险公司赔款后的差额借记"其他支出"科目。

【例4-49】合作社在财产清查中，盘亏柴油机一台，原价1 800元，已提折旧800元。经查明属保管人员看护过失，决定由其赔偿现金300元。

```
借：库存现金                          300
    其他支出                          700
    累计折旧                          800
    贷：固定资产                              1 800
```

六、无形资产的核算

1. 无形资产的内容

无形资产包括专利权、商标权和非专利技术等。

2. 无形资产的初始计量

（1）外购无形资产　合作社购入的无形资产，应以实际支付的价款作为入账价值。如果无形资产是与其他资产一并购入的，则应依据所购入各单项资产公允价值的相对比例，将总成本进行分配，以确定无形资产和其他资产的入账价值。

（2）接受投资转入无形资产　接受投资转入的无形资产，应以投资各方确认的价值作为入账价值。一般情况下，合作社接受投资转入的无形资产，其入账价值按投资各方确认的价值确定。

（3）接受捐赠取得无形资产　合作社接受捐赠无形资产，其入账价值应分别以下列情况确定：

捐赠方提供了有关凭证的，按凭证上标明的金额加上应支付的相关税费确定。

捐赠方没有提供相关凭证的，按同类或类似无形资产的市场价值加上应支付的相关税费确定。

（4）自行开发无形资产　合作社自行开发并依法申请取得的无形资产，其入账价值应按依法取得时发生的注册费、律师费等费用确定；依法申请取得的发生的研究与开发费用，应于发生时确认为当期费用。已经计入各期费用的研究与开发费用。在该项无形资产获得成功并依法申请取得专利时，不得再将原已计入费用的研究与开发费用予以资本化。无形资产在确认后发生的支出，应在发生时计入当期损益。

3. 无形资产取得时的会计处理

合作社通过"无形资产"科目核算无形资产的取得、摊销和处置。取得无形资产时，借记"无形资产"科目，贷记"银行存款"等科目；摊销无形资产时，借记"管理费用"科目，贷记"无形资产"科目；"无形资产"科目的期末余额在借方，反映合作社已入账但尚未摊销的无形资产的摊余价值。合作社应按无形资产的类别设置明细账户，进行明细核算。

【例 4-50】 大华合作社自行研制一项果树嫁接栽培技术，研究费用 20 000 元，支付注册费 5 000 元，律师费 1 000 元，均以银行存款支付。

借：无形资产　　　　　　　　　　　　　　　　　　　　6 000
　　贷：银行存款　　　　　　　　　　　　　　　　　　　　6 000
借：管理费用　　　　　　　　　　　　　　　　　　　　20 000
　　贷：银行存款　　　　　　　　　　　　　　　　　　　 20 000

4. 无形资产的摊销

无形资产摊销是将无形资产的入账价值在其预计可使用年限内逐期转入费用的过程，摊销期限一般不超过 10 年。合作社在对无形资产价值进行摊销时，应将相关的摊销价值计入管理费用。

【例 4-51】 合作社接受捐赠商标以 12 000 元入账，按 10 年直线法摊销。
计算每月应摊销的价值＝12 000÷10÷12＝100

借：管理费用　　　　　　　　　　　　　　　　100
　　贷：累计摊销　　　　　　　　　　　　　　　　100

项目三　负债的核算

合作社的负债是指合作社因过去的交易、事项形成的现时义务，履行该义务预期会导致经济利益流出合作社。它具有以下特征：①负债是由于过去的交易或事项形成的；②负债的清偿会导致经济利益流出。

合作社的负债按流动性可分为流动负债和长期负债。流动负债是指偿还期限在一年以内（含一年）的债务，主要包括短期借款、应付款项、应付工资、应付盈余返还、应付剩余盈余等。长期负债是指偿还期限在一年以上（不含一年）的债务，主要包括专项应付款、长期借款等。

一、短期借款的核算

1. 短期借款的内容

短期借款是指合作社从银行、信用社以及外部单位和个人借入的期限在一年以内（含一年）的各种借款。短期借款一般是合作社为满足日常生产经营活动和为成员提供服务或为偿还各项债务的需要，从银行、信用社以及外部单位和个人借入的款项。

2. 取得短期借款的核算

合作社借入各种短期借款时，按实际借入的金额借记"现金""银行存款"账户，贷记短期借款账户。

【例 4-52】 合作社向信用社贷款 10 000 元，办完贷款手续后直接领取了现金。贷款合同约定，贷款期限为 6 个月，贷款年利率为 5.7%。

借：库存现金　　　　　　　　　　　　　　　10 000
　　贷：短期借款——信用社　　　　　　　　　　10 000

3. 短期借款还本付息的核算

合作社归还短期借款时，按实际归还的本金借记"短期借款"账户，按实际归还的短期借款利息借记"其他支出"账户，按实际归还的本息总额贷记"库存现金"或"银行存款"账户。

【例 4-53】 接上例，6 个月到期时，合作社用银行存款偿还该项贷款本息。

利息金额为 $10\,000 \times 5.7\% \times (6 \div 12) = 285$ 元。

借：短期借款　　　　　　　　　　　　　　　10 000
　　其他支出　　　　　　　　　　　　　　　　　285
　　贷：银行存款　　　　　　　　　　　　　　　10 285

二、应付款的核算

1. 应付款的内容

应付款是指合作社与非成员之间发生的各种应付及暂收款项,包括因购买产品物资和接受劳务、服务等应付的款项以及应付的赔款、利息等。应付款是合作社为满足日常生产经营活动和为成员提供服务需要而形成的。一般在合作社取得赊购非成员产品物资的所有权、接受劳务服务和应付赔款、保证金、利息等时,确认应付款实现并入账核算。

2. 应付款的核算

为反映应付款的形成、偿还、结余及管理情况,合作社应设置"应付款"账户,该账户属于负债类账户。贷方登记合作社与非成员之间发生的各种应付及暂收款项,借方登记偿还和已经核销的应付款,期末余额在贷方,反映合作社应付未付及暂收款项的总额。该账户应按发生应付款的非成员单位和个人设置明细账户,进行明细核算。

【例4-54】 合作社赊购非成员农户王某苹果2 000公斤,价款为2 000元。

借:产品物资——苹果　　　　　　　　　　　　　　　2 000
　　贷:应付款——王某　　　　　　　　　　　　　　　2 000

【例4-55】 合作社有一笔应付款800元,因原债权单位撤销确实无法支付,经批准核销。

借:应付款　　　　　　　　　　　　　　　　　　　800
　　贷:其他收入　　　　　　　　　　　　　　　　　800

三、应付工资的核算

应付工资是指合作社应付给其管理人员及固定员工的工资总额,包括在工资总额内的各种工资、奖金、津贴、补助等。合作社的应付工资,无论是否在当月支付,都应通过本账户核算。合作社给付临时员工的报酬,不通过本科目核算。临时员工是非成员的,通过"应付款"账户核算;临时员工是成员的,通过"成员往来"账户核算。

【例4-56】 经批准,合作社提取固定员工在7月份清洗、包装、冷藏、运输水蜜桃的工资等报酬12 000元。

借:生产成本——水蜜桃　　　　　　　　　　　　　12 000
　　贷:应付工资　　　　　　　　　　　　　　　　　12 000

发放工资时:
借:应付工资　　　　　　　　　　　　　　　　　　12 000
　　贷:库存现金　　　　　　　　　　　　　　　　　12 000

四、应付盈余的核算

1. 应付盈余返还的核算

（1）应付盈余返还的内容　应付盈余返还是指合作社可分配盈余中应返还给成员的金额。可分配盈余是指合作社在弥补亏损、提取公积金后的当年盈余。现行财会制度规定，应付盈余返还按成员与本社交易量（额）比例返还给成员的金额，返还给成员的盈余总额不得低于可分配盈余的60%，具体返还办法按照合作社章程规定或者经成员大会决议确定。

（2）应付盈余返还的核算　为全面反映应付盈余返还的分配、支付情况，合作社应设置"应付盈余返还"账户，该账户属于负债类账户。贷方登记合作社应按成员与本社交易量（额）比例返还给成员的可分配盈余的金额，借方登记合作社按成员与本社交易量（额）比例实际支付给成员的可分配盈余的金额，期末贷方余额反映合作社尚未支付的应按成员与本社交易量（额）比例返还给成员的可分配盈余的金额。该账户按与本社有交易的成员设置明细账户，进行明细核算。

【例4-57】2015年末，合作社将弥补亏损、提取公积金后的当年可分配盈余100 000元按章程规定进行分配。合作社章程规定，每个会计年度内，将实现可分配盈余的80%返还给成员；返还时，以每个成员与本社的交易额占全部成员与本社交易总额的比重为依据。根据成员账户记载，当年成员与本社的交易总额为500 000元，其中，甲、乙、丙、丁四个成员的交易额分别为20 000元、30 000元、50 000元、60 000元。

合作社按规定返还盈余时：

第一步，计算出当年可分配盈余中应返还给与本社有交易的成员的金额
$100\ 000 \times 80\% = 80\ 000$（元）

第二步，计算出每个成员的交易额占全部成员与本社交易总额的比重

甲：$20\ 000 \div 500\ 000 \times 100\% = 4\%$

乙：$30\ 000 \div 500\ 000 \times 100\% = 6\%$

丙：$50\ 000 \div 500\ 000 \times 100\% = 10\%$

丁：$60\ 000 \div 500\ 000 \times 100\% = 12\%$

第三步，计算出应返还给与本社有交易的成员的可分配盈余金额

甲：$80\ 000 \times 4\% = 3\ 200$（元）

乙：$80\ 000 \times 6\% = 4\ 800$（元）

丙：$80\ 000 \times 10\% = 8\ 000$（元）

丁：$80\ 000 \times 12\% = 9\ 600$（元）

第四步,依据盈余返还作相应会计分录
借:盈余分配——各项分配　　　　　　　　　　　　　　80 000
　　贷:应付盈余返还——甲　　　　　　　　　　　　　　3 200
　　　　　　　　　　——乙　　　　　　　　　　　　　　4 800
　　　　　　　　　　——丙　　　　　　　　　　　　　　8 000
　　　　　　　　　　——丁　　　　　　　　　　　　　　9 600
　　　　　　　　　　……　　　　　　　　　　　　　　 54 400
合作社兑现返还的盈余时:
借:应付盈余返还——甲　　　　　　　　　　　　　　　3 200
　　　　　　　——乙　　　　　　　　　　　　　　　4 800
　　　　　　　——丙　　　　　　　　　　　　　　　8 000
　　　　　　　——丁　　　　　　　　　　　　　　　9 600
　　　　　　　……　　　　　　　　　　　　　　　54 400
　　贷:库存现金　　　　　　　　　　　　　　　　　　80 000

2. 应付剩余盈余的核算

(1) 应付剩余盈余的内容　应付剩余盈余指按成员与本社交易量(额)比例返还给成员的可分配盈余后,应付给成员的可分配盈余的剩余部分。这部分可分配盈余在分配时,不再区分成员是否与本社有交易量(额),对成员一视同仁,人人有份,平均受益。合作社财会制度规定,应付剩余盈余以成员账户中记载的出资额和公积金份额,以及本社接受国家财政直接补助和他人捐赠形成的财产平均量化到成员的份额,按比例分配给本社成员。

(2) 应付剩余盈余的核算　为全面反映应付剩余盈余的分配、支付情况,合作社应设置"应付剩余盈余"账户,该账户属负债类账户。

【例4-58】　接上例,合作社将当年可分配盈余100 000元的80%,按成员与本社的交易额返还给成员,剩余的20%按章程规定,全部对成员进行分配。当年末,合作社所有者权益总额为600 000元,其中,股本500 000元,专项基金50 000元。公积金50 000元(包括资本公积和盈余公积)。成员甲个人账户记载的出资额为10 000元、专项基金1 000元、公积金7 000元……;与合作社没有交易的成员戊个人账户记载的出资额为10 000元、专项基金1 000元、公积金1 000元。

合作社分配剩余盈余时:

第一步,计算出每个成员个人账户记载的出资额、专项基金、公积金占这三项总额的份额;

成员甲:$(10\,000+1\,000+7\,000) \div (500\,000+50\,000+50\,000) \times 100\% = 3\%$

成员戊:$(10\,000+1\,000+1\,000) \div (500\,000+50\,000+50\,000) \times$

$100\% = 2\%$

第二步，计算出每个成员应分配的剩余盈余金额；
成员甲：$100\,000 \times 20\% \times 3\% = 600$（元）
……
成员戊：$100\,000 \times 20\% \times 2\% = 400$（元）
第三步，做出分配剩余盈余的会计分录；

借：盈余分配——各项分配	20 000
贷：应付剩余盈余——甲	600
……	19 000
——戊	400

第四步，合作社兑现应付剩余盈余；

借：应付剩余盈余——甲	600
……丁	19 000
——戊	400
贷：库存现金	20 000

五、长期负债的核算

合作社的长期负债是指偿还期限超过一年以上（不含一年）的债务，包括长期借款、专项应付款等。

1. 长期借款

（1）长期借款的内容　长期借款是指合作社从银行、信用社和有关单位、个人借入的期限在一年以上（不含一年）的借款及偿还期在一年以上（不含一年）的应付款项。

（2）长期借款的核算　为反映和监督合作社长期借款的取得、偿还及结余情况，合作社应设置"长期借款"账户。该账户属于负债类账户，发生长期借款时在贷方登记，偿还长期借款时在借方登记，期末余额在贷方，表示尚未归还的长期借款。

【例4-59】2015年7月1日，合作社向信用社贷款20 000元，并已到户。贷款合同约定借款期限为2年，年利率为6%，每年末偿还一次利息，到期时偿还本金和剩余利息。

借：银行存款	20 000
贷：长期借款——信用社	20 000

2015年末计提信用社贷款利息：
计算该项长期贷款利息：$20\,000 \times 6\% \times (6 \div 12) = 600$（元）

借：其他支出	600
贷：应付款	600

2015年12月31日，合作社按贷款合同约定支付信用社贷款利息

借：应付款　　　　　　　　　　　　　　　　600
　　贷：银行存款　　　　　　　　　　　　　　　　600
待到2017年6月30日时，合作社归还贷款本金及利息
借：长期借款——信用社　　　　　　　　　20 000
　　其他支出　　　　　　　　　　　　　　　 600
　　贷：银行存款　　　　　　　　　　　　　　　20 600

2. 专项应付款

（1）专项应付款的内容　专项应付款是指合作社接受国家财政直接补助的资金。这部分资金具有专门用途，主要是扶持引导合作社发展，支持合作社开展信息、培训、农产品质量标准与论证、农业生产基础设施建设、市场营销和技术推广等服务。

（2）专项应付款的核算　为加强对专项应付款的管理，及时反映专项应付款的取得、使用和结存状况，合作社应设置"专项应付款"账户。该账户属负债类账户，贷方登记取得专项应付款的数额；借方登记使用专项应付款的数额和转入专项基金的数额；期末贷方余额反映结存专项应付款的数额。该账户应按国家财政补助资金项目设置明细科目，进行明细核算。

【例4-60】合作社收到国家财政直接补助资金150 000元。
借：银行存款　　　　　　　　　　　　　　150 000
　　贷：专项应付款　　　　　　　　　　　　　　150 000

【例4-61】合作社用财政补助资金支付成员考察学习费用25 000元。
借：专项应付款　　　　　　　　　　　　　 25 000
　　贷：银行存款　　　　　　　　　　　　　　　25 000

【例4-62】合作社按规定用财政补助资金购买专用设备，支付设备款50 000元。
借：固定资产　　　　　　　　　　　　　　 50 000
　　贷：银行存款　　　　　　　　　　　　　　　50 000
借：专项应付款　　　　　　　　　　　　　 50 000
　　贷：专项基金　　　　　　　　　　　　　　　50 000

项目四　所有者权益的核算

所有者权益是合作社及其成员在合作社资产中享有的经济利益，其金额为合作社全部资产减去全部负债后的余额。合作社的所有者权益包括股金、专项基金、资本公积、盈余公积和未分配盈余。

一、股金的核算

股金是合作社成员实际投入合作社的各种资产的价值。它是进行生产经营

活动的前提，也是合作社成员分享权益和承担义务的依据。

为了反映投资人实际投入的股金以及股金的增减变化情况。应设置"股金"账户，该账户属所有者权益类账户。贷方登记实际收到的股金金额以及用资本公积转增的股金数额，借方登记按规定程序减少的股金数额。期末贷方余额反映合作社实际拥有的股金总额。该账户应按合作社成员设置明细账户进行明细核算。

(1) 合作社收到成员以货币资金投入的股金，按实际收到的金额，借记"库存现金"、"银行存款"科目，按成员应享有合作社注册资本的份额计算的金额，贷记本科目，按两者之间的差额，贷记"资本公积"科目。

【例 4-63】 根据合作社和某社员甲签订的投资协议，社员甲向合作社投资 20 000 元，款存银行。协议约定入股份额占合作社股份的 30%，合作社原有股金 60 000 元。

该单位投入到合作社的资金 20 000 元中，能够作为股金入账的数额是：60 000×30%＝18 000 元，其余的 2 000 元作为股金溢价，记入"资本公积"账户。

借：银行存款　　　　　　　　　　　　　　　　　　20 000
　　贷：股金——个人股金（社员甲）　　　　　　　　18 000
　　　　资本公积　　　　　　　　　　　　　　　　　2 000

(2) 合作社收到成员投资入股的非货币资产，按投资评估价格或各方确认的价值，借记"产品物资""固定资产""无形资产"等科目，贷记本科目，按成员应享有合作社注册资本的份额计算的金额，贷记本科目，按两者之间的差额，贷记或借记"资本公积"科目。

【例 4-64】 合作社收到成员投入材料一批。评估确认价 13 000 元。

借：产品物资——××材料　　　　　　　　　　　　13 000
　　贷：股金——个人股金　　　　　　　　　　　　　13 000

(3) 合作社按照法定程序减少注册资本或成员退股时，借记本科目，贷记"库存现金""银行存款""固定资产""产品物资"等科目，并在有关明细账及备查簿中详细记录股金发生的变动情况。

【例 4-65】 合作社付给某农户退股 5 000 元。其中：库存现金支付 1 000 元，从开户行存款支付 4 000 元。

借：股金——个人股金　　　　　　　　　　　　　　5 000
　　贷：现金　　　　　　　　　　　　　　　　　　　1 000
　　　　银行存款　　　　　　　　　　　　　　　　　4 000

【例 4-66】 合作社退出成员投入的材料一批，评估确认价 3 000 元。

借：股金——个人股金　　　　　　　　　　　　　　3 000
　　贷：产品物资——××材料　　　　　　　　　　　3 000

二、专项基金的核算

专项基金是合作社通过国家财政直接补助转入和他人捐赠形成的专用基金。

（1）合作社使用国家财政直接补助资金取得固定资产、农业资产和无形资产等时，按实际使用国家财政直接补助资金的数额，借记"专项应付款"科目，贷记本科目。

【例 4-67】 合作社使用国家财政专项补助 50 000 元建成水果保鲜库房一间，全部支出总计 50 000 元，工程验收完成交付使用。

  借：固定资产　　　　　　　　　　　　　　　50 000
    贷：在建工程　　　　　　　　　　　　　　　50 000
  借：专项应付款　　　　　　　　　　　　　　50 000
    贷：专项基金　　　　　　　　　　　　　　　50 000

（2）合作社实际收到他人捐赠的货币资金时，借记"库存现金""银行存款"科目，贷记本科目。

【例 4-68】 合作社收到县农业局干部职工捐赠现金 8 000 元。

  借：库存现金　　　　　　　　　　　　　　　8 000
    贷：专项基金　　　　　　　　　　　　　　　8 000

（3）合作社收到他人捐赠的非货币资产时，按照所附发票记载金额加上应支付的相关税费，借记"固定资产""产品物资"等科目，贷记本科目；无所附发票的，按照经过批准的评估价值，借记"固定资产""产品物资"等科目，贷记本科目。

【例 4-69】 合作社收到兴旺集团捐赠水果分离机一台，发票价 12 000 元。

  借：固定资产——水果分离机　　　　　　　12 000
    贷：专项基金——捐赠资金　　　　　　　　12 000

三、公积金的核算

1. 资本公积的核算

资本公积是合作社收到成员入社投入的资产和其他来源取得的用于扩大生产经营、承担经营风险及集体公益事业的专用基金。合作社收到成员入社投入的资产，双方确认的价值与按享有合作社注册股金份额计算的金额之差额，计入资本公积；对外投资中，资产重估确认价值与原账面净值的差额计入资本公积。

为了反映合作社资本公积的来源和使用情况，应设置"资本公积"账户。该账户属所有者权益类账户，其贷方登记合作社收到成员入社投入的资产和由于股金溢价、接受捐赠资产价值等增加的资本公积，借方登记按规定转增股金、弥补亏损等因素减少的资本公积。"资本公积"科目应按资本公积的来源设置明细科目，进行明细核算。

（1）合作社成员入社投入货币资金的核算。合作社成员入社的时间有先有后，因此投入的资金的份额也是有差异的。合作社成员入社投入货币资金时，借记"库存现金""银行存款"，贷记"股金"科目，按两者之间的差额，贷记或借记"资本公积"科目。

【例4-70】 合作社收到成员梁某入社投入库存现金5 000元，存款转入10 000元，协议约定入股份额为14 000元。

  借：库存现金   5 000
    银行存款   10 000
    贷：股金——个人股金   14 000
      资本公积   1 000

（2）合作社成员入社投入实物资产时，按实际投资各方确认的价值，借记"固定资产""产品物资"等科目，按其应享有合作社注册资本的份额计算的金额，贷记"股金"科目，按两者之间的差额，贷记或借记"资本公积"科目。

（3）合作社以实物资产方式进行长期投资时，按照投资各方确认的价值，借记"对外投资"科目，按投出实物资产的账面价值，贷记"固定资产""产品物资"等科目，按两者之间的差额，借记或贷记"资本公积"科目。

（4）资本公积转增股金的核算。合作社经批准以资本公积转增股金时，借记"资本公积"账户，贷记"股金"账户。

2. 盈余公积的核算

合作社从当年盈余中按一定比例提取盈余公积。盈余公积是合作社的公共积累。根据章程规定和经成员大会讨论决定，盈余公积可用于转增股金，弥补亏损等。

（1）合作社从本年盈余中提取盈余公积的核算 合作社年终进行盈余分配时，应按一定比例从本年盈余中提取盈余公积。合作社年终从本年盈余中提取盈余公积时，借记"盈余分配——各项分配"科目，贷记"盈余公积"科目。

【例4-71】 年终，合作社从当年盈余中提取盈余公积15 000元。

  借：盈余分配——各项分配   15 000
    贷：盈余公积   15 000

（2）合作社以盈余公积转增股金的核算 合作社用盈余公积中的公积金转增股金或弥补亏损等时，借记"盈余公积"科目，贷记"股金""盈余分配"等科目。

项目五 经营业务和盈余的核算

一、经营业务的核算

（1）合作社统一采购生产资料出售给成员，将成员生产的产品收购后对外销售时，账务处理如下。

① 合作社统一采购生产资料时，按其购入价与发生的相关费用，借记"产品物资"科目，贷记"库存现金""银行存款""应付款"等科目。合作社将产品物资分配或出售给成员时，借记"库存现金""银行存款""成员往来"（出售给非成员的借记："应收款"）等科目，贷记"经营收入"科目，同时，借记"经营支出"科目，贷记"产品物资"科目。

【例4-72】 3月份，肉鸡养殖专业合作社以每吨2 500元的价格购入甲公司饲料100吨，以现金支付5万元，以银行存款支付10万元，余款暂欠，以现金支付运费及装卸费等费用0.3元；合作社以3 000元每吨的价格出售给成员，成员已交来现金27万元，丙成员欠3万元。

① 购入饲料时：

借：产品物资——饲料	250 000	
贷：库存现金		50 000
银行存款		100 000
应付款——甲公司		100 000

② 支付运费、装卸费等费用时：

借：产品物资——饲料	3 000	
贷：库存现金		3 000

③ 出售饲料时：

借：现金	270 000	
成员往来——丙成员	30 000	
贷：经营收入		300 000

同时，结转成本

借：经营支出	253 000	
贷：产品物资——饲料		253 000

② 合作社将成员生产的产品进行统一收购时，按其收购价和相关费用，借记"产品物资"科目，贷记"库存现金""银行存款""成员往来"等科目。合作社将产品对外销售时，借记"库存现金""银行存款""应收款"等科目，贷记"经营收入"科目，同时，借记"经营支出"科目，贷记"产品物资"科目。

【例4-73】 3月份，某肉鸡养殖专业合作社以每吨8 000元的价格收购成员肉鸡50吨，用现金支付购鸡款400 000元、支付运费及装卸费等费用2 000

元。合作社以每吨10 000元的价格对外出售,并将销售款500 000元存入银行。

① 收购肉鸡时:

借:产品物资——肉鸡　　　　　　　　　　　　　400 000
　　贷:库存现金　　　　　　　　　　　　　　　　　　400 000

② 支付运费、装卸费等费用时:

借:产品物资——肉鸡　　　　　　　　　　　　　　2 000
　　贷:库存现金　　　　　　　　　　　　　　　　　　　2 000

③ 对外出售时:

借:银行存款　　　　　　　　　　　　　　　　　500 000
　　贷:经营收入　　　　　　　　　　　　　　　　　　500 000

同时,结转成本

借:经营支出　　　　　　　　　　　　　　　　　402 000
　　贷:产品物资——肉鸡　　　　　　　　　　　　　　402 000

(2) 合作社为成员代购生产资料,代销产品的模式经营,账务处理如下:

① 合作社按成员委托协议代购生产资料,收到受托代购商品款时,借记"库存现金""银行存款"科目,贷记"成员往来"科目。采购商品时,按采购商品的价款和实际发生的费用,借记"受托代购商品"科目,贷记"库存现金""银行存款""应付款"等科目。交付受托代购商品时,按代购商品的实际成本,借记"成员往来"科目,贷记"受托代购商品"科目;收取手续费的,借记"成员往来"或"库存现金""银行存款"等科目,贷记"经营收入"科目。收到手续费时,借记"库存现金""银行存款"等科目,贷记"成员往来"等科目。

【例4-74】 5月份,某肉鸡养殖专业合作社以每吨2 500元的价格,收取为成员代购饲料20吨的购料款,共计50 000元;合作社以每吨2 400元的价格购得饲料20吨,期间发生运费及装卸费等费用500元,饲料到达后交付成员;合作社收取1 000元代购费后,将余款500元退回成员。

① 收到成员交来的代购款时:

借:库存现金　　　　　　　　　　　　　　　　　50 000
　　贷:成员往来——各成员　　　　　　　　　　　　　50 000

② 采购饲料时:

借:受托代购商品——饲料　　　　　　　　　　　48 500
　　贷:库存现金　　　　　　　　　　　　　　　　　　48 500

③ 交付成员饲料时:

借:成员往来——各成员　　　　　　　　　　　　48 500
　　贷:受托代购商品——饲料　　　　　　　　　　　　48 500

④ 收取1 000元代购费时：
借：成员往来　　　　　　　　　　　　　　　　　　　　1 000
　　贷：经营收入　　　　　　　　　　　　　　　　　　　　1 000
⑤ 将余款500元退回成员时：
借：成员往来　　　　　　　　　　　　　　　　　　　　　500
　　贷：库存现金　　　　　　　　　　　　　　　　　　　　500

② 合作社为成员代销产品，收到委托代销商品时，按协议约定的价格，借记"受托代销产品"科目，贷记"成员往来"科目。售出受托代销商品时，按实际收到的价款，借记"库存现金""银行存款"等科目，按协议约定的价格，贷记"受托代销产品"科目，如果实际收到的价款大于协议约定的价格，按其差额，贷记"经营收入"科目；如果实际收到的价款小于协议约定的价格，按其差额，借记"经营支出"科目。给付成员代销商品款时，借记"成员往来"科目，贷记"库存现金""银行存款"科目。

【例4-75】　6月份，肉鸡养殖专业合作社，收到成员委托代销肉鸡10 000千克，双方协议约定价格为每千克8元；合作社以每千克8.5元的价格售出，取得现金85 000元，期间发生运输费、装卸费等费用1 000元，合作社支付成员代销肉鸡款80 000元。

① 收到成员交来的委托代销肉鸡时：
借：受托代销产品——肉鸡　　　　　　　　　　　　　80 000
　　贷：成员往来——各成员　　　　　　　　　　　　　80 000
② 售出肉鸡时：
借：库存现金　　　　　　　　　　　　　　　　　　　85 000
　　贷：受托代销产品——肉鸡　　　　　　　　　　　　80 000
　　　　经营收入　　　　　　　　　　　　　　　　　　5 000
③ 支付成员代销肉鸡款时：
借：成员往来——各成员　　　　　　　　　　　　　　80 000
　　贷：库存现金　　　　　　　　　　　　　　　　　　80 000
④ 支付运输费、装卸费等费用时：
借：经营支出　　　　　　　　　　　　　　　　　　　1 000
　　贷：库存现金　　　　　　　　　　　　　　　　　　1 000

（3）合作社将成员生产的初级产品进行深加工后对外销售，账务处理如下：

合作社收购成员生产的初级产品时，按其收购价和相关费用，借记"产品物资"科目，贷记"库存现金""银行存款""成员往来"等科目。合作社对初级产品进行加工发生各项生产费用时，借记"生产成本"科目，贷记"库存现金""银行存款""产品物资""应付工资""成员往来""应付款"等科目。合作社将深加工完成的产品入库时，借记"产品物资"科目，贷记"生产成本"科目。合作社将深加工产品对外销售时，借记"库存现金""银行存款""应收款"等科目，贷记"经营收入"科目，同时，借记"经营支出"科目，贷记"产品物资"科目。

【例4-76】 7月份，某肉鸡养殖专业合作社以每吨8 000元的价格收购成员肉鸡10吨，用现金支付购鸡款80 000元、支付运费及装卸费等费用1 000元。合作社对肉鸡进行深加工，生产出鸡肉5吨、鸡架2吨入冷库储存，期间计提加工人员工资8 000元，计提加工车间及设备等折旧费1 000元，用现金支付水电等费用2 000元。月底，鸡肉及鸡架全部售完，销售款120 000元存入银行。

① 收购肉鸡时：
借：产品物资——肉鸡　　　　　　　　　　81 000
　　贷：库存现金　　　　　　　　　　　　　　81 000

② 对肉鸡进行深加工时：
借：生产成本　　　　　　　　　　　　　　92 000
　　贷：产品物资——肉鸡　　　　　　　　　　81 000
　　　　应付工资　　　　　　　　　　　　　　8 000
　　　　累计折旧　　　　　　　　　　　　　　1 000
　　　　库存现金　　　　　　　　　　　　　　2 000

③ 鸡肉、鸡架验收入冷库时：
借：产品物资——鸡肉、鸡架　　　　　　　92 000
　　贷：生产成本　　　　　　　　　　　　　　92 000

④ 对外出售时：
借：银行存款　　　　　　　　　　　　　　120 000
　　贷：经营收入　　　　　　　　　　　　　　120 000

同时，结转成本
借：经营支出　　　　　　　　　　　　　　92 000
　　贷：产品物资——鸡肉、鸡架　　　　　　　92 000

（4）合作社为成员提供技术、信息服务等活动发生支出时，借记"经营支出"科目，贷记"库存现金""银行存款""产品物资""应付工资""成员往来""应付款"等科目。

【例4-77】 8月份，合作社用银行存款支付为成员提供技术指导的技术人员工资30 000元。

借：经营支出　　　　　　　　　　　　　　30 000
　　贷：银行存款　　　　　　　　　　　　　　30 000

（5）合作社为组织和管理生产经营活动发生各项支出时，借记"管理费用"科目，贷记"应付工资""库存现金""银行存款"等科目。

【例 4-78】 12月份，合作社用银行存款支付管理人员工资 16 000 元，办公费 10 000 元，差旅费 4 000 元。

借：管理费用——人员工资　　　　　　　　　　　　16 000
　　　　　　——办公费　　　　　　　　　　　　　　10 000
　　　　　　——差旅费　　　　　　　　　　　　　　 4 000
　　贷：银行存款　　　　　　　　　　　　　　　　　　30 000

二、盈余的核算

《合作社法》第三十七条规定，在弥补亏损、提取公积金后的当年盈余，为农民专业合作社的可分配盈余。可分配盈余按照下列规定返还或者分配给成员，具体分配办法按照章程规定或者经成员大会决议确定：①按成员与本社的交易量（额）比例返还，返还总额不得低于可分配盈余的百分之六十；②按前项规定返还后的剩余部分，以成员账户中记载的出资额、公积金份额和本社接受国家财政直接补助和他人捐赠形成的财产平均量化到成员的份额，按比例分配给本社成员。

1. 盈余分配的要求

合作社的盈余分配，是指把当年已经确定的盈余总额连同以前年度的未分配盈余按照一定的标准进行合理分配。盈余分配是合作社财务管理和会计核算的重要环节，关系到国家、集体、成员及所有者等各方面的利益，具有很强的政策性。因此，合作社必须严格遵守财务会计制度等有关规定，按规定的程序和要求，搞好盈余分配工作。

合作社在进行盈余分配前，首先应编制盈余分配方案，方案应详细规定各分配项目及其分配比例。盈余分配方案必须经合作社成员大会或成员代表大会讨论通过后执行，必须充分听取群众的意见。其次，应做好分配前的各项准备工作，清理有关财产，结清有关账目，以保证分配及时兑现，确保分配工作的顺利完成。

2. 盈余分配的顺序

合作社的可供分配的盈余，按照下列顺序进行分配。

① 弥补上年亏损。主要是弥补上年亏损额。

② 提取盈余公积。盈余公积用于发展生产、转增资本，或者用于弥补亏损。

③ 提取应付盈余返还。盈余返还部分是指在弥补亏损、提取盈余公积后可供当年成员分配的盈余。主要按成员交易量（额）进行盈余返利的比例不得低于 60%。

④ 提取剩余盈余返还。扣除上述各项后的盈余可按"成员出资""公积金

份额""形成财产的财政补助资金量化份额""捐赠财产量化份额"合计数为成员应享有的"剩余盈余返还金额"量化到成员进行分配。

3. 盈余分配的核算

为了反映和监督盈余的分配情况，合作社应设置"盈余分配"账户，核算合作社当年盈余的分配（或亏损的弥补）和历年分配后的结存余额。本科目设置"各项分配"和"未分配盈余"两个二级科目。合作社用盈余公积弥补亏损时，借记"盈余公积"科目。贷记本科目（未分配盈余）。按规定提取公积金时，借记本科目（各项分配），贷记"盈余公积"科目。按交易量（额）向成员返还盈余时，借记本科目（各项分配），贷记"应付盈余返还"科目。按成员账户中记载的出资额和公积金份额，以及本社接受国家财政直接补助和他人捐赠形成的财产平均量化到成员的份额，按比例分配剩余盈余时借记本科目（各项分配），贷记"应付剩余盈余"科目。

年终，合作社应将全年实现的盈余总额，自"本年盈余"科目转入本科目，借记"本年盈余"科目，贷记本科目（未分配盈余），如为净亏损，则作相反会计分录。同时，将本科目下的"各项分配"明细科目的余额转入本科目"未分配盈余"明细科目，借记本科目（未分配盈余），贷记本科目（各项分配）。年度终了，本科目的"各项分配"明细科目应无余额，"未分配盈余"明细科目的贷方余额表示未分配的盈余，借方余额表示未弥补的亏损。

【例4-79】经社员大会讨论决定合作社用盈余分配弥补上年亏损30 000元。用盈余分配弥补上年亏损，会减少盈余分配数额，增加盈余公积，因此应借记"盈余分配——未分配盈余"账户，贷记"盈余公积"账户。

借：盈余分配——未分配盈余　　　　　　　　　30 000
　　贷：盈余公积　　　　　　　　　　　　　　　　30 000

【例4-80】合作社本年度实现盈余12 000元，根据经批准的盈余分配方案，按本年盈余的5%提取公积金。提取盈余公积后，当年可分配盈余的70%按成员与本社交易额比例返还给成员，其余部分根据成员账户记录的成员出资额和公积金份额，以及国家财政直接补助和他人捐赠形成的财产按比例分配给全体成员。

（1）结转本年盈余时：
借：本年盈余　　　　　　　　　　　　　　　　12 000
　　贷：盈余分配——未分配盈余　　　　　　　　　12 000

（2）提取盈余公积时，按规定比例计算出提取金额12 000×5%＝600(元)
借：盈余分配——各项分配——提取盈余公积　　　600
　　贷：盈余公积　　　　　　　　　　　　　　　　600

（3）按成员与本社交易额比例返还盈余时，根据成员账户记录的成员与本社交易额比例，分别计算出返还给每个成员的金额和总额（12 000－600）×

70％＝7 980（元）

借：盈余分配——各项分配——盈余返还　　　　　　7 980
　　贷：应付盈余返还——×成员　　　　　　　　　　　　7 980

（4）分配剩余盈余时，根据成员账户记录的成员出资额和公积金份额，以及国家财政直接补助和他人捐赠形成的财产平均量化到成员的份额。按比例分别计算出分配给每个成员的金额和总额 12 000－600－7 980＝－3 420（元）

借：盈余分配——各项分配——分配剩余盈余　　　　3 420
　　贷：应付剩余盈余——×成员　　　　　　　　　　　　3 420

（5）结转各项分配时：
借：盈余分配——未分配盈余　　　　　　　　　　　　12 000
　　贷：盈余分配——各项分配　　　　　　　　　　　　　12 000

项目六　会计报表的编制

会计报表是反映合作社某一特定日期财务状况和某一特定会计期间经营成果的书面报告。

会计报表是合作社传递会计信息的主要手段与渠道，是考核合作社生产经营财务计划、委托合同、受托合同、社内管理服务执行情况和评价经营服务业绩的基础资料，是合作社进行科学合理的经济预测和决策、改善经营管理的参考条件，落实合作社财务会计制度，保障全体成员财务知情权、参与权、决策权、监督权的重要途径，更是各级政府和有关部门了解合作社实际情况、扶持引导合作社规范发展的重要依据。

合作社应按要求及时向乡镇经管站、县农业局报送有关报表

月报表于每月的 5 日前，将上月的科目余额表、收支明细表上报；季度报表于每月的 5 日前，将上季度的科目余额表、收支明细表上报；年报表于每年的 1 月 15 日前，将上年的资产负债表、盈余及盈余分配表、成员权益变动表上报。

由于篇幅所限，本书只介绍有关年报表的编制。

一、资产负债表的编制

1. 资产负债表的概念

资产负债表反映的是合作社年末全部资产、负债和所有者权益的报表。资产负债表的理论基础是"资产＝负债＋所有者权益"的会计恒等式，属于静态报表。

其基本格式如表 4-1 所示。

资产负债表通常包括表头和基本内容两部分。其中，表头主要包括资产负

债表的名称、编制单位、编制日期和金额单位；基本内容包括各项资产、负债和所有者权益的年初数和期末数。

资产负债表的格式分为账户式和垂直式两种。根据我国《会计法》的规定，资产负债表采用账户式结构，即报表分为左方和右方，左方是资产类项目，右方是负债和所有者权益类项目。期末资产类项目合计等于负债和所有者权益类项目合计。

2. 资产负债表编制举例

【例4-81】 某蔬菜种植专业合作社2015年末情况如下：资产总额200 000元，其中现金800元，银行存款54 200元，应收账款62 000元，固定资产83 000元，已提固定资产折旧24 000元；短期借款39 000元，应付账款31 000元；股金120 000元，未分配盈余10 000元。该合作社2015年末的资产负债表编制如表4-1所示。

表4-1 资产负债表

编制单位： 2015年12月31日 会农社01表

单位：元

资产	行次	年初数	年末数	负债及所有者权益	行次	年初数	年末数
流动资产：				流动负债：			
货币资金	1	40 000	55 000	短期借款	30	40 000	39 000
应收款项	5	20 000	62 000	应付款项	31	20 000	31 000
存货	6			应付工资	32		
流动资产合计	10	60 000	117 000	应付盈余返还	33		
				应付剩余盈余	35		
长期资产：				流动负债合计	36	60 000	70 000
对外投资	11						
农业资产：							
牲畜(禽)资产	12			长期负债			
林木资产	13			长期借款	40		
农业资产合计	15			专项应付款	41		
固定资产：				长期负债合计	42		
固定资产原值	16	80 000	83 000	负债合计	43		
减：累计折旧	17	20 000	24 000				
固定资产净值	20	60 000	59 000				
固定资产清理	21			所有者权益：			
在建工程	22			股金	44	80 000	120 000
固定资产合计	25	80 000	83 000	专项基金	45		
其他资产：				资本公积	46		
无形资产	27			盈余公积	47		
长期资产合计	28	80 000	83 000	未分配盈余	50		10 000
				所有者权益合计	51		130 000
资产总计	29	140 000	200 000	负债和所有者权益总计	54	140 000	200 000

法人代表： 财务负责人： 制表：

二、盈余及盈余分配表的编制

1. 盈余及盈余分配表概念及格式

盈余及盈余分配表反映的是合作社在某一会计期间内开展经营业务活动实际情况的报表。该表是合作社主要会计报表之一，通过经营业务活动能够判断出合作社的经营业务活动成果。

其主要格式如表4-2所示。

盈余及盈余分配表的格式分为多步式和单步式两种。根据我国《会计法》的规定，合作社盈余及盈余分配表采用多步式格式。该表的理论依据是"收入－费用＝盈余"。基本内容包括"项目"栏和"金额"栏两部分。

盈余及盈余分配表的主要内容如下。

① 构成收入的各项要素。包括经营收入、投资收益、其他收入等。
② 构成费用的各项要素。包括经营支出、其他支出等。
③ 各项收入分步骤减去各项费用，得到本期所有者权益净增加额。

2. 盈余及盈余分配表编制举例

【例4-82】 某养殖专业合作社2015年年末情况如下：经营收入720 000元，经营支出420 000元，管理费用90 000元，其他收入10 000元，其他支出20 000元，本年度应分配盈余120 000元，应提取盈余公积比例为10%，年初未分配盈余50 000元。该合作社2015年度盈余及盈余分配表编制如表4-2所示。

表4-2 盈余及盈余分配表
2015年度

会农社02表
单位：元

编制单位：

项目	行次	金额	项目	行次	金额
本年盈余			盈余分配		120 000
一、经营收入	1	720 000	四、本年盈余	16	80 000
加：投资收益	2	0	加：年初未分配盈余	17	50 000
减：经营支出	5	420 000	其他转入	18	
管理费用	6	90 000	五、可分配盈余	21	130 000
二、经营收益	10	210 000	减：提取盈余公积	22	13 000
加：其他收入	11	10 000	盈余返还	23	0
减：其他支出	12	20 000	剩余盈余分配	24	117 000
三、本年盈余	15	200 000			
所得税		0①	六、年末未分配盈余	28	117 000

法人代表：　　　　　　　财务负责人：　　　　　　　制表：

① 按照企业所得税法第二十七条第一项规定，企业从事牲畜、家禽的饲养所得，免征企业所得税。

三、成员权益变动表的编制

1. 成员权益变动表的概念及格式

该表反映合作社成员入社的出资额、量化到成员的公积金份额、成员与本社的交易量（额）以及返还给成员的盈余和剩余盈余金额。

成员权益变动表的格式如表 4-3 所示。

2. 成员权益变动表编制举例

【例 4-83】 某蔬菜种植专业合作社编制成员权益变动表如下：

表 4-3　成员权益变动表　　　　　　　　　　　　会农社 03 表

项目	股金	专项基金	资本公积	盈余公积	未分配盈余	合计
年初余额	4 100 000.00			110 569.00		4 210 569.00
本年增加数		57 500.00		200 003		
	其中：	其中：	其中：	其中：		
	资本公积转赠	国家财政直接补助 57 500.00	股金溢价	从盈余中提取 142 503		
	盈余公积转赠	接受捐赠转入	资产评估增值			
	成员增加出资					
本年减少数						
					其中：	
					按交易量（额）分配的盈余：	
					剩余盈余分配	
年末余额	4 100 000.00	57 500.00		310 572		4 468 072

编制单位：某种植专业合作社　　　　　　2015 年　　　　　　　　　　单位：元

成员权益变动表编制说明：

(1) 本表反映合作社报告年度成员权益增减变动的情况。

(2) 本表各项目应根据"股金""专项基金""资本公积""盈余公积""盈余分配"科目的发生额分析填列。

(3) 未分配盈余的本年增加数是指本年实现盈余数（净亏损以"—"号填列）。

模块五

村办企业的业务核算

项目一　流动资产的核算

一、货币资金的核算

货币资金是村办企业生产经营过程中处于货币形态的那部分资金，按其存放地点及用途的不同，分为现金、银行存款和其他货币资金。它是村办企业中最活跃的资金，流动性较强，是村办企业的重要支付手段和流通手段。认真搞好货币资金的管理与核算，对于保证货币资金的安全、完整，实行开源节流，加速资金周转，提高资金的使用效益等具有重大意义。

1. 库存现金的核算

为了总括地反映现金的收入、支出和结存情况，村办企业应设置"库存现金"科目，借方登记现金的增加数额，贷方登记现金的减少数额，期末余额在借方，反映村办企业实际持有的库存现金的数额。企业内部各部门周转使用的备用金，通过"其他应收款"科目或单独设置"备用金"科目核算，不在"库存现金"科目核算。

【例 5-1】　合力公司是一家村办小企业，执行《小企业会计准则》；税务机关核定为增值税的一般纳税人。某日开出支票从银行提取现金1 000元补足库存限额。会计分录如下：

借：库存现金　　　　　　　　　　　　　　　　　　　1 000
　　贷：银行存款　　　　　　　　　　　　　　　　　　　1 000

【例 5-2】　合力公司出售产品2件，价款共200元，增值税34元，共收现金234元。会计分录如下：

借：库存现金　　　　　　　　　　　　　　　　　　　234
　　贷：主营业务收入　　　　　　　　　　　　　　　　　200
　　　　应交税费——应交增值税（销项税额）　　　　　　34

【例 5-3】　合力公司技术员李倩出差，预借差旅费1 200元，以现金支付。会计分录如下：

借：其他应收款——李倩　　　　　　　　　　　　　　　1 200
　　贷：库存现金　　　　　　　　　　　　　　　　　　　　　1 200

【例 5-4】 合力公司以现金支付会计人员培训费 1 000 元。会计分录如下：
借：银行存款　　　　　　　　　　　　　　　　　　　　1 000
　　贷：库存现金　　　　　　　　　　　　　　　　　　　　　1 000

【例 5-5】 合力公司进行现金清查时，发现库存现金比账面余额多出 400 元。经查，其中 200 元为应付给乙企业的货款，其余部分未查明原因。会计分录如下：
借：库存现金　　　　　　　　　　　　　　　　　　　　　400
　　贷：其他应付款——乙企业　　　　　　　　　　　　　　　200
　　　　营业外收入——现金溢余　　　　　　　　　　　　　　200

【例 5-6】 合力公司进行现金清查时，发现库存现金比账面余额少了 500 元。其中 300 元系出纳王梅工作失误造成，应由其赔偿，其余 200 元没有查明原因。编制会计分录如下：
借：其他应收款——王梅　　　　　　　　　　　　　　　　300
　　管理费用——现金短缺　　　　　　　　　　　　　　　　200
　　贷：库存现金　　　　　　　　　　　　　　　　　　　　　500

2. 银行存款的核算

银行存款是村办企业存放在银行或其他金融机构的货币资金。村办企业除了在规定限额内保留少量现金外，其余的货币资金必须全部存入银行。村办企业的一切货币收支，除了在规定范围内使用现金结算外，都必须通过银行办理转账结算。因此，凡实行独立核算的成本企业，都必须在银行开设账户，办理生产经营活动的资金收支业务。

为了总括地反映银行存款的收入、支出和结存情况，应设置"银行存款"账户，借方登记银行存款的增加数额，贷方登记银行存款的减少数额；期末余额在借方，反映企业实际存在银行或其他金融机构的银行存款的款项。

企业将款项存入银行或其他金融机构时，借记"银行存款"，贷记"现金"等有关科目；提取和支出存款时，借记"现金"等有关科目，贷记"银行存款"。

【例 5-7】 合力公司收回 A 公司欠款 5 000 元存入银行。会计分录如下：
借：银行存款　　　　　　　　　　　　　　　　　　　　5 000
　　贷：应收账款——A 公司　　　　　　　　　　　　　　　5 000

【例 5-8】 合力公司用银行存款归还欠 B 公司货款 20 000 元。会计分录如下：
借：应付账款——B 公司　　　　　　　　　　　　　　　20 000
　　贷：银行存款　　　　　　　　　　　　　　　　　　　　20 000

【例5-9】 合力公司填制现金交款单将超库存限额的现金1 200元存入银行。会计分录如下：
　　借：银行存款　　　　　　　　　　　　　　　　　　　1 200
　　　　贷：现金　　　　　　　　　　　　　　　　　　　　　　1 200

对未达账项可以通过编制"银行存款余额调节表"进行调节，调节的方法：将企业的银行存款日记账余额和银行对账单余额均调整到正确余额，然后检验是否相符，即计算检验"企业银行存款日记账余额＋银行已收账而企业未收账－银行已付账而企业未付账"是否等于"银行对账单余额＋企业已收账而银行未收账－企业已付账而银行未付账"。

3. 其他货币资金的核算

为了总括地反映其他货币资金的收入、支出和结存情况，应当按照其他货币资金的具体种类分别设置"其他货币资金——外埠存款、银行本票存款、银行汇票存款、信用证保证金存款、信用卡存款、存出投资款"等科目，借方登记增加数额，贷方登记减少数额；期末余额在借方，反映村办企业实际持有的其他货币资金的余额。

【例5-10】 合力公司2014年8月6日向外地某银行汇出采购资金60 000元，用于采购原材料。2014年8月25日收到采购员转来的发票账单等有关凭证，材料的采购成本为58 500元（已含增值税），材料已验收入库。2014年9月10日余款1 500元，已转回汇款单位开户银行。会计分录如下：

（1）2014年8月6日，汇出采购资金时：
　　借：其他货币资金——外埠存款　　　　　　　　　　60 000
　　　　贷：银行存款　　　　　　　　　　　　　　　　　　　60 000

（2）2014年8月25日，收到采购员转来的发票账单等有关凭证时：
　　借：原材料　　　　　　　　　　　　　　　　　　　　58 500
　　　　贷：其他货币资金——外埠存款　　　　　　　　　　　58 500

（3）2014年9月10日，接银行收账通知，收回余款时：
　　借：银行存款　　　　　　　　　　　　　　　　　　　1 500
　　　　贷：其他货币资金——外埠存款　　　　　　　　　　　1 500

【例5-11】 合力公司于2014年2月1日，填写"银行汇票申请书"，将款项50 000元交存银行，银行签发了银行汇票和解讫通知。2014年2月20日，收到银行转来的银行汇票及发票账单，原材料的买价为42 000元，增值税额为7 140元，材料尚未达到，余款退回。会计分录如下：

（1）2014年2月1日，收到银行签发银行汇票时：
　　借：其他货币资金——银行汇票存款　　　　　　　　50 000
　　　　贷：银行存款　　　　　　　　　　　　　　　　　　　50 000

（2）2014年2月20日，收到采购员转来的发票账单等有关凭证时：

借：在途物资 49 140
　　贷：其他货币资金——银行汇票存款 49 140
(3) 2014年2月20日，收回余款时：
借：银行存款 860
　　贷：其他货币资金——银行汇票存款 860

二、应收及预付款项的核算

1. 应收账款的核算

应收和预付款项是企业流动资产的一个重要组成部分，是指企业在日常生产经营过程中发生的各项债权，包括应收账款、应收票据、其他应收款和预付账款等。应收账款是村办企业因销售商品、产品、提供劳务等，应向购货单位或接受劳务单位收取的款项。

为核算村办企业因销售商品、产品、提供劳务等，向购货单位或接受劳务单位收取的款项，应设置"应收账款"账户。该账户的借方登记应收账款的增加数，贷方登记应收账款的减少数。期末如为借方余额，反映村办企业尚未收回的应收账款；期末如为贷方余额，反映村办企业预收的款项。本科目应按购货单位或接受劳务的单位分类，并按不同的债务人设置明细账，进行明细核算。不单独设置"预收账款"科目的村办企业，预收的款项也在本科目核算。

村办企业发生应收账款时，按应收金额，借记本科目；按实现的销售收入，贷记"主营业务收入"等科目；按照应缴纳的增值税额，贷记"应交税费——应交增值税（销项税额）"科目。收回应收账款时，借记"银行存款"等科目，贷记本科目。

村办企业代购货单位垫付的包装费、运杂费等，借记本科目，贷记"银行存款"等科目；收回代垫费用时，借记"银行存款"科目，贷记本科目。

如果村办企业应收账款改用商业汇票结算，在收到承兑的商业汇票时，按票面价值，借记"应收票据"科目，贷记本科目。

【例5-12】 合力公司采用托收承付结算方式向B公司销售商品一批，货款30 000元，增值税额5 100元，以银行存款代垫运杂费300元，已办理托收手续。根据上述资料，编制如下会计分录：

(1) 借：应收账款 35 400
　　　贷：主营业务收入 30 000
　　　　　应交税费——应交增值税（销项税额） 5 100
　　　　　银行存款 300

(2) 企业接到银行收款通知，收到上述应收B公司款项时：
借：银行存款 35 400
　　贷：应收账款 35 400

2. 应收票据的核算

村办企业因销售商品、产品、提供劳务等而收到开出、承兑的商业汇票，按应收票据的面值，借记本科目；按实现的营业收入，贷记"主营业务收入"等科目。

村办企业收到应收票据以抵偿应收账款时，按应收票据面值，借记本科目，贷记"应收账款"科目。

如为带息应收票据，应于期末时，按应收票据的票面价值和确定的利率计提利息，计提的利息增加应收票据的账面余额，借记本科目，贷记"财务费用"科目。

【例5-13】 合力公司2014年5月16日销售给B企业产品一批，货款200 000元，增值税额34 000元。当日收到B企业交来的期限为90天、票面利率为8%、到期日为8月14日的商业承兑汇票一张。

(1) 2014年5月16日收到票据，则应作会计分录如下：

借：应收票据　　　　　　　　　　　　　　　　234 000
　　贷：主营业务收入　　　　　　　　　　　　　　　200 000
　　　　应交税费——应交增值税（销项税额）　　　　34 000

(2) 2014年6月30日计提票据利息，则应作会计分录如下：

票据利息=234 000×8%×45÷360=2 340(元)

应作会计分录如下：

借：应收票据　　　　　　　　　　　　　　　　2 340
　　贷：财务费用　　　　　　　　　　　　　　　　　2 340

(3) 2014年8月14日票据到期收取票款，则应作会计分录如下：

借：银行存款　　　　　　　　　　　　　　　　238 680
　　贷：应收票据　　　　　　　　　　　　　　　　　236 340
　　　　财务费用　　　　　　　　　　　　　　　　　2 340

3. 其他应收及预付款的核算

为核算村办企业除应收票据、应收账款、应收股息以外的其他各种应收、暂付款项（包括不设置"备用金"科目的村办企业拨出的备用金、应收的各种赔款、罚款，应向职工收取的各种垫付款项等），应设置"其他应收款"科目。该科目的借方登记其他应收款的增加数，贷方登记其他应收款的减少数；期末余额在借方，反映村办企业尚未收回的其他应收款。

本科目应按其他应收款的项目分类，并按不同的债务人设置明细账，进行明细核算。"其他应收款"账户核算的内容主要包括：

① 应收的各种赔款、罚款。
② 应收出租包装物租金。
③ 应向职工收取的各种垫付款项。

④ 其他各种应收、暂付款项。

【例5-14】 合力公司办公室张莹出差预借差旅费2 000元,以现金支付。根据有关凭证,作如下分录:

借:其他应收款——备用金(张莹)　　　　　　　　2 000
　　贷:库存现金　　　　　　　　　　　　　　　　　　　2 000

【例5-15】 张莹出差归来,持经审批的差旅费单据报销1 600元,并退回现金400元。根据有关凭证,作如下分录:

借:管理费用　　　　　　　　　　　　　　　　　　1 600
　　库存现金　　　　　　　　　　　　　　　　　　　400
　　贷:其他应收款——备用金(张莹)　　　　　　　　　2 000

【例5-16】 合力公司借用B公司包装物一批,支付押金4 000元,以转账支票支付。应作如下会计分录:

借:其他应收款——存出保证金　　　　　　　　　　4 000
　　贷:银行存款　　　　　　　　　　　　　　　　　　　4 000

【例5-17】 合力公司将借用的包装物按期如数退回,收到B公司退还的押金4 000元,已存入银行。应作如下会计分录:

借:银行存款　　　　　　　　　　　　　　　　　　4 000
　　贷:其他应收款——存出保证金　　　　　　　　　　　4 000

【例5-18】 合力公司以银行存款为职工垫付水电费1 200元。编制会计分录如下:

借:其他应收款——水电费　　　　　　　　　　　　1 200
　　贷:银行存款　　　　　　　　　　　　　　　　　　　1 200

【例5-19】 因M公司违约,应收M公司违约赔款500元。编制会计分录如下:

借:其他应收款——M公司　　　　　　　　　　　　500
　　贷:营业外收入　　　　　　　　　　　　　　　　　　500

三、存货的核算

(一)库存商品的核算

1. 外购材料的核算

村办企业的材料采购业务由于货款结算方式和采购地点不同,收料和付款的时间可能会不一致。一般来说,材料采购业务,大体可以分为以下几种情况:

(1)材料已验收入库,货款也已支付。

村办企业应根据增值税专用发票所列示的价款加上相应的运杂费等采购费用作为采购成本,借记"原材料"科目;根据实际支付或结算的金额,贷记"银行存款"或"应付票据"科目。

【例5-20】 合力公司自本地乙公司购入A材料5 000千克,单价2.20元,专用发票列明价款 11 000 元、增值税额 1 870 元,款项已签发转账支票付讫,A 材料验收入库。应作会计分录如下:

  借:原材料——A 材料   11 000
    应交税费——应交增值税(进项税额)   1 870
    贷:银行存款   12 870

(2)货款已经支付,材料尚未验收入库。

对于已经付款或开出、承兑一张商业汇票,但尚未到达或尚未验收入库的这部分材料应作为在途物资分录;待材料验收入库时,再由在途物资转为库存材料。

村办企业在付款(或开出商业汇票)时,根据增值税专用发票所列示的价款加上相应的运杂费等采购费用作为采购成本,借记"在途物资"科目;根据实际支付或结算的金额,贷记"银行存款"科目。

验收入库时,根据"收料单"载明的入库材料实际成本,借记"原材料"科目,贷记"在途物资"科目。

【例 5-21】 合力公司从外地甲公司购入 B 材料 7 000 千克,买价 60 000 元,增值税 10 200 元,发票账单已到,企业按合同规定开出商业承兑汇票办理结算,材料尚未运到。

(1)签发并承兑商业承兑汇票时,应作如下会计分录:

  借:在途物资——甲公司   60 000
    应交税费——应交增值税(进项税额)   10 200
    贷:应付票据   70 200

(2)材料验收入库时,应作如下会计分录:

  借:原材料——B 材料   60 000
    贷:在途物资——甲公司   60 000

(3)材料已到并验收入库,但账单尚未到达。

在这种情况下,为在资产负债表中全面、真实地反映村办企业的存货及负债情况,应在月末按照预定的价格(如合同价格、计划价格或同类材料价格等)暂估入账。下月初编制与估价入账相同的红字分录予以冲回,等待收到结算单证付款后,再按正常购入材料的程序进行会计分录。

【例 5-22】 合力公司 6 月 27 日收到盛达公司运来 A 材料一批,合同价格(不含税)为 90 000 元,截至 6 月底,该批 A 材料结算单证等仍未到达。

(1)6 月末,由于仍未收到结算单证,应暂估入账,编制会计分录如下:

  借:原材料——A 材料   90 000
    贷:应付账款——盛达公司   90 000

(2)7 月初,用红字冲回原暂估入账记录:

  借:原材料——A 材料   90 000
    贷:应付账款——盛达公司   90 000

(3) 假设 7 月 10 日上述 A 材料结算单证到达，专用发票列明价款 99 000 元，增值税额 16 830 元，企业以银行汇票方式结算付讫，则分录如下：

借：原材料——A 材料　　　　　　　　　　　　　　99 000
　　应交税费——应交增值税（进项税额）　　　　　16 830
　　贷：其他货币资金——银行汇票存款　　　　　　　　115 830

2. 自制材料的核算

按照村办企业在生产过程中发生的实际成本，借记"原材料"科目，贷记"生产成本"科目。

【例 5-23】 合力公司本月生产车间加工完成包装箱一批，实际成本 12 500 元，验收入库。编制会计分录如下：

借：原材料——包装箱　　　　　　　　　　　　　　12 500
　　贷：生产成本　　　　　　　　　　　　　　　　　　12 500

3. 投资者投入材料的核算

按照投资各方确认的价值，借记"原材料"科目；按专用发票上注明的增值税额，贷记"实收资本"等科目。

4. 原材料发出和结存的核算

村办企业发出材料，应当以领用部门和用途进行核算：车间产品生产领用的，借记"生产成本"账户；车间管理及一般消耗领用的，借记"制造费用"账户；管理部门领用的，借记"管理费用"账户；专设销售机构领用的，借记"销售费用"账户；出售的，借记"其他业务支出"账户；贷记"原材料"账户。

【例 5-24】 合力公司 4 月 30 日，根据发料凭证汇总表，本月基本生产车间领用 A 材料 300 千克，用于生产产品，领用 A 材料 10 千克，用于车间一般使用。管理部门领用 B 材料 50 千克，销售部门领用 B 材料 30 千克。A 材料的单位成本 10 元。B 材料的单位成本 20 元。会计分录如下：

借：生产成本　　　　　　　　　　　　　　　　　　3 000
　　制造费用　　　　　　　　　　　　　　　　　　　100
　　管理费用　　　　　　　　　　　　　　　　　　1 000
　　销售费用　　　　　　　　　　　　　　　　　　　600
　　贷：原材料——A 材料　　　　　　　　　　　　　　3 100
　　　　　　——B 材料　　　　　　　　　　　　　　1 600

（二）低值易耗品的核算

低值易耗品从性质上属于劳动资料，具有固定资产的特点。但是，由于低值易耗品具有价值低、易损耗、品种繁多、使用情况复杂等特点，在会计核算上通常被归入流动资产类，视同存货进行核算、管理。

1. 低值易耗品入库的核算

村办企业外购、自制或委托加工低值易耗品验收入库时，其核算方法与材料入库的核算方法相同，借记"周转材料——低值易耗品"科目，贷记有关科目。

【例 5-25】 合力公司根据生产需要购入生产工具一批,货款 6 000 元,专用发票列明的增值税为 1 020 元,全部款项通过银行存款付讫,该批工具验收入库。会计分录如下:

  借:周转材料——低值易耗品   6 000
    应交税费——应交增值税(进项税额)   1 020
    贷:银行存款   7 020

2. 低值易耗品摊销的核算

一次摊销法,对低值易耗品的价值按其领用部门一次全部结转,借记"制造费用""管理费用"等科目,贷记"周转材料——低值易耗品"。报废时,将收回的低值易耗品残料价值,冲减有关的成本费用,借记"材料"等科目,贷记"制造费用""管理费用"等科目。

【例 5-26】 合力公司采用一次摊销法核算低值易耗品。本月车间领用生产工具一批,实际成本 1 200 元,厂部领用管理用具一批,实际成本 800 元。会计分录如下:

  借:制造费用   1 200
    管理费用   800
    贷:周转材料——低值易耗品   2 000

(三)包装物的核算

包装物,是指为了包装产品,并随同产品一起出售或出租、出借而储备的各种包装容器,如桶、箱、瓶、坛、袋等。村办企业的包装物在"周转材料"账户中核算。

1. 生产领用的包装物

产品生产过程中领用的用于包装产品的包装物,构成产品的组成部分,其成本应计入产品生产成本。

【例 5-27】 合力公司对包装物采用实际成本计价,本月生产领用包装物一批,实际成本为 3 000 元。会计分录如下:

  借:生产成本   3 000
    贷:周转材料——包装物   3 000

2. 随同产品出售不单独计价的包装物

对于这部分包装物,其成本应在领用时计入销售费用。

【例 5-28】 合力公司销售产品时,领用不单独计价的包装物实际成本为 2 000 元。会计分录如下:

  借:销售费用   2 000
    贷:周转材料——包装物   2 000

3. 随同产品出售单独计价的包装物

企业在销售过程中,随同产品出售而单独计价的包装物,所得价款应视同销售，作为其他业务收入，其成本应列为其他业务支出。

4. 出租包装物

出租包装物的租金收入及包装物在出租过程中发生的各种费用、支出，应作为其他业务收支处理。出租包装物的摊销，同样有一次摊销法和五五摊销法。

【例5-29】 合力公司在销售商品过程中出租给购货单位新包装物一批，实际成本2 000元，收取押金3 000元和租金585元（其中增值税85元），该企业包装物出租采取一次摊销法。有关会计分录如下：

(1) 出租包装物时

借：其他业务支出　　　　　　　　　　　　　　　　　2 000

　　贷：周转材料——包装物　　　　　　　　　　　　　　2 000

(2) 收到押金和租金时

借：银行存款　　　　　　　　　　　　　　　　　　　3 585

　　贷：其他应付款——包装物押金　　　　　　　　　　　3 000

　　　　其他业务收入　　　　　　　　　　　　　　　　　585

5. 出借包装物

出借包装物是村办企业因销售产品，以出借的形式无偿提供给购货单位使用的包装物。包装物的出借只是不存在收入，其价值损耗为推销产品所致，应作为销售费用处理。为了保证包装物的回收，出借的包装物也应收取一定数额的押金。

【例5-30】 合力公司向A公司销售产品时，出借包装物一批，实际成本1 000元，收取押金1 200元，该包装物采用"一次摊销法"。会计分录如下：

(1) 出借包装物时

借：销售费用　　　　　　　　　　　　　　　　　　　1 000

　　贷：周转材料——包装物　　　　　　　　　　　　　　1 000

(2) 收到押金时

借：银行存款　　　　　　　　　　　　　　　　　　　1 200

　　贷：其他应付款——包装物押金　　　　　　　　　　　1 200

（四）委托加工物资的核算

为了反映和监督委托加工物资的增减变动及其结存情况，应设置"委托加工物资"科目，借方登记委托加工物资的实际成本，贷方登记加工完毕入库的物资的实际成本；余额在借方，表示尚未完工的委托加工物资的实际成本。

【例5-31】 合力公司委托外单位加工材料一批，原材料成本为100 000元，应付的加工费为80 000元（不含增值税），材料加工完成验收入库，增值税13 600。村办企业按实际成本对材料进行日常核算。有关会计分录如下：

(1) 发出委托加工材料时

借：委托加工物资　　　　　　　　　　　　　　　100 000
　　贷：原材料　　　　　　　　　　　　　　　　　　　100 000

(2) 支付加工费

借：委托加工物资　　　　　　　　　　　　　　　 80 000
　　应交税费——应交增值税（进项税额）　　　　 13 600
　　贷：银行存款　　　　　　　　　　　　　　　　　　93 600

(3) 加工完毕收回委托加工物资

借：原材料　　　　　　　　　　　　　　　　　　180 000
　　贷：委托加工物资　　　　　　　　　　　　　　　　180 000

（五）存货清查的核算

在村办企业，各种存货的品种繁多、收发频繁，可能为日常收发、计量、计算上的误差，或者出现自然损耗与自然升溢，以及丢失、毁损，甚至贪污盗窃等原因，往往会造成账实不符；或者由于盲目采购、盲目生产，会使某些材料、产品发生超储和积压的现象。为了查清上述原因，企业应定期或不定期地对存货进行清查盘点，对于清查过程中发现的问题，应及时查明原因，分清责任，及时处理，使存货的账面记录与库存实物保持一致，保证存货的安全完整。

【例 5-32】 合力公司在财产清查中盘盈库存商品 10 件，实际单位成本 20 元，无法查明其原因，经批准转销。会计分录如下：

批准前：

借：库存商品　　　　　　　　　　　　　　　　　　200
　　贷：待处理财产损溢——待处理流动资产损溢　　　　200

批准后：

借：待处理财产损溢——待处理流动资产损溢　　　　200
　　贷：管理费用　　　　　　　　　　　　　　　　　　200

【例 5-33】 合力公司因火灾造成一批材料毁损，实际成本 35 000 元，增值税率 17%。根据保险责任范围及保险合同规定，应由保险公司赔偿 25 000 元，其余部分列入营业外支出。会计分录如下：

批准前：

借：待处理财产损溢——待处理流动资产损溢　　　35 000
　　贷：原材料　　　　　　　　　　　　　　　　　　　35 000

批准后：

借：其他应收款——保险公司　　　　　　　　　　25 000
　　营业外支出　　　　　　　　　　　　　　　　　15 950
　　贷：原材料　　　　　　　　　　　　　　　　　　　35 000
　　　　应交税费——应交增值税（进项税额转出）　　 5 950

项目二　对外投资的核算

对外投资，是指村办企业为通过分配来增加财富，或为谋求其他利益，而将资产让渡给其他单位所获得的另一项资产。投资具有如下特征：

(1) 投资是村办企业以让渡其他资产而换取另一项资产的行为。

(2) 与其他资产相比，投资为村办企业带来的经济利益在方式上有所不同。

在会计实务中较多采用按投资目的分类的方法，并以此确定投资的会计核算方法及在资产负债表上的列示。即短期投资采用较为简单的会计核算方法，在资产负债表中列示为流动资产；长期投资采用较为复杂的会计核算方法，在资产负债表上列示为长期资产。

一、短期投资的核算

村办企业应设置"短期投资"账户，核算购入的能随时变现并且持有时间不准备超过1年（含1年）的投资（包括各种股票、债券、基金等）。该账户的借方登记短期投资的取得成本，贷方登记短期投资持有期间所获得的现金股利和利息，以及处置短期投资时结转的实际成本；期末余额在借方，反映村办企业持有的各种短期投资的实际成本。其明细账应按短期投资的种类设置。

根据《小企业会计准则》规定"在短期投资持有期间，被投资单位宣告分派的现金股利或在债务人应付利息日按照分期付息、一次还本债券投资的票面利率计算的利息收入，应当计入投资收益。"

短期投资持有期间，被投资单位宣告分派的现金股利，借记"应收股利"科目，贷记"投资收益"科目。在付息日，按照分期付息、一次还本债券投资的票面利率计算的利息收入，借记"应收利息"科目，贷记"投资收益"科目。实际收到现金股利或利息时，借记"银行存款"科目，贷记"应收股利"或"应收利息"科目。

【例5-34】合力公司2014年7月1日以银行存款100 000元购入A公司同年1月1日发行的3年期债券作为短期投资，该债券年利率6%，每年末付息，到期还本，另支付手续费等相关税费1 000元。村办企业应作如下会计分录：

借：短期投资——债券投资　　　　　　　　　　　　101 000
　　贷：银行存款　　　　　　　　　　　　　　　　　　101 000

【例5-35】合力公司2014年1月5日以银行存款110 000元购入B公司于2012年1月1日发行的3年期债券作为短期投资，其中，已到付息期但尚未领取的债券利息为6 000元。该债券按年付息，到期还本，年利率6%，票面金额共计100 000元。合力公司购买该债券时，另支付相关税费500元。应作如下会计分录：

　　借：短期投资——债券投资　　　　　　　　　　　　104 500
　　　　应收股息　　　　　　　　　　　　　　　　　　　6 000
　　　贷：银行存款　　　　　　　　　　　　　　　　　　　　　110 500

【例5-36】 接【例5-34】，合力公司2014年1月10日收到未领取的债券利息6 000元。应编制如下会计分录：

　　借：银行存款　　　　　　　　　　　　　　　　　　　6 000
　　　贷：应收股息　　　　　　　　　　　　　　　　　　　　　6 000

【例5-37】 接【例5-36】，合力公司于2014年12月31日收到上述购入债券的当年利息6000元。应编制如下会计分录：

　　借：银行存款　　　　　　　　　　　　　　　　　　　6 000
　　　贷：短期投资——债券投资　　　　　　　　　　　　　　　6 000

二、长期债权投资的核算

为核算购入的在1年内（不含1年）不能变现或不准备随时变现的债券和其他债权投资，村办企业应设置"长期债权投资"科目。该账户的借方登记长期债权投资的增加数，贷方登记长期债权投资的减少数；期末借方余额，反映村办企业持有的长期债权投资的本金（或本息）和未摊销的溢折价金额。

本科目应设置"债券投资"和"其他债权投资"明细科目，并在"债券投资"明细科目下设置"面值、溢折价、应计利息"明细账，在"其他债权投资"明细科目下设置"本金、应计利息"明细账，进行明细核算。

村办企业处置长期股权投资时，按实际取得的价款，借记"银行存款"等科目；按长期股权投资账面余额，贷记"长期股权投资"科目；按尚未领取的现金股利或利润，贷记"应收股息"科目；按其差额，贷记或借记"投资收益"科目。

【例5-38】 合力公司以1 055 000元的价格购入乙公司发行的5年期债券1 000张，每张面值为1 000元，年利率为11%，同期市场利率11%，债券已发行6个月，即所付价款中含有应计利息55 000元，支付手续费、税金等费用500元，款项以银行存款支付。该债券每年末付息一次，到期还本并支付最后一年的利息。应编制如下会计分录：

（1）购入债券时

　　借：长期债权投资——债券投资（面值）　　　　　　1 000 000
　　　　应收利息　　　　　　　　　　　　　　　　　　　55 000
　　　　财务费用　　　　　　　　　　　　　　　　　　　　　500
　　　贷：银行存款　　　　　　　　　　　　　　　　　　　　1 055 500

（2）第一年末计提利息时

$1\ 000\ 000 \times 11\% - 55\ 000 = 55\ 000$（元）

借：应收利息　　　　　　　　　　　　　　　　　55 000
　　贷：投资收益　　　　　　　　　　　　　　　　　　55 000

（3）债券到期收回时

借：银行存款　　　　　　　　　　　　　　　　1 110 000
　　贷：长期债权投资——债券投资（面值）　　　　1 000 000
　　　　投资收益　　　　　　　　　　　　　　　　　110 000

【例5-39】　接【例5-38】，若合力公司将"长期股权投资"出售，所得价款1 100 000元。合力公司的会计分录如下：

借：银行存款　　　　　　　　　　　　　　　　1 100 000
　　贷：长期股权投资——债券投资（面值）　　　　1 000 000
　　　　投资收益　　　　　　　　　　　　　　　　　100 000

三、长期股权投资的核算

长期股权投资在以初始投资成本入账后，其后的会计处理应当视对被投资单位的影响程度，分别采用成本法或权益法。村办企业对被投资单位无控制、无共同控制且无重大影响的，长期股权投资应当采用成本法核算。通常情况下，村办企业对其他单位的投资占该单位有表决权资本的20%以下，或对其他单位的投资虽占该单位有表决权资本总额的20%或20%以上，但不具有重大影响的，应当采用成本法核算。

【例5-40】　合力公司2014年4月2日购入C公司股份50 000股，每股价格12.12元，另支付相关税费3 200元。合力公司占C公司有表决权资本的3%，并准备长期持有。C公司于2014年5月28宣告分派2015年度的现金股利，每股0.20元。合力公司的会计分录如下：

（1）购入时

借：长期股权投资——C公司　　　　　　　　　　609 200
　　贷：银行存款　　　　　　　　　　　　　　　　　609 200

（2）C公司宣告分派股利时

借：应收股息　　　　　　　　　　　　　　　　　10 000
　　贷：投资收益　　　　　　　　　　　　　　　　　10 000

村办企业处置长期股权投资时，按实际取得的价款，借记"银行存款"等科目；按长期股权投资的账面余额，贷记"长期股权投资"科目；按尚未领取的现金股利或利润，贷记"应收股息"科目，按其差额，贷记或借记"投资收益"科目。

项目三 固定资产的核算

一、固定资产增加的核算

固定资产是村办企业的重要资产项目，村办企业必须关注其增减变动的核算。由于固定资产增加的渠道较多，例如，购入、自行建造、投资者投入、融资租入、接受捐赠、无偿调入、盘盈等，其会计核算的具体内容也有一定的差异。村办企业应分别按不同来源进行会计处理。

（一）外购固定资产的核算

为了核算固定资产的增减变动及结存情况，村办企业应主要设置以下会计科目："固定资产"科目核算村办企业固定资产的原值。该科目借方登记增加的固定资产原值，贷方登记减少的固定资产原值；借方余额为实有固定资产的原值。其明细账应按固定资产的类别、使用部门和每项固定资产分别设置"固定资产卡片"。

"累计折旧"科目核算村办企业固定资产的累计折旧。它是"固定资产"科目的调整科目，该科目贷方登记增加的固定资产累计折旧额，借方登记固定资产因减少而注销的折旧额，贷方余额，反映实有固定资产的累计折旧额。

1. 购入不需要安装的固定资产

村办企业购入的固定资产，如果不需要安装即可投入使用，或者安装比较简单，支出的安装成本较小，按买价加上相关税费，以及使固定资产达到预定可使用状态前的其他支出作为入账价值，借记"固定资产"科目，贷记"银行存款"等科目。

【例 5-41】 合力公司购入不需要安装的设备一台，购入价格 10 000 元，增值税税率 17%，购入过程中发生运费 200 元，款项全部以银行存款付讫。会计分录如下：

固定资产入账价值＝买价 10 000＋运费 200
　　　　　　　　　＝10 200（元）

借：固定资产　　　　　　　　　　　　　　　　　　　10 200
　　应交税费——应交增值税（进项税额）　　　　　　 1 700
　　贷：银行存款　　　　　　　　　　　　　　　　　　　11 900

2. 购入需要安装的固定资产

村办企业购入的固定资产，如果经过比较复杂的安装、调试和试运行，方可投入使用，其购入固定资产实际支付的买价、税金、包装费、运输费，以及发生的安装费等均应首先记入"在建工程"科目，待安装完毕交付使用时，再由"在建工程"科目转入"固定资产"科目。

【例 5-42】 合力公司购入需要安装的机器设备一台，买价是 20 000 元，增值税税率17%，包装费150元，运费250元。在安装设备时发生安装费3 000元，领用企业原材料1 000元，所有款项均以银行存款付讫，设备安装完毕交付使用。会计分录如下：

(1) 购入时

借：在建工程　　　　　　　　　　　　　　　　　　　　　20 400
　　应交税费——应交增值税（进项税额）　　　　　　　　 3 400
　　贷：银行存款　　　　　　　　　　　　　　　　　　　　　23 800

(2) 安装时

借：在建工程　　　　　　　　　　　　　　　　　　　　　 4 000
　　贷：原材料　　　　　　　　　　　　　　　　　　　　　　 1 000
　　　　银行存款　　　　　　　　　　　　　　　　　　　　　 3 000

(3) 交付使用时

该机器设备的入账价值＝20 400＋4 000＝24 400（元）

借：固定资产　　　　　　　　　　　　　　　　　　　　　24 400
　　贷：在建工程　　　　　　　　　　　　　　　　　　　　　24 400

（二）自行建造固定资产的核算

村办企业自行建造固定资产，按照建造方式不同，可以分为自营工程和出包工程，其核算一般通过"在建工程"科目进行。

1. 自营工程

【例5-43】 合力公司自行建造厂房一栋，以银行存款购入工程专用物资100 000元，增值税税率17%，在工程建造时全部被领用。在建造过程中应付工人的工资5 000元，领用企业生产用材料1 000元，应转出的增值税进项税为170元。工程完工并交付使用。则该企业会计分录如下：

(1) 购买工程物资时

借：工程物资　　　　　　　　　　　　　　　　　　　　　100 000
　　应交税费——应交增值税（进项税额）　　　　　　　　17 000
　　贷：银行存款　　　　　　　　　　　　　　　　　　　　 117 000

(2) 领用工程物资时

借：在建工程　　　　　　　　　　　　　　　　　　　　　100 000
　　贷：工程物资　　　　　　　　　　　　　　　　　　　　 100 000

(3) 应付工程人员工资时

借：在建工程　　　　　　　　　　　　　　　　　　　　　 5 000
　　贷：应付工资　　　　　　　　　　　　　　　　　　　　　 5 000

(4) 领用材料时

借：在建工程　　　　　　　　　　　　　　　　　　　　　 1 000
　　贷：原材料　　　　　　　　　　　　　　　　　　　　　　 1 000

(5) 工程完工交付使用时

该厂房的入账价值＝100 000＋5 000＋1 000＝106 000（元）

借：固定资产　　　　　　　　　　　　　　　　　　123 170
　　贷：在建工程　　　　　　　　　　　　　　　　　　　123 170

2. 出包工程

【例5-44】 合力公司以出包方式建造厂房一栋，按照规定预付工程款200 000元，工程完工后，根据相关的工程结算单据，补付工程款50 000元工程验收并交付使用。该企业会计分录如下：

（1）预付工程款时

借：在建工程　　　　　　　　　　　　　　　　　　200 000
　　贷：银行存款　　　　　　　　　　　　　　　　　　　200 000

（2）补付工程款时

借：在建工程　　　　　　　　　　　　　　　　　　 50 000
　　贷：银行存款　　　　　　　　　　　　　　　　　　　 50 000

（3）验收交付使用时

该厂房入账价值＝200 000＋50 000＝250 000（元）

借：固定资产　　　　　　　　　　　　　　　　　　250 000
　　贷：在建工程　　　　　　　　　　　　　　　　　　　250 000

（三）投资者投入固定资产的核算

投资者投入固定资产，在办妥固定资产移交手续后，应按投资各方确认的价值，借记"固定资产"科目；按投资者应享有村办企业注册资本的份额计算的金额，贷记"实收资本"科目；按其差额，贷记"资本公积——资本溢价"科目。

【例5-45】 合力公司的注册资本为300 000元。2014年6月接受A公司投入的设备一台，该设备的账面价值是50 000元，已提折旧10 000元，经双方协商确认的价值为35 000元，A公司的投资占村办企业注册资本的10%。该企业会计分录如下：

借：固定资产　　　　　　　　　　　　　　　　　　 35 000
　　贷：实收资本　　　　　　　　　　　　　　　　　　　 30 000
　　　　资本公积——资本溢价　　　　　　　　　　　　　 5 000

（四）融资租入固定资产的核算

融资租入固定资产，是指村办企业通过融通资金的方式取得的固定资产，由于租期较长，租约一般不能取消，且主要的风险和报酬已经转让给承租人。因此，承租企业应视同自有固定资产进行管理。

【例5-46】 合力公司以融资租赁方式租入需要安装的设备一台，租赁协议约定：租赁价款77 040元，另发生安装调试费2 960元。其中，自仓库领用材料500元，应计增值税85元，其余支出以银行存款支付。按租赁协议规定，租赁价款分 4 年于每年年初支付。该设备的折旧年限为 5 年,期满预计净残值 5 000 元。租赁期满,该设备转归合力公司所有。有关会计分录如下:

(1) 租入设备时

借:在建工程　　　　　　　　　　　　　　　　　　　77 040
　　贷:长期应付款——应付融资租赁款　　　　　　　　　　77 040

(2) 支付安装调试费时

借:在建工程　　　　　　　　　　　　　　　　　　　2 960
　　贷:原材料　　　　　　　　　　　　　　　　　　　　　585
　　　　银行存款　　　　　　　　　　　　　　　　　　　2 375

(3) 安装完毕交付使用时

借:固定资产——融资租入固定资产　　　　　　　　　80 000
　　贷:在建工程　　　　　　　　　　　　　　　　　　　80 000

(4) 按年支付融资租赁费时

借:长期应付款——应付融资租赁款　　　　　　　　　19 260
　　贷:银行存款　　　　　　　　　　　　　　　　　　　19 260

(5) 按月计提固定资产折旧时

月折旧额=(80 000-5 000)÷5÷12=1 250

借:制造费用　　　　　　　　　　　　　　　　　　　1 250
　　贷:累计折旧　　　　　　　　　　　　　　　　　　　1 250

(6) 租赁期满,固定资产产权转归合力公司时

借:固定资产——生产经营用固定资产　　　　　　　　80 000
　　贷:固定资产——融资租入固定资产　　　　　　　　　80 000

二、固定资产折旧的核算

《村办企业会计制度》规定,村办企业应根据固定资产所含经济利益预期实现的方式选择折旧方法,可选择的折旧方法包括年限平均法、工作量法、双倍余额递减法以及年数总和法等。折旧方法一经确定,不得随意变更。如需变更,应将变更的内容以及原因在变更当期的会计报表附注中说明。

1. 年限平均法

年限平均法是将固定资产的应计折旧额在固定资产的预计使用年限内平均分配的一种折旧方法。采用这种方法,固定资产在各个使用期间的折旧额是相等的,在以时间为横轴,金额为纵轴的坐标系上,折旧的累计数呈一条上升的直线。因此,年限平均法又称为直线法,是目前会计实务中应用最为广泛的折旧计算方法。其计算公式为:

$$固定资产年折旧额 = \frac{固定资产原值 - 预计净残值}{固定资产预计使用年限}$$

$$固定资产月折旧额 = \frac{固定资产年折旧额}{12}$$

$$预计净残值率=\frac{固定资产预计残值-预计清理费用}{固定资产原值}$$

$$年折旧率=\frac{1-预计净残值率}{预计使用年限}$$

$$月折旧率=\frac{年折旧率}{12}$$

$$月折旧额=固定资产原值\times月折旧率$$

【例 5-47】 合力公司有一台机器，原值为 100 000 元，预计可以使用 10 年，预计该设备的净残值率是 4%，则利用年限平均法计算折旧如下：

年折旧率＝(1－4%)÷10＝9.6%

月折旧率＝9.6%÷12＝0.8%

月折旧额＝100 000×0.8%＝800(元)

2. 工作量法

工作量法是根据固定资产实际完成的工作总量计算折旧的一种方法。采用这种方法，每期计提的折旧额随固定资产当期提供的工作量而变动，提供的工作量多，就多提折旧。反之，则少提折旧。计算公式为：

$$单位工作量折旧额=\frac{固定资产原值-预计净残值}{预计总工作量}$$

$$本期折旧额=本期实际工作量\times单位工作量折旧额$$

【例 5-48】 合力公司有一辆运输卡车，原值为 80 000 元，预计可以行驶 500 000 千米，预计该车的净残值率是 5%，该运输车在本月行驶了 3 000 千米。则本月的折旧计算如下：

单位工作量折旧额＝(80 000－80 000×5%)÷500 000＝0.152(元/千米)

本月折旧额＝3 000×0.152＝456(元)

3. 双倍余额递减法

该方法是在最初不考虑固定资产的净残值的情况下根据每期期初固定资产账面净值（即固定资产账面余额减去已经计提的折旧）和双倍的直线法折旧率计算固定资产折旧的一种方法。计算公式为：

$$年折旧率=\left(\frac{2}{预计使用年限}\right)\times100\%$$

$$月折旧率=\frac{年折旧率}{12}$$

$$月折旧额=期初固定资产账面净值\times月折旧率$$

应该注意：由于双倍余额递减法最初不考虑固定资产的残值收入，因此，在采用这种方法时必须注意不能使固定资产的账面折余价值降低到它的预计残值收入以下，即实行双倍余额递减法计提折旧的固定资产，应在其折旧年限期满前的最后两年内，将固定资产折余价值扣除预计净残值后的余额平均摊销。

【例 5-49】 合力公司的一台设备，原值为 100 000 元，预计可使用 5 年，预计净残值为 2 000 元，则按照双倍余额递减法可计算各年的折旧如下：

年折旧率＝(2÷5)×100％＝40％

第一年初固定资产账面净值：100 000(元)

第一年应计提的折旧＝100 000×40％＝40 000(元)

第二年初固定资产账面净值：100 000－40 000＝60 000(元)

第二年应计提的折旧＝60 000×40％＝24 000(元)

第三年初固定资产账面净值：100 000－40 000－24 000＝36 000(元)

第二年应计提的折旧＝36 000×40％＝14 400(元)

第四、五年应采用直线法计提折旧，则第四、五年的折旧＝(36 000－14 400－2 000)÷2＝9800(元)

村办企业按月计提的固定资产折旧，应按照固定资产的用途，分别借记"制造费用""管理费用""其他业务支出"等科目，贷记"累计折旧"科目。

【例 5-50】 合力公司 2014 年 6 月编制"固定资产折旧计算表"的结果见表 5-1。

表 5-1　固定资产折旧计算表

2014 年 6 月

固定资产类别	上月固定资产折旧额	上月增加固定资产折旧额	上月减少固定资产折旧额	本月固定资产折旧额
设备	4 200			4 200
办公房屋	4 500	600	100	5 000
出租机器	1 600		600	1 000

该企业的会计分录如下：

借：制造费用　　　　　　　　　　　　　　　　　　　　　4 200

　　管理费用　　　　　　　　　　　　　　　　　　　　　5 000

　　其他业务支出　　　　　　　　　　　　　　　　　　　1 000

　贷：累计折旧　　　　　　　　　　　　　　　　　　　　10 200

三、固定资产处置的核算

1. 固定资产出售的核算

村办企业因调整经营方针或因考虑技术进步等因素，可以将不需用和不适用的固定资产进行出售，并通过"固定资产清理"科目核算。

【例 5-51】 合力公司出售一座仓库，该仓库的原值为 200 万元，已提折旧 140 万元，售价 36 万元，在销售过程中支付清理费用 2 万元。会计分录如下：

(1) 将出售的仓库转入清理时

借：固定资产清理　　　　　　　　　　　　　　　　　　600 000
　　累计折旧　　　　　　　　　　　　　　　　　　　1 400 000
　　　贷：固定资产　　　　　　　　　　　　　　　　　　　2 000 000
（2）收到出售价款时
借：银行存款　　　　　　　　　　　　　　　　　　　　360 000
　　　贷：固定资产清理　　　　　　　　　　　　　　　　　360 000
同时，计算增值税：
借：固定资产清理　　　　　　　　　　　　　　　　　　　7 200
　　　贷：应交税费——应交增值税　　　　　　　　　　　　7 200
（3）支付清理费用时
借：固定资产清理　　　　　　　　　　　　　　　　　　　20 000
　　　贷：银行存款　　　　　　　　　　　　　　　　　　　20 000
（4）结转出售固定资产净损失时
借：营业外支出——处置固定资产净损失　　　　　　　　252 800
　　　贷：固定资产清理　　　　　　　　　　　　　　　　　252 800

2. 固定资产报废和毁损的核算

固定资产报废和毁损，是指固定资产使用期限已满，或者由于技术进步导致固定资产提前报废，以及由于自然灾害等原因导致的固定资产毁损，其核算方法与固定资产的出售基本相同。

【例5-52】 合力公司由于火灾导致损失厂房一栋，该厂房原价为50万元，已提折旧20万元。转入清理后，残料变价收入1万元，已存入银行。以银行存款支付清理费用0.4万元。经核定保险公司应赔偿18万元。会计分录如下：

（1）毁损的厂房转入清理时
借：固定资产清理　　　　　　　　　　　　　　　　　　300 000
　　累计折旧　　　　　　　　　　　　　　　　　　　　200 000
　　　贷：固定资产　　　　　　　　　　　　　　　　　　　500 000
（2）收到变价款时
借：银行存款　　　　　　　　　　　　　　　　　　　　10 000
　　　贷：固定资产清理　　　　　　　　　　　　　　　　　10 000
（3）支付清理费用时
借：固定资产清理　　　　　　　　　　　　　　　　　　　4 000
　　　贷：银行存款　　　　　　　　　　　　　　　　　　　4 000
（4）由保险公司赔偿的损失时
借：其他应收款　　　　　　　　　　　　　　　　　　　180 000
　　　贷：固定资产清理　　　　　　　　　　　　　　　　　180 000
（5）结转毁损厂房的净损失时

借：营业外支出——非常损失　　　　　　　　　114 000
　　贷：固定资产清理　　　　　　　　　　　　　　　114 000

3. 固定资产盘亏的核算

村办企业在财产清查中发现盘亏的固定资产，应按其账面净值，借记"营业外支出"科目；按已提折旧，借记"累计折旧"科目；按固定资产原价，贷记"固定资产"科目。

【例5-53】 合力公司在年底的财产清查中盘亏机器一台，该机器原值10 000元，已计提折旧3 000元，随即填制"固定资产盘亏报告单"。会计分录如下：

借：营业外支出——固定资产盘亏　　　　　　　　7 000
　　累计折旧　　　　　　　　　　　　　　　　　3 000
　　贷：固定资产　　　　　　　　　　　　　　　　　10 000

项目四　负债的核算

一、流动负债的核算

流动负债，是指将在1年内（含1年）或者不超过1年的一个营业周期内偿还的债务，包括短期借款、应付票据、应付账款、预收账款、应付工资、应付福利费、应付股利、应交税金、其他暂收应付款项、预提费用和1年内到期的长期借款等。

1. 短期借款的核算

为核算村办企业向银行或其他金融机构借入的期限在1年内（含1年）的各种借款，应设置"短期借款"账户。该账户的借方登记短期借款的归还数，贷方登记短期借款的借入数；期末贷方余额，反映村办企业尚未偿还的短期借款本金。本科目应按贷款单位设置明细账，并按借款种类及期限等进行明细核算。

村办企业借入的各种短期借款，借记"银行存款"科目，贷记本科目；归还借款时，借记本科目，贷记"银行存款"科目。

【例5-54】 合力公司于2014年1月1日向银行借入100万元，期限3个月，年利率6%。该借款到期后按期如数归还，利息分月预提，按季支付。有关会计分录如下：

(1) 1月1日借入款项时：

借：银行存款　　　　　　　　　　　　　　　　1 000 000
　　贷：短期借款　　　　　　　　　　　　　　　　　1 000 000

(2) 1月末预提当月利息费用＝1 000 000×6%÷12＝5 000(元)

借：财务费用　　　　　　　　　　　　　　　　　　5 000
　　贷：应付利息　　　　　　　　　　　　　　　　　　5 000

(3) 2月末预提当月利息的处理同上。

(4) 3月末支付本季度应付利息时
借：财务费用　　　　　　　　　　　　　　　　　　5 000
　　应付利息　　　　　　　　　　　　　　　　　　10 000
　　　贷：银行存款　　　　　　　　　　　　　　　　　15 000
(5) 4月1日偿还借款本金时
借：短期借款　　　　　　　　　　　　　　　　　　1 000 000
　　　贷：银行存款　　　　　　　　　　　　　　　　1 000 000

2. 应付票据的核算

为核算村办企业购买材料、商品和接受劳务等开出的商业汇票，包括银行承兑汇票和商业承兑汇票，应设置"应付票据"账户。该账户的借方登记应付票据的减少数，贷方登记应付票据的增加数；期末贷方余额，反映村办企业尚未到期的应付票据本息。

【例 5-55】 合力公司开出一张面值为 234 000 元、期限 3 个月的不带息商业汇票，用以采购一批材料。增值税专用发票上注明的材料价款为 200 000 元，增值税额为 34 000 元。

借：原材料　　　　　　　　　　　　　　　　　　　200 000
　　应交税费——应交增值税（进项税额）　　　　　　34 000
　　　贷：应付票据　　　　　　　　　　　　　　　　　234 000

【例 5-56】 合力公司 2014 年 12 月 1 日开出承兑带息的商业承兑汇票一张，面值 100 000 元，月票面利率 5%，为期 3 个月，用来抵付前欠甲公司的购货款。有关会计分录如下：

借：应付账款　　　　　　　　　　　　　　　　　　100 000
　　　贷：应付票据　　　　　　　　　　　　　　　　　100 000

3. 应付账款的核算

为核算村办企业因购买材料、商品和接受劳务供应等而应付给供应单位的款项，应设置"应付账款"账户。该账户借方登记应付账款的减少数，贷方登记应付账款的增加数；期末贷方余额，反映村办企业尚未支付的应付账款。本科目应按供应单位设置明细账，进行明细核算。

【例 5-57】 合力公司为增值税一般纳税人。从乙公司购入材料一批，价款 100 000 元，增值税 17 000 元，对方代垫运杂费 500 元。材料已运到并验收入库，款项尚未支付。

借：原材料　　　　　　　　　　　　　　　　　　　100 500
　　应交税费——应交增值税（进项税额）　　　　　　17 000
　　　贷：应付账款　　　　　　　　　　　　　　　　　117 500

【例 5-58】 承【例 5-57】，以银行支付所欠乙公司的购料款。会计分录为：

借：应付账款　　　　　　　　　　　　　　　　　　117 500
　　　贷：银行存款　　　　　　　　　　　　　　　　　117 500

二、长期负债的核算

长期负债，是指偿还期限在1年或者超过1年的一个营业周期以上的债务，包括长期借款、长期应付款等。长期负债除具有负债的共同特征外，与流动负债相比，还具有债务金额大、偿还期长、偿还方式多样等特点。

为核算村办企业向银行或其他金融机构借入的期限在1年以上（不含1年）的各项借款，应设置"长期借款"账户。该账户的借方登记长期借款的偿还数，贷方登记长期借款取得数；期末贷方余额，反映村办企业尚未偿还的长期借款本息。本科目应按贷款单位或债权人设置明细账，并按借款种类及期限等进行明细核算。

【例5-59】合力公司2012年1月1日，从中国银行取得一笔3年期借款，金额为1 000 000元，年利率为12%，到期一次还本付息。2004年12月31日，该笔长期借款到期，已通过银行转账支付。有关会计分录如下：

(1) 取得借款时
借：银行存款　　　　　　　　　　　　1 000 000
　　贷：长期借款——中国银行　　　　　　　　1 000 000
(2) 每月预提利息时
借：财务费用　　　　　　　　　　　　　10 000
　　贷：长期借款——利息支出　　　　　　　　10 000
(3) 借款到期归还时
借：长期借款——中国银行　　　　　　1 350 000
　　财务费用　　　　　　　　　　　　　10 000
　　贷：银行存款　　　　　　　　　　　　　1 360 000

项目五　所有者权益的核算

一、实收资本的核算

为核算村办企业投资者的投入资本，应设置"实收资本"科目，该科目的借方登记实收资本的减少数，贷方登记实收资本的增加数；期末贷方余额，反映村办企业实有的资本数额。

【例5-60】合力公司由甲、乙、丙三方共同筹建，甲、乙、丙各出资500 000元，现已收存银行，作如下分录：

借：银行存款　　　　　　　　　　　　1 500 000
　　贷：实收资本——甲　　　　　　　　　　　500 000
　　　　　　　——乙　　　　　　　　　　　500 000
　　　　　　　——丙　　　　　　　　　　　500 000

【例 5-61】 合力公司收到顺达公司投入设备 300 000 元。作如下分录：
借：固定资产 300 000
　　贷：实收资本——顺达公司 300 000

二、资本公积的核算

资本公积是由企业非日常活动所形成的，不应计入当期损益、会导致所有者权益发生增减变动的、与所有者投入资本或者向所有者分配利润无关的并由全体所有者共同享有的利得或者损失。它主要包括资本（或股本）溢价、接受捐赠资产、外币资本折算差额等。

为核算村办企业取得的资本公积，应设置"资本公积"科目。该科目的借方登记资本公积减少数，贷方登记资本公积的增加数；期末贷方余额，反映村办企业实有的资本公积。

【例 5-62】 合力公司为有限责任公司，由 A、B、C 三位股东各出资 200 000 元创立。设立时的实收资本为 600 000 元。经过一年的生产经营，合力公司留存收益为 300 000 元。此时，D 有意投资该合力公司，并表示愿意出资 350 000 元占有合力公司股份的 25%，款项已存入合力公司的账户。会计分录如下：
借：银行存款 350 000
　　贷：实收资本——D 股份有限公司 150 000
　　　　资本公积——资本溢价 200 000

三、留存收益的核算

留存收益，是指村办企业在生产经营过程中所创造的利润留存部分，包括盈余公积和未分配利润。

1. 盈余公积的核算

为了核算村办企业从净利润中提取的盈余公积，应设置"盈余公积"科目。该科目的借方登记盈余公积的减少数，贷方登记盈余公积的增加数；期末贷方余额，反映村办企业提取的盈余公积余额。该科目应当设置以下明细科目：①法定盈余公积；②任意盈余公积；③法定公益金。

【例 5-63】 合力公司本年实现净利润为 900 000 元（以前年度无未弥补的亏损），按 10% 提取法定盈余公积，按 5% 提取法定公益金。会计分录如下：
借：利润分配——提取法定盈余公积 90 000
　　　　　　——提取法定公益金 45 000
　　贷：盈余公积——法定盈余公积 90 000
　　　　　　　　——法定公益金 45 000

【例 5-64】 合力公司经董事会批准，用以前年度提取的盈余公积弥补亏损 50 000 元。会计分录如下：

　　借：盈余公积——法定盈余公积　　　　　　　　　50 000
　　　　贷：利润分配——其他转入　　　　　　　　　　　50 000

2. 未分配利润的核算

未分配利润，是指未作分配的净利润，是企业所有者权益的组成部分。在数量上，未分配利润是期初未分配利润，加上本期实现的净利润，减去提取的各种盈余公积和已分配利润后的余额。

【例 5-65】 合力公司 2014 年实现净利润 400 000 元，按 10%提取法定盈余公积；按 5%提取法定公益金；分配给投资者利润 30 000 元。该公司相应的会计分录如下：

（1）结转本年利润时
　　借：本年利润　　　　　　　　　　　　　　　　　400 000
　　　　贷：利润分配——未分配利润　　　　　　　　　400 000
（2）提取法定盈余公积和法定公益金时
　　借：利润分配——提取法定盈余公积　　　　　　　 40 000
　　　　　　　　——提取法定公益金　　　　　　　　　20 000
　　　　贷：盈余公积　　　　　　　　　　　　　　　　60 000
（3）分配利润时
　　借：利润分配——应付利润　　　　　　　　　　　 30 000
　　　　贷：应付利润　　　　　　　　　　　　　　　　30 000
（4）结转利润分配科目中的明细科目时
　　借：利润分配——未分配利润　　　　　　　　　　 90 000
　　　　贷：利润分配——提取法定盈余公积　　　　　　40 000
　　　　　　　　　　——提取法定公益金　　　　　　　20 000
　　　　　　　　　　——应付利润　　　　　　　　　　30 000

项目六　收入、费用和利润的核算

一、收入的核算

收入是指村办企业在日常生产经营活动中选出的、会导致所有者权益增加、与所有者投资无关的经济利益的总流入。为了反映收入业务，村办企业应设置以下科目核算收入的增减变动情况：

"主营业务收入"科目核算村办企业销售产品（包括产成品、自制半成品、工业性劳务等）所发生的收入，其贷方登记实现的销售收入，借方登记销售退回、销售折扣与折让抵减的销售收入，以及月末结转计入"本年利润"的销售收入，月末结转后无余额。其明细账按产品或劳务的种类设置。

"其他业务收入"科目核算企业除产品销售以外的其他销售或其他业务的收入。其贷方登记企业实现的其他业务收入，借方登记月末结转计入"本年利润"的其他业务收入，结转后本科目无余额。其明细账按其他业务收入的种类设置。

【例 5-66】 合力公司 2014 年 5 月 15 日销售一批商品，增值税专用发票上注明价款 500 000 元，增值税 85 000 元，款项尚未收到。假设该项销售已符合商品销售收入确认条件，该批商品的成本为 420 000 元。会计分录如下：

借：应收账款　　　　　　　　　　　　　　　　　　　　585 000
　　贷：主营业务收入　　　　　　　　　　　　　　　　　　500 000
　　　　应交税费——应交增值税（销项税额）　　　　　　　85 000

同时，结转成本
借：主营业务成本　　　　　　　　　　　　　　　　　　　420 000
　　贷：库存商品　　　　　　　　　　　　　　　　　　　　420 000

【例 5-67】 合力公司 2014 年 5 月 18 日出售一批闲置不用的材料，成本为 15 000 元，开出的增值税专用发票上注明材料价款为 20 000 元，增值税销项税额为 3 400 元，款项已存入银行。会计分录如下：

借：银行存款　　　　　　　　　　　　　　　　　　　　　23 400
　　贷：其他业务收入　　　　　　　　　　　　　　　　　　20 000
　　　　应交税费——应交增值税（销项税额）　　　　　　　3 400
借：其他业务成本　　　　　　　　　　　　　　　　　　　15 000
　　贷：材料　　　　　　　　　　　　　　　　　　　　　　15 000

【例 5-68】 合力公司在 2014 年 5 月 19 日销售一批商品 500 件，增值税专用发票上注明价款 200 000 元，增值税 34 000 元。为了及早收回货款，合力公司在合同中承诺如下现金折扣条件：2/10、1/20、N/30（假定计算折扣时不考虑增值税）。假定该销售商品收入符合确认条件，则会计分录如下：

借：应收账款　　　　　　　　　　　　　　　　　　　　234 000
　　贷：主营业务收入　　　　　　　　　　　　　　　　　200 000
　　　　应交税费——应交增值税（销项税额）　　　　　　34 000

（1）如 5 月 26 日购货方付清货款，则按售价 200 000 元的 2% 享受 4 000 元的现金折扣，实际付款 230 000 元

借：银行存款　　　　　　　　　　　　　　　　　　　　230 000
　　财务费用　　　　　　　　　　　　　　　　　　　　　4 000
　　贷：应收账款　　　　　　　　　　　　　　　　　　　234 000

（2）如 5 月 31 日购货方付清货款，则按售价 200 000 元的 1% 享受 2 000 元的现金折扣，实际付款 232 000 元。

借：银行存款　　　　　　　　　　　　　　　　　　　　232 000
　　财务费用　　　　　　　　　　　　　　　　　　　　　2 000
　　贷：应收账款　　　　　　　　　　　　　　　　　　　234 000

(3) 如购货方6月30日以后才付款，则应按全额付款。

借：银行存款　　　　　　　　　　　　　　　　234 000
　　贷：应收账款　　　　　　　　　　　　　　　　234 000

【例5-69】 合力公司2014年5月25日销售一批商品，增值税专用发票上注明价款60 000元，增值税10 200元，该批商品成本44 000元。扣除预收货款40 000元，余款30 200元尚未收到（该企业不设"预收账款"科目）。2014年6月2日该批商品因质量出现严重问题被退回，并办妥有关手续，退回所收货款。有关会计分录如下：

(1) 预收货款时

借：银行存款　　　　　　　　　　　　　　　　40 000
　　贷：应收账款　　　　　　　　　　　　　　　　40 000

(2) 确认收入时

借：应收账款　　　　　　　　　　　　　　　　70 200
　　贷：主营业务收入　　　　　　　　　　　　　　60 000
　　　　应交税费——应交增值税（销项税额）　　10 200

(3) 销售退回时

借：主营业务收入　　　　　　　　　　　　　　60 000
　　应交税费——应交增值税（销项税额）　　　10 200
　　贷：应收账款　　　　　　　　　　　　　　　　30 200
　　　　银行存款　　　　　　　　　　　　　　　　40 000

借：库存商品　　　　　　　　　　　　　　　　44 000
　　贷：主营业务成本　　　　　　　　　　　　　　44 000

二、费用的核算

费用，是指企业在日常活动中发生的、会导致所有者权益减少的、与向所有者分配利润无关的经济利益的总流出。

1. 销售费用的核算

销售费用，是指村办企业在销售过程中发生的费用，主要内容包括运输费、装卸费、包装费、保险费、展览费和广告费等，以及为销售本企业商品而专设的销售机构（含销售网点、售后服务网点等）的职工工资、类似工资性质的费用、业务费等经营费用。

为核算上述费用，村办企业应设置"销售费用"科目。该科目的借方登记销售费用发生数，贷方登记销售费用的减少数；期末，应将本科目的余额转入"本年利润"科目，结转后本科目应无余额。本科目应按费用项目设置明细账，进行明细分类核算。

【例5-70】 合力公司2014年6月以银行存款支付应由本企业负担的销售产品的运输费8 000元、装卸费800元。会计分录如下：

借：销售费用 8 800
　　贷：银行存款 8 800

【例 5-71】 合力公司 2014 年 6 月结转随产品出售不单独计价的包装物成本 1 800 元。会计分录如下：

借：销售费用 1 800
　　贷：周转材料——包装物 1 800

2. 管理费用的核算

村办企业应设置"管理费用"科目核算企业所发生的管理费用，该科目的借方登记管理费用的发生数，贷方登记期末转入"本年利润"科目的管理费用，结转后本科目应无余额。本科目应按费用项目设置明细账，进行明细分类核算。

【例 5-72】 合力公司 2014 年 8 月 4 日行政管理部门购买办公用品 460 元，以现金支付；以银行存款支付行政管理部门水电费 840 元，该企业的会计分录如下：

借：管理费用 1 300
　　贷：银行存款 840
　　　　现金 460

【例 5-73】 合力公司 2014 年 8 月 8 日，按规定计算出应交纳的房产税 2 000 元，土地使用税 1 000 元，车船使用税 4 000 元。会计分录如下：

借：管理费用 7 000
　　贷：应交税费——应交房产税 2 000
　　　　　　　　——应交土地使用税 1 000
　　　　　　　　——应交车船使用税 4 000

3. 财务费用的核算

村办企业应设置"财务费用"科目核算其发生的财务费用。该科目的借方登记财务费用的发生数，贷方登记期末转入"本年利润"的财务费用，结转后本科目应无余额。"财务费用"科目应按费用项目设置明细账，进行明细分类核算。

【例 5-74】 合力公司 2014 年 8 月 1 日支付银行手续费 1 250 元。会计分录如下：

借：财务费用 1 250
　　贷：银行存款 1 250

【例 5-75】 合力公司 2014 年 8 月 31 日，接银行通知，企业利息收入 40 000。会计分录如下：

借：银行存款 40 000
　　贷：财务费用 40 000

三、利润的计算与核算

村办企业的利润，就其构成来看，既有通过生产经营活动形成的，也有通过投资活动及其他与生产经营活动无直接关系的事项所引起的盈亏。村办企业的利润可按营业利润、利润总额和净利润四个层次核算。

1. 利润的计算公式

营业利润＝营业收入－营业成本－营业税金及附加－销售费用－管理费用－财务费用－资产减值损失＋投资收益（－投资损失）

其中，营业收入是指企业经营业务所确认的收入总额，包括主营业务收入和其他业务收入。

营业成本是指企业经营业务所发生的实际成本总额，包括主营业务成本和其他业务成本。

资产减值损失是指企业计提各项资产减值准备所形成的损失。

投资收益（或投资损失）是指企业以各种方式对外投资所取得的收益（或发生的投资损失）。

利润总额＝营业利润＋营业外收入－营业外支出

其中，营业外收入是指企业发生的与其生产经营活动无直接关系的各项收入；营业外支出是指企业发生的与其生产经营活动无直接关系的各项支出。营业外收入包括固定资产盘盈、处置固定资产净收益、处置无形资产净收益、罚款净收入、捐赠利得等。营业外支出包括固定资产盘亏、处置固定资产净损失、处置无形资产净损失、罚款支出、公益性捐支出、非常损失等。

净利润＝利润总额－所得税费用

其中，所得税费用是指企业应计入当期损益的所得税费用。它是企业按照税法规定，就其生产经营所得和其他所得计算并缴纳的一种税金。

2. 利润的核算

"本年利润"账户，是用来核算企业实现的净利润（或发生的净亏损）。该账户贷方登记期末从"主营业务收入""其他业务收入""营业外收入"以及"投资收益"等账户的转入数；借方登记期末从"主营业务成本""营业税金及附加""其他业务成本""销售费用""管理费用""财务费用""营业外支出""所得税费用"以及"投资收益"（投资净损失）等账户的转入数。年度终了，应将本年收入和支出相抵后结出的本年实现的净利润，转入"利润分配"账户：借记"本年利润"，贷记"利润分配——未分配利润"；如为净亏损，做相反的会计分录。结转后该账户应无余额。

【例5-76】 合力公司2014年12月31日结账前各损益类科目的余额如下：

主营业务收入（贷）60 000元

主营业务税金及附加（借）2 000元

主营业务成本（借）20 000元
其他业务收入（贷）40 000元
其他业务支出（借）2 000元
销售费用（借）1 000元
管理费用（借）2 500元
财务费用（借）500元
投资收益（贷）20 000元
营业外收入（贷）10 000元
营业外支出（借）6 000元

根据上述资料，作如下会计分录：

（1）结转各项收益时

借：主营业务收入	60 000
其他业务收入	40 000
投资收益	20 000
营业外收入	10 000
贷：本年利润	130 000

（2）结转各项成本、费用和支出时

借：本年利润	34 000
贷：主营业务成本	20 000
主营业务税金及附加	2 000
其他业务支出	2 000
销售费用	1 000
管理费用	2 500
财务费用	500
营业外支出	6 000

（3）经过上述结转后，"本年利润"科目的贷方发生额合计为130 000元，减去借方发生额合计34 000元，即为税前会计利润96 000元。

假定将该税前会计利润进行纳税调整后，应纳税所得额为80 000元，该企业的所得税税率为25%，则应交所得税额为20 000元。确认及结转所得税费用的会计分录如下：

借：所得税费用	20 000
贷：应交税费——应交所得税	20 000
借：本年利润	20 000
贷：所得税费用	20 000

四、利润分配的核算

为核算村办企业实现利润的分配（或亏损的弥补）和历年分配（或弥补）

后的积存余额，应设置"利润分配"科目。该科目的借方登记各项分配的利润数或年末转入的应予弥补的亏损总额，贷方登记年末转入的本年实现的利润总额或已弥补的亏损数额；年末贷方余额，表示村办企业历年积存的未分配利润，借方余额表示历年积存的未弥补的亏损数额。本科目应设置"提取法定盈余公积""应付现金股利或利润"和"未分配利润"等进行明细核算。

【例5-77】 合力公司2014年12月31日根据规定按净利润的10%提取法定盈余公积金，假定合力公司净利润为65 550元。

应提取的法定盈余公积金＝65 550×10%＝6 555（元）

借：利润分配——提取法定盈余公积　　　　　　　　6 555
　　贷：盈余公积　　　　　　　　　　　　　　　　　6 555

【例5-78】 合力公司2014年12月31日按照批准的利润分配方案，向投资者分配现金股利8 000元。

借：利润分配——应付现金股利或利润　　　　　　　8 000
　　贷：应付股利　　　　　　　　　　　　　　　　　8 000

【例5-79】 合力公司2014年12月31日年终决算时，根据"本年利润"账户借贷方的差额65 550元，转入"利润分配"账户所属的"未分配利润"明细分类账户的贷方。

借：本年利润　　　　　　　　　　　　　　　　　　65 550
　　贷：利润分配——未分配利润　　　　　　　　　　65 550

【例5-80】 合力公司2014年12月31日年终决算时，将"利润分配"账户所属的各明细分类账户的借方分配数合计14 555元（其中：提取盈余公积金6 555元、应付股利8 000元）结转到"利润分配——未分配利润"明细分类账户的借方。

借：利润分配——未分配利润　　　　　　　　　　　14 555
　　贷：利润分配——提取法定盈余公积　　　　　　　6 555
　　　　　　　　——应付股利　　　　　　　　　　　8 000

项目七　财务报告的编制

会计报表，是指企业对外提供的反映企业某一特定日期财务状况和某一会计期间经营成果、现金流量的文件，包括资产负债表、利润表、现金流量表及相关附表。

一、资产负债表的编制

资产负债表反映特定日期（期末）企业的财务状况（资产、负债、所有者权益）。资产负债表是根据"资产＝负债＋所有者权益"的会计等式，依据一定的分类标准和顺序，将企业在一定时日的全部资产、负债、所有者权益项目进行适当分类、汇总、排列后编制而成的。

1. 资产负债表中项目数字的填制方法

（1）直接根据有关账簿的期末余额填列。

（2）根据有关账簿的期末余额计算填列：

① 根据总账的期末余额计算填列；

② 根据明细账的期末余额计算填列。

具体填列方法如下：

（1）根据单一或多个总账科目余额填列。比如"交易性金融资产""短期借款"等项目直接根据有关总账科目的余额填列；"货币资金"项目根据"银行存款""库存现金""其他货币资金"三个总账科目余额合计填列。

（2）根据明细科目余额计算填列（四个往来账户：应收账款、预收账款、预付账款、应付账款）。如"应付账款"项目，需要分别根据"应付账款"和"预付账款"两科目所属明细科目的期末贷方余额计算填列。

预收账款＝"预收账款"明细科目贷方余额＋"应收账款"明细科目贷方余额

应收账款＝"应收账款"明细科目借方余额＋"预收账款"明细科目借方余额－坏账准备

预付账款＝"预付账款"明细科目借方余额＋"应付账款"明细科目借方余额

应付账款＝"应付账款"明细科目贷方余额＋"预付账款"明细科目贷方余额

（3）根据总账科目和明细科目余额分析计算填列。资产负债表的有些项目，需要依据总账科目和明细科目两者的余额分析填列，如"长期借款"项目，应根据"长期借款"总账科目余额扣除"长期借款"科目所属的明细科目中将在资产负债表日起一年内到期且企业不能自主地将清偿义务展期的长期借款后的金额填列。

（4）根据有关科目余额减去其备抵科目余额后的净额填列。如资产负债表中的"应收账款""长期股权投资"等项目，应根据"应收账款""长期股权投资"等科目的期末余额减去"坏账准备""长期股权投资减值准备"等科目余额后的净额填列；"固定资产"项目，应根据"固定资产"科目期末余额减去"累计折旧""固定资产减值准备"科目余额后的净额填列；"无形资产"项目，应根据"无形资产"科目期末余额减去"累计摊销""无形资产减值准备"科目余额后的净额填列。

（5）综合运用上述填列方法分析填列。如资产负债表中的"存货"项目，需根据"原材料""库存商品""委托加工物资""周转材料""材料采购""在途物资""发出商品""材料成本差异"等总账科目期末余额的分析汇总数,再减去"存货跌价准备"备抵科目余额后的金额填列。

提示:存货按计划成本核算时,要考虑材料成本差异。"材料成本差异"借方余额(超支差):加上;贷方余额(节约差):减掉。

2. 资产负债表的编制

(1)根据本期发生的经济业务编制会计分录;

(2)登记账簿;

(3)结出各账簿的期末余额;

(4)根据各账簿期末余额,按照资产负债表各项目数字的确定方法,确定表中各项目的数字。

资产负债表

编制单位:　　　　　　　　　　年　月　日　　　　　　　　　　单位:

资产	期末余额	年初余额	负债和所有者权益	期末余额	年初余额
流动资产:			流动负债		
货币资金			短期借款		
短期投资			应付票据		
应收票据			应付账款		
应收账款			预收账款		
预付账款			应付职工薪酬		
应收股利			应交税费		
应收利息			应付利息		
其他应收款			应付利润		
存货			其他应付款		
其中:原材料			其他流动负债		
在产品			流动负债合计		
库存商品			非流动负债:		
周转材料			长期借款		
其他流动资产			长期应付款		
流动资产合计			递延收益		
非流动资产:			其他非流动负债		
长期债券投资			非流动负债合计		
长期股权投资			负债合计		
固定资产原价					
减:累计折旧					
固定资产账面价值			所有者权益:		

续表

资产	期末余额	年初余额	负债和所有者权益	期末余额	年初余额
在建工程			实收资本		
工程物资			资本公积		
固定资产清理			盈余公积		
无形资产			未分配利润		
开发支出			所有者权益合计		
长期待摊费用			负债和所有者权益总计		
其他非流动资产					
非流动资产合计					
资产总计					

【例5-81】 合力公司2014年12月31日全部账户余额如下：

资产账户	余额方向	期末余额	负债和所有者权益账户	余额方向	期末余额
库存现金	借	5 200	短期借款	贷	700 000
银行存款	借	233 800	应付票据	贷	100 000
应收票据	借	400 000	应付账款		
应收账款			——丙单位	贷	20 000
——大地公司	借	26 000	——丁单位	贷	80 000
——金海公司	贷	55 000	预收账款		
预付账款			——大地公司	贷	75 000
——丙单位	借	250 000	——金海公司	借	33 000
应收股利	借	109 200	应付职工薪酬	贷	30 000
其他应收款	借	10 000	应交税费	贷	13 100
原材料			应付股利	贷	20 000
——甲材料	借	150 000	其他应付款	贷	52 000
——乙材料	借	76 000	长期借款	贷	350 000
周转材料	借	49 000	实收资本	贷	1 000 000
库存商品			资本公积	贷	50 000
——A产品	借	210 000	盈余公积	贷	170 000
——B产品	借	409 000	利润分配	贷	174 500
长期股权投资	借	155 000			
固定资产	借	1 000 000			
累计折旧	贷	246 000			
无形资产	借	28 000			
累计摊销	贷	8 600			
合计		2 801 600	合计		2 801 600

根据以上账户资料编制合力公司 2014 年 12 月 31 日的资产负债表如下：

资产负债表

2014 年 12 月 31 日

编制单位：合力公司　　　　　　　　　　　　　　　　　　　　会企 01 表
　　　　　　　　　　　　　　　　　　　　　　　　　　　　　　单位：元

资产	期末余额	年初余额	负债及所有者权益	期末余额	年初余额
流动资产：			流动负债：		
货币资金	239 000	略	短期借款	700 000	略
交易性金融资产	0		交易性金融负债	0	
应收票据	400 000		应付票据	100 000	
应收账款	59 000		应付账款	100 000	
预付账款	250 000		预收款项	130 000	
应收利息	0		应付职工薪酬	30 000	
应收股利	109 200		应交税费	13 100	
其他应收款	10 000		应付利息	0	
存货	894 000		应付股利	20 000	
一年内到期的非流动资产	0		其他应付款	52 000	
其他流动资产	0		一年内到期的非流动负债	0	
流动资产合计	1 961 200		其他流动负债		
非流动资产：			流动负债合计	1 145 100	
可供出售金融资产	0		非流动负债：		
持有至到期投资	0		长期借款	350 000	
长期应收款	0		应付债券	0	
长期股权投资：	155 000		长期应付款	0	
投资性房地产	0		专项应付款	0	
固定资产	754 000		预计负债		
在建工程	0		递延所得税负债		
工程物资	0		其他非流动负债	0	
固定资产清理	0		非流动负债合计	350 000	
生产性生物资产			负债合计	1 495 100	
油气资产	0		所有者权益：	0	
无形资产	19 400		实收资本	1 000 000	
开发支出	0		资本公积	50 000	
商誉	0		减：库存股	0	
长期待摊费用	0		盈余公积	170 000	
递延所得税资产	0		未分配利润	174 500	
其他非流动资产	0		所有者权益合计	1 394 500	
非流动资产合计	928 400				
资产总计	2 889 600		负债和所有者权益总计	2 889 600	

该公司2014年12月31日资产负债表中有关项目的计算如下：
（1）货币资金项目＝5 200＋233 800＝239 000元
（2）应收账款项目＝26 000＋33 000＝59 000元
（3）预收账款项目＝75 000＋55 000＝130 000元
（4）预付账款项目＝250 000元
（5）应付账款项目＝20 000＋80 000＝100 000元
（6）存货项目＝150 000＋76 000＋49 000＋210 000＋409 000＝894 000元
（7）固定资产项目＝1 000 000－246 000＝754 000元
（8）无形资产项目＝28 000－8 600＝19 400元

二、利润表的编制

利润表是反映村办企业在一定期间内实现利润（或亏损）的实际情况的报表，亦称损益表、收益表。常见的利润表结构主要有单步式和多步式两种。小企业利润表应采用多步式结构，分为正表项目和补充资料两大部分，主要包括以下四个方面的内容。

（1）构成主营业务利润的各项要素。主营业务利润是以主营业务收入为基础，减去为取得主营业务收入而发生的相关成本、税金后得出。

（2）构成营业利润的各项要素。营业利润是在主营业务利润的基础上，加上其他业务利润、管理费用和财务费用后得出。

（3）构成利润总额的各项要素。利润总额是在营业利润的基础上，加减投资收益后得出。

（4）构成净利润的各项要素。

【例5-82】 合力公司2014年12月31日年损益类账户发生额及编制的"利润表"如下：

合力公司损益类账户发生额

账户名称	借方发生额	贷方发生额
主营业务收入		2 320 000
主营业务成本	1 600 000	
其他业务收入		500 000
其他业务成本	350 000	
营业税金及附加	86 000	
销售费用	38 000	
管理费用	96 000	
财务费用	55 000	
资产减值损失	56 000	

续表

账户名称	借方发生额	贷方发生额
投资收益		35 000
公允价值变动收益		85 000
营业外收入		25 000
营业外支出	20 000	
所得税费用	185 000	

利 润 表

编制单位：合力公司　　　　　　　2014 年 12 月　　　　　　　单位：元

项目	本期金额	上期金额
一、营业收入	2 820 000	（略）
减：营业成本	1 950 000	
营业税金及附加	86 000	
销售费用	38 000	
管理费用	96 000	
财务费用	55 000	
资产减值损失	56 000	
加：公允价值变动损益（损失以"—"号填列）	85 000	
投资收益	35 000	
二、营业利润（亏损以"—"号填列）	659 000	
加：营业外收入	25 000	
减：营业外支出	20 000	
三、利润总额（亏损以"—"号填列）	664 000	
减：所得税费用	185 000	
四、净利润（亏损以"—"号填列）	479 000	

"营业收入"项目＝"主营业务收入"＋"其他业务收入"
　　　　　　　　＝2 320 000＋500 000＝2 820 000（元）
"营业成本"项目＝"主营业务成本"＋"其他业务成本"
　　　　　　　　＝1 600 000＋350 000＝1 950 000（元）
其他项目根据相关账户的发生额填列。

参 考 文 献

[1] 全国会计从业资格考试辅导教材编写组.财经法规与会计职业道德.北京:经济科学出版社,2014.
[2] 全国会计从业资格考试辅导教材编写组.会计基础.北京:经济科学出版社,2014.
[3] 《会计档案管理办法讲解》编写组.会计档案管理办法讲解.北京:中国财政经济出版社,2016.
[4] 李国政.农村经济.北京:化学工业出版社,2012.
[5] 彭小林,王亚彬.村集体经济组织会计.北京:中国财政经济出版社,2014.
[6] 刘洪学.规范与管理会计档案之我见.齐鲁珠坛,2016,(1).
[7] 冯镇普.探讨我国农村财会管理模式.经贸实践,2015,(7).
[8] 王春艳.解析农村财务会计管理模式.经营管理者,2013,(4).
[9] 《小企业会计准则讲解》编委会.小企业会计准则讲解.北京:地震出版社,2012.
[10] 白兆秀.农民专业合作社会计实务.北京:中国农业大学出版社,2013.